Rainer Dellmuth

Ausflüge im "Grotewohl-Express"

Operativ-Vorgang „Lehrling“:
eine Jugend wird zerstört!

ANITA TYKVE VERLAG

Die Deutsche Bibliothek – CIP-Einheitsaufnahme

Dellmuth, Rainer:
Ausflüge im "Grotewohl-Express" –
Operativ-Vorgang "Lehrling":
eine Jugend wird zerstört! /
Dellmuth. – Berlin : Tykve 1999
ISBN 3-925434-93-3

3. verbesserte Auflage
2002

ISBN 3-925434-93-3

Kladower Damm 306
D-14089 Berlin
Tel./Fax: 030 / 36 80 81 59
e-Mail: kuo-tykve@t-online.de

Gesamtherstellung: Difo-Druck, Bamberg

Printed in Germany

meiner Familie

gewidmet

Zur Erinnerung
von einem Zeitzeugen

1. 11. 2013

Rainer Dellmuth 2001

Zelle im „Grotewohl-Express“

Auszug aus dem Buch:
„Handbuch für operative Dienste für SV-Angehörige"

6.6. Gewährleistung der Sicherheit bei Transporten Strafgefangener/Verhafteter zum und vom Gefangenensammeltransportwagen (GSTW)

Die Übergabe/Übernahme von SG/VH zum und vom GSTW birgt zusätzliche Sicherheitsschwerpunkte in sich, da diese in der Öffentlichkeit und unter Bedingungen des laufenden Reise- und Güterzugverkehrs auf bestimmten Bahnhöfen der Deutschen Reichsbahn vollzogen werden muß.

Für die Übergabe/Übernahme der SG/VH steht in der Regel nur geringe Zeit zur Verfügung. Oft muß diese Aufgabe unter Zeitnot gelöst werden.

Reisende und Passanten, auch Bürger anderer Staaten, können den Übergabe/Übernahme-Vorgang ungehindert beobachten. Es ist ständig mit ordnungs- und sicherheitsgefährdenden Handlungen zu rechnen.

Umsichtiges und ordnungsgemäßes Verhalten ist zwingend notwendig, damit keine begünstigenden Bedingungen für Entweichungen entstehen, denn die Schußwaffe kann in der Regel nicht angewandt werden.

Die Übergabe/Übernahme SG/VH auf Bahnhöfen erfordert deshalb hohe Wachsamkeit und ein umsichtiges und konsequentes Handeln im Zusammenwirken mit der Transportpolizei.

Bei jeder Übergabe/Übernahme SG/VH ist die konkrete Lage (SG/VH — Öffentlichkeit und Zugverkehr) stets neu einzuschätzen.

Einzelmaßnahmen:

- Festgelegten Transportweg zum bzw. vom GSTW einhalten, daß Gefahren durch Zugverkehr und Reisende ausgeschlossen werden.
- Gutes Zusammenwirken mit der Transportpolizei und Reichsbahnangestellten zur Sicherung des Transportwegs sowie des Ein- und Aussteigens der SG/VH.
- Ort des Ein- und Aussteigens der SG/VH so absichern, daß bei ein-, aus- und durchfahrenden Zügen ein Aufspringen bzw. anderweitige Fluchtversuche nicht möglich sind.
- Zur Sicherung möglichst Posten mit Diensthunden einsetzen.
- SG/VH zu zweit mit der Handfessel aneinanderfesseln.
- SG/VH ständig beobachten und Vollzähligkeit prüfen.
- SG/VH nur an haltenden Zug führen.
- SG/VH so aufstellen lassen, daß sie immer mit dem Rücken zu den Reisenden bzw. Passanten stehen.
- Niemals vor SG/VH an die Bahnsteigkante treten.

VORWORT

„GROTEWOHL-EXPRESS“ – was ist das?

Als im Oktober 1949 in Mitteldeutschland die ehemalige DDR als erster „Arbeiter- und Bauernstaat“ auf deutschem Boden, nach Weisung der damaligen sowjetischen Besatzungsmacht, ausgerufen wurde, hieß ihr erster Ministerpräsident *Otto* ***Grotewohl.***
Er war Sozialdemokrat und hatte bereits Jahre vorher (1946) die Sozialdemokratische Partei Deutschlands (SPD) in der ehemaligen sowjetischen Besatzungszone an die Kommunistische Partei Deutschlands (DKP) verraten. Gegen den Willen der überwiegenden Mehrheit der SPD-Mitglieder wurde aus SPD + KPD die Sozialistische Einheitspartei Deutschlands (SED).
Die Diktatur des Proletariats konnte beginnen.

Nach dem Zusammenbruch der DDR 1989/90 wurde die SED weder aufgelöst noch verboten, sondern durfte sich einfach einen neuen Namen „Partei des Demokratischen Sozialismus“ (PDS) geben. Sie sitzt seit der Wiedervereinigung, nach dem Willen der alten (unbelehrbaren) demokratischen deutschen Parteien gleichberechtigt im Deutschen Bundestag.

Dokumente beweisen, daß Gefangenensammeltransportwaggons bereits vor dem Jahr 1900 auf Gleisen in Deutschland zwischen den verschiedenen Städten mit Zuchthäusern und Gefängnissen im Einsatz waren.
Das Hitler-Regime benutzte diese Waggons wie auch später die sowjetische Besatzungsmacht in ihrer Zone zu Massentransporten. Sie wurden zu Bestandteilen beider Diktaturen.
In der Bundesrepublik Deutschland wurde der menschenunwürdige Transport mit diesen Waggons Anfang der 60iger Jahre eingestellt.

Das SED-Regime der DDR übernahm den Bestand der Waggons aus der Hitlerzeit bzw. aus den Händen der sowjetischen Besatzungsmacht.
Die Gefangenensammeltransportwaggons (GSTW) der Deutschen Reichsbahn unterlagen im Laufe der Jahre ständiger Veränderungen und Umbauten bis zu Neukonstruktionen und Neubauten. Zum Ende der DDR 1990 waren 5 GSTW's auf den Gleisen der Deutschen Reichsbahn im Einsatz.

Die Hauptabteilung „Strafvollzug" im Ministerium des Inneren (MdI) der DDR sowie das Ministerium für Staatssicherheit (MfS) hatten sehr schnell großes Interesse und vor allem Bedürfnisse für diese Art von Gefangenensammeltransporten.
Massenverhaftungen waren ständig auf der Tagesordnung.
Bis zur letzten Stunde der real existierenden sozialistischen DDR hatte sich im Prinzip daran nichts geändert. Nur mit brutaler Gewalt, Einschüchterung und Massenverhaftungen konnte sich das SED-Regime über 40 Jahre erhalten. Finanzielle Hilfe kam dabei über viele Jahre von allen Bundesregierungen, welche sich dadurch an der menschenverachtenden Praxis des SED-Regimes mitschuldig machten und heute möglichst alles verschweigen und davon nichts mehr wissen möchten.

Bereits 1950 wurde im freien Teil Deutschlands, der Bundesrepublik, die erste überregionale Häftlingsorganisation, die „*Vereinigung der Opfer des Stalinismus*" (VOS) als Gemeinschaft ehemaliger politischer Häftlinge gegründet.
Die damaligen *Ostbüros* von SPD und CDU hatten längst ihre Arbeit aufgenommen und registrierten die Verfolgungen in der damaligen DDR.
In den späteren Jahren beschäftigten sich weitere Organisationen mit den ständigen und fortgesetzten Menschenrechtsverletzungen in und durch die DDR.
Besonders wirkungsvoll waren dabei der „*Arbeitsausschuß Bürgerrechtsbewegung und politische Gefangene der DDR*" bei der Internationalen Gesellschaft für Menschenrechte sowie „*Hilferufe von drüben*".

Schon sehr früh wurde von in den Westen geflüchteten ehemaligen DDR-Häftlingen über Massen- und Sammeltransporte mit Waggons der Deutschen Reichsbahn berichtet. Keiner wußte damals jedoch wieviel solcher Waggons in der DDR im Einsatz waren. Sehr bald tauchte auch der Begriff ***„GROTEWOHL-EXPESS“*** auf, welcher von den darin transportierten Häftlingen selbst geprägt wurde. Jeder einzelne Gefangenensammeltransportwaggon wurde als ***„GROTEWOHL-EXPRESS“*** bezeichnet.
Es ist anzunehmen, daß für diese menschenunwürdigen Transporte der damalige erste Ministerpräsident der DDR, *Otto* ***Grotewohl*** von den Häftlingen verantwortlich gemacht wurde. Diese Qualen wurden vermutlich deshalb sarkastisch als ***„GROTEWOHL-EXPRESS“*** benannt.
Der Begriff ***„GROTEWOHL-EXPESS“*** hat sich über Jahrzehnte bis zum bitteren Ende der DDR gehalten. Kenner der Materie wußten genau, was dieser Begriff bedeutete.

Von den ehemaligen Häftlingen wurde hin und wieder über eine besondere „Tarnung“ der GSTW´s als „Postwaggon“ berichtet. Die Öffentlichkeit sollte von dieser Art Transporte nichts erfahren.
Da die im inneren transportierten Häftlinge den Waggon von außen nur sehr kurze Zeit und dies meistens nur nach Einbruch der Dunkelheit sehen konnten, war eine Verwechslung mit einem „Postwaggon“ nicht völlig unberechtigt oder auszuschließen.
Der uns bekannte GSTW hat etwa die Länge eines Personenwaggons der Deutschen Reichsbahn. Von außen waren 2/3 der Fenster mit Milchglas versehen. (Die Innengitter an den Fenstern sind von außen nicht sichtbar). Der Rest der Fenster, also 1/3 des Waggons hatten Normalverglasung. Beim Durchblick von außen konnte man durch ein oder zwei Fenster Regale sehen, wie diese vom „briefsortieren“ allgemein bekannt sind.
Die GSTW´s wurden immer am Ende oder Anfang eines Zuges gekoppelt, also als erster oder letzter Waggon. Die Ähnlichkeit bzw. Verwechslungsmöglichkeit mit einem „Postwaggon“ war nicht unbegründet.

Belege für eine praktizierte „Tarnung" gibt es bisher jedoch nicht.
Tatsächlich befanden sich jedoch hinter den Milchglasfenstern die vergitterten Transportzellen der Häftlinge. Hinter der Normalverglasung residierte das Wachpersonal und in den „Briefsortierer" Regalen lagen die Begleitpapiere der Häftlinge.

Die Waggons des ***„GROTEWOHL-EXPRESS"*** verkehrten regelmäßig quer durch die gesamte DDR und wurden meist an die Nachtzüge gekoppelt. Es war seit vielen Jahren übliche Praxis, im Morgengrauen die Waggons zu entladen und die Häftlinge in Haftanstalten unterzubringen bzw. „zwischenzulagern" um nach Einbruch der Dunkelheit die Fahrt fortzusetzen. Unter dem Hauptbahnhof in Leipzig befanden sich sogar extra Haftzellen für diese Zwischenaufenthalte. Die Häftlinge wurden über extra Treppen zwischen den Gleisen in den Keller geführt, sie berührten in Leipzig die Bahnhofshalle nicht.
Die Be- und Entladung der Häftlinge erfolgte in der Regel an Personenbahnhöfen der Reichsbahn. Überwiegend bei Dunkelheit und am Anfang bzw. Ende des Zuges, so daß es kaum Berührungen mit der Bevölkerung gab. Abgesichert wurde das Umsteigen in LKW Transporter (B 1000 + W 50) durch bewaffnete „Volkspolizei" mit Hunden. Die Häftlinge waren meist mit Handschellen aneinandergekettet.

Im ***„GROTEWOHL-EXPRESS"*** war das Wachpersonal auch für tagelange Fahrten mit bequemem Schlafraum, Küche mit Kühlschrank, Dusche und WC recht komfortabel eingerichtet.
Für die zu transportierenden Häftlinge hatten die Zellen eine Größe von 1m mal 1,34m. Sehr unterschiedlich waren die Sitzanordnungen in den Minizellen. Es gab Zellen mit 4 oder 5 Sitzen, teilweise als Klappsitze ausgebildet. Bei 18 Zellen a 5 Sitzen konnten gleichzeitig 90 Häftlinge als Masse transportiert werden.
Nach Aussagen und Berichten ehemaliger Häftlinge, welche über viele Jahre von den verschiedensten Organisationen registriert wurden, ergab die DDR-Praxis ein Bild perfekter Folter.
Jeder Transport verlief anders, eine Norm gab es nicht.

Es war keine Seltenheit, daß in die Minizellen von 1m mal 1,34 welche für 4 oder 5 Häftlinge vorgesehen und dafür schon klein und kaum zumutbar war, bis zu 8 Häftlinge eingepfercht wurden. Eine solche Transportfahrt konnte sich auch über mehrere Tage, bis zu einer Woche hinziehen. Es gab sehr oft eine Rundreise durch die DDR, obwohl die direkte Entfernung von Haftanstalt zu Haftanstalt manchmal nur 100km betrug. Nicht immer wurden bei Tagesanbruch die Häftlinge in Haftanstalten „zwischengelagert". In zahlreichen Berichten wurde geschildert, daß der GSTW einen ganzen Tag im Sommer bei glühender Hitze auf ein Abstellgleis „geparkt" wurde, bis die Fahrt nach Einbruch der Dunkelheit weiterging. Den Häftlingen wurde die Luft zum Atmen knapp und zu trinken gab es kaum etwas. Im Winter wurde das gleiche Spiel bei eisiger Kälte praktiziert.
Offiziell gab es natürlich eine eigene, selbständige Belüftung und Heizung des Waggons, worüber die bezahlten Wissenschaftler heute noch berichten. In der Praxis waren aber diese Einrichtungen für die Häftlinge nicht in Betrieb.
Für das Ministerium für Staatssicherheit (MfS) war diese „Transportmöglichkeit" besonders beliebt, um Staatsfeinden der DDR etwas besonderes zukommen zu lassen. Das „Schwert der Partei" (SED), wie sich das MfS selbst bezeichnete.
Das war Folter der SED/PDS Diktatur wie diese nicht menschenfeindlicher sein konnte.

Nach dem Zusammenbruch der DDR und der Wiedervereinigung kam der gesamte Wagenbestand der DDR-Reichsbahn zur Deutschen Bundesbahn, der heutigen Deutschen Bahn AG. Zwei ehemalige DDR-Verfolgte machten sich auf die Suche nach den Waggons des ***„GROTEWOHL-EXPRESS".*** Sie wurden fündig, besichtigten, fotografierten und filmten die Überreste der 5 Waggons. Die Bemühungen um den Erwerb und Erhalt eines dieser Waggons begann. Der Waggon sollte als Beweismittel für die in der DDR praktizierten Folterfahrten sichergestellt und die Öffentlichkeit ständigen Zugang erhalten. Bei den Verhandlungen stellte sich heraus, daß die Waggons bereits zur Spurenbeseitigung durch Umbau freigegeben waren.

Ein ehemaliger IM der Stasi und Träger hoher DDR-Auszeichnungen mischte wieder an einflußreicher Stelle mit.
Ein verzweifelter Hilferuf in letzter Minute an den Vorsitzenden des Vorstandes der Deutschen Bahn AG brachte im Januar 1995 die Entscheidung für die ehemaligen DDR-Opfer, den Erhalt des Waggons als Zeugnis der DDR-Folter, Denkmal und Kulturgut.
Der mit der DB-AG ausgehandelte Kaufpreis mußte beschafft werden. Die Sächsische CDU-Regierung gab eine schriftliche Zusage. Ehemalige DDR-Opfer legten erspartes Geld zusammen und sammelten. Sie beschafften 30m Gleise, 40 Gleisschwellen und ließen ein Gleisbett im Hof der ehemaligen Stasi-Sonderhaftanstalt BAUTZEN-II, welche zur überregionalen Gedenkstätte erklärt war, für eine ständige Ausstellung des ***„GROTEWOHL-EXPRESS"*** verlegen.
Das begonnene Vorhaben konnte jedoch so nicht realisiert werden. Die Sächsische CDU-Regierung wollte zwar den Waggon bezahlen, diesen jedoch keinesfalls als DDR-Folterbeweis der Öffentlichkeit zugänglich machen, sondern diesen in einer Abstellhalle des Verkehrsmuseums „verschwinden" lassen.

Wieder läuteten die Alarmglocken bei den ehemaligen DDR-Opfern.
In einer Blitzaktion unter den ehemaligen DDR-Verfolgten wurden weitere Gelder gesammelt und ein Hauptsponsor gefunden.

Seit 1995 ist der ***„GROTEWOHL-EXPRESS"*** Privateigentum ehemaliger DDR-Verfolgter in der Menschenrechtsorganisation *„Hilferufe von drüben".*

Der Geschäftsführer der Sächsischen Gedenkstättenstiftung verhinderte bisher die auch wissenschaftlich empfohlene Aufstellung in der „Gedenkstätte Bautzen", ließ die von Opfern finanzierten Ausstellungsgleise abbauen und verhinderte unter falschen Angaben eine Ausstellung des ***„GROTEWOHL-EXPRESS"*** in Torgau.

Die Sächsische CDU-Regierung unterstützt und finanziert das offene Vorgehen gegen die Interessen der ehemals DDR-Verfolgten.

Mehrmals wurde der Waggon inzwischen vom *„Opfer-, Förder- und Dokumentations-Verein BAUTZEN-II“* (OFB) zum „TAG DES OFFENEN DENKMALS“ der Öffentlichkeit auf Gleisen der Deutschen Bahn-AG vorgestellt.
Insgesamt wurden etwa 8.000 Besucher bei Führungen durch Zeitzeugen gezählt.

Ehrhard Göhl
Januar 1999

0. Einführung

Eigentlich müßte ich vielmehr aus meiner Vergangenheit berichten, um dem Leser meine spätere versuchte Flucht bzw. Vorbereitung einer Flucht aus der ehemaligen DDR verständlich zu machen. Aber dies würde den Rahmen dessen sprengen, was ich mit meiner Niederschrift beabsichtige, nämlich die Schilderung kurz vor meiner ersten Verhaftung, die erste Haftzeit selbst (17.7.67 - 16.7.68) und die zweite vom 21.10.71 - 7.11.72 in der ehemaligen DDR, sowie die damit verbundene Ausweisung in die Bundesrepublik Deutschland. Darüber hinaus möchte ich in einem späteren Buch über meine ersten Eindrücke in der Bundesrepublik, die anfänglichen Schwierigkeiten, in einer für mich völlig neuen Gesellschaft, sowie deren psychologische Spätfolgen und Begleiterscheinungen, die in einer wesentlichen Ursache in der erlittenen Haft zu suchen sind, berichten.

1. Lehrzeit

Im September 1965 begann ich meine Lehre als Buch- und Flexodrucker. Eigentlich wollte ich Schriftsetzer werden, aber trotz aller Bemühungen bekam ich leider keine Lehrstelle mehr. Schließlich wandte ich mich an die Betriebsberufsschule für das Grafische Gewerbe „Rudi Arndt", die in der Michael-Kirch-Str. lag, um zu erfragen, ob es noch freie Lehrstellen für den Beruf des Schriftsetzers gäbe. Dies wurde verneint und gleichzeitig mir eine Lehrstelle als Drucker angeboten. Für die Einstellung und Vergabe von Lehrstellen war der stellv. Direktor der Schule, Gustav Korittke, zuständig. Mit Herrn Korittke hatte ich zwei Einstellungsgespräche, deren Inhalt weniger eine Bilanz meiner schulischen Ergebnisse darstellte, sondern

Hauptaugenmerk waren meine bisherigen organisatorischen und gesellschaftlichen Leistungen bzw. Pflichten. Und die konnte ich gerade nicht nachweisen. Ich war weder bei den „Jungen Pionieren“ noch in der Jugendorganisation „FDJ“ oder in anderen Massenorganisationen. Nur konnte er nachlesen, daß ich mich mehr oder weniger in der Klassengemeinschaft meiner alten Schule (3.Oberschule) an org. Aufgaben, wie z.B. an der Gestaltung einer Wandzeitung, beteiligte. Meine politische Einstellung zum sogenannten „Arbeiter- und Bauernstaat“ hatte sich zum größten Teil durch eigenes Erleben gebildet. Sicher spielte auch die Erziehung meiner Eltern eine gewichtige Rolle. Meine Mutter fuhr jeden Monat mit mir nach Westberlin zu einem Rechtsanwalt namens Rosenthal wegen meines Unterhaltsgeldes. Wir wohnten nämlich im Stadtbezirk Köpenick, also in Ostberlin, wo die Sowjetunion ihre Hoheitsrechte ausübte. Der Rechtsanwalt hatte seine Kanzlei im Bezirk Charlottenburg, also in einem der drei Westsektoren Berlins. Die Fahrt zum Richard-Wagner-Platz war für mich immer wie ein Abenteuer. Merkte ich doch schon als Junge, wie krass zwei Welten in einer Stadt zusammentrafen. In Westberlin Leben und Helligkeit und in Ostberlin graue Tristesse. Dazu kam noch, daß mein Stiefvater ein sogenannter „Grenzgänger“ war. So nannte man die Leute, die in Ostberlin wohnten und ihren Arbeitsplatz in Westberlin hatten. Die Krönung brachte dann der Mauerbau am 13. August 1961, den ich in Berlin hautnah als 13jähriger erleben mußte. Letztlich konnte ich durch die Geschehnisse, die sich seit dem 13. August ‘61 an der deutsch-deutschen Grenze und Berliner Mauer ereigneten (zahlreiche Morde, Mordversuche und Festnahmen wegen vers. Republikflucht) keine Identifizierung mit der Politik, die die ehemalige DDR betrieb, für mich finden. Am ersten Tag der Lehre, nachdem uns das Betriebsgelände der Schule gezeigt wurde, lernten wir erst einmal unsere zukünftigen Lehrausbilder kennen. In der praktischen Arbeit waren es die Herren Bethke, Wartke und Jakubzik. Zunächst wurde erst einmal das „Organisatorische" abgewickelt; das heißt wir wurden in drei Lernaktive aufgeteilt entsprechend den Lehrmeistern. Ich wurde Herrn Wartke zugeteilt. Jedes Lernaktiv hatte einen Lernaktivsprecher. In meinem Lernaktiv war es Rainer Muschalle. Zugleich wurde festgelegt, daß jede Woche eine Lernaktivsitzung mit gleichzeitiger Zeitungsschau stattfindet. Wir Lehrlinge nannten es einfach „Rotlichtbestrahlung". Uns wurde auch erklärt, wir hätten alle in den „FDGB" einzutreten, denn es wäre Tradition, daß das Graphische Gewerbe in der Gewerkschaft sei. Zweimal in der Woche war theoretischer Unterricht. In meiner Klasse (D65) waren wir etwa 25 Druckerlehrlinge. Diese setzten sich aus Buch-, Flexo-, Sieb-, Tapeten- und Tiefdruckern zusammen. Unser Klassenlehrer hieß Neubert, kam aus Pößneck in Thüringen - SED-Mitglied, eines der übelsten Sorte. Selbstverständlich war fast der gesamte Lehrkörper in der SED oder in den anderen Blockparteien. Aber letztlich sprachen sie alle die gleiche Sprache. Mein Lehrmeister, Herr Wartke, war Mitglied der NDPD. Meine Klassenkameraden waren zum größten Teil in Ordnung. Natürlich gab es auch in unserer Klasse einige „Überzeugte". Einer der herausragendsten war Hans-Jürgen Hennig. Befreundet war ich mit Hans-Joachim Adler, der Anfang '89, also kurz vor der Wende, nach Westberlin übersiedelte. Er hatte jahrelang einen Ausreiseantrag zu laufen. Seine Frau und sein Sohn lebten weiter in Ostberlin. Zu erwähnen wäre noch Bodo Reiher aus Rosenthal. Alle drei waren wir im Sportverein TSC Berlin, Leichtathletikverband. Trainiert haben wir im Friedrich-Ludwig-Jahn-Stadion an der Eberswalder Straße. Und

dieses Stadion lag im Grenzgebiet. Es war immer ein merkwürdiges Gefühl „so nah an Westberlin dranzusein". Am liebsten wäre ich rübergerannt.- Die Gedanken waren und sind ja Gott sei dank frei! - Sicher war auch eine Motivation über den Leistungssport, eine evtl. Chance zu bekommen, ins sogenannte „kapitalistische Ausland" reisen zu dürfen. Wie ich später durch Vernehmungen in Erfahrung bringen konnte, befaßte sich das MfS mit noch einem Schüler unserer Klasse, Werner Schaller. Durch sein provokatives Auftreten erhitzte er die Gemüter der SED. Er brachte immer die Zeitschriften „BRAVO" und „MUSIC-EXPRESS" mit in die Klasse. Einmal erwischte ihn der Klassenlehrer Neubert damit und die Zeitschriften wurden alle konfisziert. Nach dem Mauerbau war es schon eine Rarität, überhaupt „westliche Literatur" in die Finger zu bekommen, egal was es war. Dementsprechend stürzten sich „zig Hände" auf diese Zeitungen. Ansonsten lief auch er ganz „westlich" rum (Parker, Jeans usw.). Viele hatten ja auch Verwandte „drüben", die dann so etwas schickten.
Ein weiterer Schulfreund, mit dem ich viel Kontakt pflegte, war Peter Deutschmann aus Bernau/bei Berlin. Er war allerdings in einer anderen Klasse, denn er lernte Schriftsetzer.
Nach ca. drei Wochen Lehrzeit wurde für die Jungen der D65 und einer Parallelklasse, der O65, eine sogenannte „vormilitärische Ausbildung" in Münchehofe/bei Berlin veranstaltet. Währenddessen fuhren die wenigen Mädchen der beiden Klassen, mit dem Direktor Herrn Schwieger, zum „Kartoffeleinsatz" auf eine LPG. Als Betreuer begleiteten uns der stellv. Direktor, G. Korittke und der damalige FDJ-Sekretär. (Der Name ist mir leider nicht mehr erinnerlich.)
Die vormilitärische Ausbildung sollte dazu dienen, sich auf den zukünftigen „Ehrendienst" in der NVA (Nationale Volksarmee), nach Absolvierung der Lehre, vorzubereiten.

Dementsprechend waren auch die Tagesabläufe: jeden Morgen Fahnenappell, Geländeübungen, Nachtwanderungen, der Umgang mit Kompaß und Karte, in der Kolonne im Gleichschritt laufen, Schießübungen mit dem Kleinkalibergewehr u.a. Dort stellten sie wenigstens fest, daß die Mehrzahl der Jugendlichen sich diesen Drill nicht unterwerfen wollten. Durch aufmüpfiges Verhalten im Lager und im Dorf zeigten wir unseren Unmut. Die Bauern waren sauer, weil wir die Heuschober zertrampelten und beschwerten sich bei unseren Betreuern. Im Dorf machten wir in einer Kneipe etwas „Stimmung". Einer klimperte auf dem dort vorhandenen Klavier, ein anderer holte das Ulbrichtbild von der Wand. Für die gelöste Stimmung sorgte natürlich der Alkohol. Es gipfelte darin, daß wir das Auto des Herrn Korittke, einen weißen Wartburg, mit schwarzer Schuhcreme einschmierten. Dasselbe betrieben wir mit dem Motorrad des FDJ-Sekretärs.

Zurück in Berlin hagelte es Bestrafungen in Form von Verwarnungen und Verweisen. Ich war natürlich auch darunter, denn ich hatte ja kräftig mitgemischt.

In meiner Lehrzeit, wie sollte es anders sein, hatte ich mehrere Auseinandersetzungen wegen meiner politischen Einstellung. Es ging soweit, daß ich um ein Haar von der Schule flog.

Zum Beispiel im Russischunterricht, kurz vor Beendigung meiner Lehrzeit. Herr Podehl, so hieß unser Russischlehrer, übte einen Satz aus der sowjetischen Zeitschrift „Krokodil". Er lautete wörtlich: „Die sowjetische Zeitschrift Krokodil entlarvt den Bürokratismus und kämpft gegen einen neuen Krieg der Imperialisten."

Darauf erwiderte ich dann: „Wer sagt denn, daß die Imperialisten Krieg wollen. Zur Zeit sind es doch eindeutig die Kommunisten; siehe den Mauerbau am 13. August '61, den Krieg in Vietnam, wo die Russen an den Vietcong die

Waffen liefern, DDR-Aufstand '53, Ungarn '56 usw." Aufgrund dieser Äußerungen sollte ich mich nach Beendigung des Unterrichts beim Direktor, Herrn Schwieger, melden.
Es klingelte zur Pause, meine Klassenkameraden gingen in ihre Raucherecken und genossen den „blauen Dunst". Ich aber schlenderte langsam zum Büro des Direktors, klopfte an, und ging ohne Aufforderung hinein. Inzwischen hatte Herr Podehl schon Herrn Schwieger einen Bericht über die Vorkommnisse im Unterricht geliefert. Der Direktor sagte zu mir: „Herr Dellmuth, Sie leben nun einmal in der DDR und sind in diesem Staat geboren, somit müssen Sie sich auch mit der Politik unserer sozialistischen Gesellschaft auseinandersetzen."
Meine Antwort war daraufhin: „Mein Staat ist die Bundesrepublik Deutschland, hier bin ich nur zu Besuch."
Parallel dazu hatte ich in der praktischen Arbeit der Berufsschule in der Nähe des Lehrmeisters, Herrn Bethke, eine Bemerkung fallengelassen. An diesem Tage waren die Fahnen nämlich an allen Gebäuden auf Halbmast geflaggt. Ich lief gerade den Gang entlang und sagte zu einem Lehrling namens Edwin Schröder: „Gott sei dank, wieder ein Kommunist weniger!" Dies hörte Herr Bethke und rief mich in sein Büro. Er brüllte mich an: „Wissen sie überhaupt, wer da gestorben sei? Dieser Mensch war ein Christ wie Sie." Ich konnte mir ein Grinsen nicht verkneifen. Bliesen doch alle Parteien in das gleiche Horn. Der da gestorben war, war ein Mitglied der Ost-CDU.
Wegen dieser Bemerkungen bekam ich die letztmögliche Bestrafung, die Rüge, dann flog man von der Schule.
Mein Lehrbetrieb der „VEB Verpackungsmittelwerke Berlin" bestand aus zwei Werkteilen. Ein Werkteil lag in Berlin-Treptow in der Karl-Kunger-Straße indem ich lernte und der andere Werkteil, das sogenannte Hauptwerk, befand sich in

der Mühlenstraße an der Oberbaumbrücke, das im Grenzgebiet lag. Meistens arbeitete ich im Werkteil Treptow, aber es kam auch vor, daß man ins Hauptwerk beordert wurde. Aus diesem Grunde bekam ich einen Grenzausweis. Nur dieser Personenkreis war berechtigt in diesem Abschnitt das Grenzgebiet zu betreten.

Der Ausweis bestand aus vier Seiten. Auf der zweiten Seite befand sich das Lichtbild und auf der dritten Seite war genau der Bereich definiert, der das Grenzgebiet umschrieb, das die berechtigte Person betreten durfte. Die Farbe des Ausweises war in einem dunklen Grünton gehalten. Abgesegnet wurde alles durch einen Stempel des Ministeriums des Innern der DDR.

Es war schon pervers, wenn man aus dem zweiten Stockwerk des Gebäudes über die Spree sah, und auf der anderen Seite den U-Bahnhof „Schlesisches Tor" erblickte. Man sah die Züge in den Bahnhof ein- und ausfahren. Reges Treiben bestimmte die andere Seite des Spreeufers - den westlichen Teil Berlins.

Meine Gedanken waren voller Sehnsucht, in diesen Teil Berlins zu gelangen, den ich als Kind noch in sehr guter Erinnerung hatte. Das Grundstück lag unmittelbar am Spreeufer. Nur wenige Meter trennten zwei Welten. Sämtliche Fenster waren vergittert worden, um eventuelle Fluchtabsichten zu verhindern. Somit hatte ich schon einen Vorgeschmack, was mir später widerfahren sollte. Die Eindrücke, die ich auf allen Ebenen gewann, machten mich immer aggressiver zu diesem sogenannten „Arbeiter- und Bauernstaat".

Mein Kollegenkreis in Treptow war größtenteils in Ordnung. An einige kann ich mich noch erinnern. Es waren die Kollegen Schwammborn, Tscharnke, Fechner, Koltermann, Jakob, Marquardt und Trebbin. Aber mit einigen hatte ich

des öfteren auch Schwierigkeiten aufgrund meiner politischen Haltung.
Mein Lehrmeister hieß Jentzsch, kam aus Leipzig, ein 1000prozentiger SED-Genosse. Er war auch gleichzeitig der Meister der Druckabteilung. Sein Stellvertreter hieß August Bergmann, der sehr in Ordnung war. Bergmann, Fechner und Schwammborn waren ehemalige „Grenzgänger". Ein anderer, der rot angehaucht war, hieß mit dem Spitznamen „Popelatze", weil er dieses Sekret überall hinterließ.
Meinen politischen Frust ließ ich dann unter anderem an der dortigen Parteisekretärin ab. Elsbeth Lahne, so hieß sie, griff ich mit den Worten an: „Es kommt die Zeit, wo wir alle Kommunisten aufhängen, und für Sie findet sich auch noch eine Laterne." Sie schaute mich an, riß den Mund auf und war zunächst sprachlos. Nachdem sie ihre Fassung wiedergewonnen hatte, sprach sie im zynischen Ton: „Das wird noch Folgen haben, wir sehen uns bei der Werkleitung wieder."
Es vergingen zwei oder drei Tage und ich wurde zu einem Gespräch beordert.
Als ich den Raum betrat traf mich fast der Schlag, wer da alles anwesend war; annähernd die gesamte Werkleitung. Ich kam mir vor wie ein Verbrecher, der sich vor einem Tribunal zu verantworten hatte. Anwesend waren: Herr Rudi Hellmann (Werkleiter Bereich Treptow), Herr Rohls (BGL-Leitung), Elsbeth Lahne (Parteisekretärin Bereich Treptow), Herr Jentzsch (Lehrmeister), Herr Wilhelm als Vertreter des Kollektivs und noch ein Vertreter aus der Berufsschule.
Vor diesen Leuten sollte ich mich nun verantworten, wo sie doch alle eine Sprache sprachen. Zeitlich waren diese Auseinandersetzungen, die sich im Lehrbetrieb und in der Berufsschule zugetragen hatten, kurz vor der Erlangung meiner Gesellenprüfung.

Nachdem ich auf einem Stuhl Platz genommen hatte, wurde ich gefragt, ob die Anschuldigungen der Kollegin Lahne denn zuträfen? Und sie sagten: „Wiederholen Sie es doch noch einmal." Darauf erwiderte ich: „Warum soll ich es noch einmal wiederholen, was ich gesagt habe, dazu stehe ich." Die Anwesenden schauten mich entgeistert an. Herr Rohls hatte als erster seine Fassung wiedergefunden und antwortete in einem barschen Ton: „Kollege Dellmuth, die Angelegenheit müssen wir an die Staatsanwaltschaft weiterleiten. Das, was Sie hier von sich geben, ist eine eindeutige Aussage gegen unsere sozialistische Staatengemeinschaft und gleichzeitig Anstiftung zur Hetze. Sie können dann wieder an Ihren Arbeitsplatz gehen."
Dies war eigentlich der Höhepunkt meines Frustes gegenüber dem System. Als ich solche Äußerungen von mir gab, dachte ich in dem Augenblick nicht an irgendwelche mögliche Folgen. Diese wurden mir erst ein paar Tage später bewußt. Nun entwickelte sich doch eine gewisse Angst in mir, was wohl auf mich zukommen würde. Und wie sollte ich meinen Eltern alles erklären, die von meiner Aufmüpfigkeit überhaupt nichts wußten oder ahnten.
Da ich aufgrund dieser Tatsache, daß mir ein Verfahren drohte, sowieso mit einer Gefängnisstrafe rechnen mußte, begannen jetzt meine aktiven Versuche, die sich bis dahin nur in Phantasien und Träumen ergaben, dieses Regime auf dem Fluchtwege zu verlassen, denn eine andere Möglichkeit gab es ja in der Regel nicht. Zu Hause in meinem Zimmer wälzte ich immer wieder alte Karten und Atlanten, wo die innerdeutsche Grenze noch sehr gut dargestellt war.
Was zusätzlich mein Vorhaben beflügelte, war die Tatsache, daß ich seit frühester Kindheit einen Freund hatte, der in Österreich, genauer in Wien, aufwuchs. Es war der Enkelsohn unserer Nachbarn, der sehr häufig in den

Schulferien mit seinen Eltern nach Köpenick kam, um seine Oma zu besuchen. Ich konnte und wollte es einfach nicht begreifen, warum wir Manfred Weinschenk und seine Familie in Österreich nicht besuchen konnten. Wenn er irgendwo im Urlaub war, bekam ich immer sehr schöne Ansichtskarten, die meine Aktivitäten, die ehemalige DDR zu verlassen, nur bestärkten.

Während meiner Lehrzeit lernte ich im Werk I an der Oberbaumbrücke einen duften Kumpel kennen, namens Winfried Gerstel. Er arbeitete dort als Transportarbeiter. Auch privat trafen wir uns des öfteren. Er wohnte damals im Bezirk Lichtenberg. Eines Tages, als ich wieder einmal im Werk I arbeiten mußte, fragte ich nach ihm, weil ich ihn auf dem gesamten Werksgelände nicht gesehen hatte. Ein Kollege sagte mir, er arbeite nicht mehr in diesem Betrieb. An einem Nachmittag begab ich mich nach Lichtenberg zu seiner Mutter, um Genaueres zu erfahren. Sie sagte mir, er sei abgeholt worden, wegen einiger angeblicher Delikte. Man brachte ihn in einen der berüchtigten Jugendwerkhöfe der DDR, nach Hummelshain in Thüringen.

Der Druck in mir wurde immer größer, konkrete Pläne, zu entwickeln, um die DDR auf dem Fluchtwege verlassen zu können. Ein Fluchtversuch über das Ausland war mir aus finanziellen Gründen nicht möglich. Unter dem Ausland waren natürlich die „sozialistischen Bruderstaaten" gemeint. Daher mußte ich mich auf die sogenannte „Grüne Grenze" innerhalb Deutschlands konzentrieren.

Nach langem Hin und Her faßte ich letztlich den Entschluß, unter Berücksichtigung eines Abstechers nach Hummelshain, im Raum Rudolstadt/Sonneberg (Thüringen) über die innerdeutsche Grenze in die Bundesrepublik Deutschland zu gelangen.

Meine Eltern ahnten von meinen Bestrebungen und Absichten überhaupt nichts.

2. Die Verhaftung

Als ich am Morgen des 17. Juli 1967 in meinem Bett aufwachte überkam mich ein merkwürdiges Gefühl; wußte ich doch dieser Tag würde ein anderer werden. Auch der Abschied von meiner Mutter war an diesem Morgen anders. Vielleicht ahnte ich schon, daß ich sie für eine längere Zeit nicht mehr sehen sollte. Als ich die Wohnung verließ fuhr ich noch einmal in den Lehrbetrieb nach Treptow, was offenbar ein großer Fehler von mir war, denn ich wollte an diesem Tage meinen Plan realisieren und die DDR verlassen. Auf dem Werksgelände angekommen, wurde ich natürlich von einigen Kollegen gesehen. Ich ging auch noch an die Druckmaschine und kam erst dort endgültig zu dem Entschluß: „Nichts wie weg!" Sicher spielte bei der ganzen Unentschlossenheit auch die Angst eine große Rolle.

Meinen zweiten Fehler beging ich als ich meiner Abnehmerin, Christine Däseler, an der Druckmaschine sagte: „Ich hab´ die Schnauze voll und fahre zu meinem Kumpel nach Hummelshain." Dies war der schon erwähnte Freund aus dem Werk I. Ich verließ meinen Arbeitsplatz, ging in die Garderobe, zog mich wieder um und ging schnellen Schrittes Richtung Werksausgang. Dort begegnete ich beim Pförtner noch den Werkleiter Rudi Hellmann, den ich mit einem freundlichen „Guten Morgen" noch begrüßte. Sicher dachte er, daß ich zum Hauptwerk fahren müsse.

Vom Betrieb fuhr ich direkt mit der S-Bahn zum Ostbahnhof und löste eine Fahrkarte nach Naumburg an der Saale. Normalerweise hätte ich mit dem Zug bis Kahla fahren müssen, aber der Inhalt meines Portemonnaies enthielt nur 25,-M. Andere Ersparnisse und Rücklagen besaß ich nicht. Mit der Fahrkarte in der Hand ging ich zu dem Bahnsteig, wo der Zug schon die Reisenden erwartete. Ich schaute

noch einmal auf den Fahrtrichtungsanzeiger und las kurz „Arnstadt - über Naumburg Erfurt". Ich stieg in einen Waggon der 2. Klasse und stellte mich erst einmal in den langen Gang. Plötzlich hatte ich ein sehr flaues Gefühl im Magen. Mein Mund war ausgetrocknet. Im Kopf fühlte ich mich völlig durcheinander. Die Gedanken schossen wie Blitze hin und her. Es war eine Mischung aus Angst und Druck zugleich. Aber es siegte der Gedanke - bloß weg! Auf dem anderen Gleis stand ein Zug, der nach Malmö/Schweden fuhr. Sehnsüchtig schaute ich immer wieder auf das Schild, daß dieses Fahrziel anzeigte. Ich dachte, wenn du da jetzt drinsitzen würdest, hättest du alles hinter dir.
Die Wirklichkeit holte mich aber schnell zurück, denn der Zug fuhr an und verließ den Ostbahnhof in Berlin. Über Bhf.-Schöneweide, Flughafen Schönefeld und Leipzig entfernte ich mich immer mehr von der „Hauptstadt der DDR". In Naumburg angekommen lief ich durch den Bahnhof, orientierte mich an einen der Fahrpläne, um weiteren Anschluß zu bekommen. In Naumburg hätte ich sowieso umsteigen müssen, denn der Zug aus Berlin fuhr ja nach Arnstadt über Weimar. Aber ich wollte ja nach Kahla; also mußte der Anschlußzug über Jena fahren. Auf dem anderen Bahnsteig bemerkte ich einen Personenzug der nach Jena fuhr. Wohlwissend, daß ich keine gültige Fahrkarte mehr hatte, stieg ich in den Zug und fuhr bis Jena. Mein Glück war, daß ich nicht von dem Zugbegleiter kontrolliert wurde. Aber ich schwitzte aus allen Knopflöchern, als er an mir vorbeilief. Sicher hätte ich eine plumpe Ausrede gefunden, aber so war ich erleichtert als der Bahnhof Jena in Sichtweite war. Als ich das Bahnhofsgelände verließ, schaute ich mir erst einmal auf der Karte an, wie viele Kilometer man noch brauchte, um

nach Hummelshain zu meinem Freund zu gelangen. Denn inzwischen war es schon ca. 14 Uhr geworden.
Zunächst lief ich einige Kilometer durch die Stadt Jena. Am Stadtausgang hatte ich dann das Glück, von einem Wartburgfahrer bis Kahla mitgenommen zu werden.
Der 17. Juli 1967 war ein heißer Sommertag, die Sonne brannte nur so vom Himmel. Es müssen so an die 30 Grad im Schatten gewesen sein. Geld hatte ich ja nicht mehr, um mir etwas zu kaufen. Natürlich hatte ich großen Hunger und Durst. Also war ich bestrebt, schnellstens nach Hummelshain zu gelangen. Man traute sich auch keinen Menschen anzusprechen wegen des Essens oder dergleichen. Die hätten mich dann sicher ausgefragt und vielleicht festgesetzt. Da war die Angst wieder größer als Hunger und Durst.
Nachdem mich der Wartburgfahrer abgesetzt hatte, setzte ich mein Ziel zu Fuß fort. Von Kahla nach Hummelshain waren es noch ca. acht Kilometer. Nach eineinhalbstündigem Fußmarsch erreichte ich endlich gegen 16.30 Uhr das kleine Städtchen Hummelshain. Den Jugendwerkhof fand ich nun auch sehr schnell.
Da ich keine konkreten Vorstellungen von einem Jugendwerkhof hatte und der Annahme war, man kommt da ohne weiteres nicht hinein, ließ ich mir unterwegs im Zug etwas einfallen, um zu meinem Kumpel zu gelangen.
Allerdings so schlimm, wie ich mir das vorstellte, zum Beispiel mit Gittern vor den Fenstern, war es nun doch nicht. Sicher gab es die auch, aber dieser hier war offenbar die leichtere Form. Das ehemalige Schloß in Hummelshain benutzten sie als Jugendwerkhof. Die Mädchen waren im Schloß untergebracht, die Jungen in einem Neubau, den man eigens dafür errichtet hatte.
Als ich das Gelände betrat sah ich, daß viele aus dem Fenster schauten. Und sie begrüßten mich mit einem

großen „Hallo“, sie dachten nämlich ich wäre ein „Neuer“. Aber ehe ich mich versah, sprach mich ein Erzieher mit den Worten an: „Was wollen Sie hier? Zu wem wollen Sie?“ Mein Trick den ich mir im Zug ausgeknobelt hatte klappte bestens. Ich sagte zu ihm: „Mich schickt der VEB Verpackungsmittelwerke Berlin im Auftrag der FDJ und ich solle mich erkundigen, wie es dem Zögling Winfried Gerstel gehe, da der Betrieb daran interessiert ist, den Jugendlichen wieder in die sozialistische Gemeinschaft einzugliedern.“ Meine Geschichte erschien dem Erzieher glaubhaft, er sprach es lediglich noch mit dem Leiter ab und sie ließen mich somit zu meinem Freund, der über mein plötzliches Auftreten sichtlich erstaunt war. Winfried erzählte ich natürlich den wahren Grund meines Erscheinens. Detailliert erzählte ich ihm meine Vorstellungen über die Fluchtabsicht in Thüringen. Er war über das geplante Vorhaben sehr begeistert. Wir beschlossen, das wir am nächsten Morgen sofort aufbrechen. Auch über andere Dinge unterhielten wir uns bis die Abendbrotzeit herannahte. Auf Veranlassung der Erzieher durfte ich auch mit den Jugendlichen an einem Tisch zu Abend essen. Dies war für mich die schönste Nachricht in diesem Moment; wie ich schon erwähnte, hatte ich seit dem Morgen nichts mehr gegessen und kaum getrunken. Für einen Augenblick vergaß ich sogar warum ich überhaupt hier war. Es war einfach die ganze Atmosphäre, die mich vergessen ließen.

Es war ein großer Essensaal, wo alle gemeinsam, Mädchen wie Jungen, ihr Abendessen zu sich nahmen.

Nun kam ein neues Problem auf - wo übernachten?

Für Winfried schien es kein Problem zu sein. Ich sollte bei ihm doch im Zimmer schlafen, denn da war noch ein Bett frei. Er sagte zu mir: „Wir gehen jetzt zum Erzieher und fragen ihn, ob du bei mir schlafen kannst.“ Aber der Leiter der Jungen war damit nicht einverstanden. Merkwürdigerweise fragte auch der Erzieher der Jungen nicht, ob mein Betrieb nicht für eine Unterkunft für mich gesorgt hätte. Also mußte ich mir etwas anderes einfallen lassen. Ich fragte den Erzieher: „Haben Sie vielleicht einen anderen Vorschlag?" Daraufhin sagte er zu mir: „Gehen Sie mal zum Leiter, der kann Ihnen bestimmt weiterhelfen." Er beschrieb mir noch den Weg wie ich dort hingehen mußte und verabschiedete sich von mir. Also begab ich mich in die Wohnung des Leiters.

Dies sollte auch mein letzter Gang in der „Freiheit", jedenfalls was die DDR darunter verstand, genau für ein Jahr werden.

Ich klingelte an der Tür und der Leiter öffnete. In seinem Gesichtsausdruck, den ich flüchtig betrachtete, konnte ich keine Freundlichkeit mehr erkennen. Er ließ mich auch gar nicht erst zu Wort kommen. Er sagte gleich zu mir: „Na, dann kommen Sie mal rein." Die Tür fiel ins Schloß. Drinnen befanden sich noch drei Herren. Ich dachte noch so bei mir - was wollen die denn hier? In diesem Augenblick trat einer der Herren auf mich zu, starrte mich an und sagte: „Kriminalpolizei, sind Sie Herr Dellmuth?" Ich muß wohl ein blasses Gesicht in dem Moment gehabt haben. Buchstäblich rutschte mir das Herz in die Hosentasche. Ich erwiderte: „Ja." Darauf der Kripomann: „Ihren Personalausweis bitte, wir müssen Sie mitnehmen zur Klärung eines Sachverhalts."

Und somit wurde ich am 17. Juli 1967 gegen 20.00 Uhr verhaftet.

Gemeinsam verließen wir die Wohnung des Leiters. Nachdem ich mich wieder im Griff hatte, fragte ich die Polizisten trotzdem: „Sagen Sie mal, was wollen Sie eigentlich von mir - ist das nicht alles von Ihnen ein Irrtum? Ich bin hier im Auftrag meines Betriebes und der FDJ." Sie

ließen sich aber auf keine Diskussion mit mir ein. Für mich war das unglaublich, da ich erstens bei meiner Version des FDJ-Vertreters blieb, zweitens mich noch nicht an der DDR-Grenze befand und dennoch war es die nackte Wirklichkeit. Die Realisierung der Flucht scheiterte durch mein eigenes Fehlverhalten.
Nach meinem kurzen Erscheinen und wieder Verschwindens auf meiner Arbeitsstelle spielte sich folgendes ab:
Da ich natürlich von mehreren Kollegen morgens gesehen wurde, fragte sich jeder wo ich denn geblieben sei? Nach ca. zwei Stunden erschien der Werkleiter, Herr Rudi Hellmann, an meiner Druckmaschine und fragte meine Abnehmerin, Christine Däseler, ob sie wüßte wo ich denn geblieben sei. Sie erzählte natürlich, wo ich eventuell zu finden war. Somit setzte sich die Sicherheitsmaschinerie der DDR in Bewegung und ich konnte in Hummelshain verhaftet werden.
Aber nun zurück zu den weiteren Geschehnissen des 17.7.67:
Man brachte mich noch einmal auf das Gelände des Jugendwerkhofes, selbstverständlich gut bewacht, um meine Sachen zu holen, die ja noch dort verblieben waren. Winfried Gerstel bekam ich nicht mehr zu sehen. Anschließend fuhr man mit mir in einem grauen Wartburg zurück nach Jena. Dort auf dem Polizeirevier angekommen nahm man als erstes eine Leibesvisitation vor und untersuchte sämtliche Behältnisse, die ich bei mir hatte. Somit glaubten sie genügend Beweise zu haben, um daraus einen Fluchtversuch zu machen, obwohl ich noch nicht an der DDR-Grenze war und auch noch nichts davon hatte verlauten lassen. Da es ja mittlerweile schon ca. 21.00 Uhr war, wurde ich zunächst für eine Nacht in Polizeigewahrsam genommen. Ich wurde, von zwei

Volkspolizisten begleitet, in den Kellertrakt gebracht. Dort befanden sich ein paar Zellen. Sie schlossen eine der Zellentüren auf und sagten zu mir: „Gehen Sie rein!“ Dann flog die Tür hinter mir zu, Schloß und Riegel krachten. Es war plötzlich eine Grabesruhe um mich herum. - Ich war allein!

Es war schon ein merkwürdiges Gefühl, das erste Mal in meinem Leben in einer Zelle zu sein. Schlafen war da nicht drin. Ich betrachtete die Wände, die reichlich mit irgendwelchen Texten und Monogrammen bekritzelt waren. Dann wieder lief ich in der Zelle auf und ab. Dazu kam die ständige Grübelei, trotzdem man an der Situation nichts ändern konnte. Dann lag ich wieder eine ganze Weile auf der Holzpritsche und starrte an die Decke. Es muß so gegen sechs Uhr morgens gewesen sein, da regte sich etwas draußen. Die Tür wurde aufgeschlossen und es stand ein vierschrötiger Polizist im Türrahmen und sagte im barschen Ton: „Machen Sie sich fertig, in einer Stunde gibt es Frühstück.“ Die Tür flog wieder zu, die Riegel und das Schloß krachten wieder zu. Man hörte, wie sich die Schritte immer weiter entfernten, dann wieder plötzliche Stille.

Nach ungefähr einer Stunde kam etwas Bewegung in den Kellertrakt. Diesmal stand ein anderer Polizist in der Tür und sagte: „Hier, Ihr Frühstück!“ - Üppig sah ja das ganze nicht aus. Auf einem Plastikteller befanden sich zwei Scheiben Brot, ein Klacks Margarine sowie Marmelade, zuguterletzt noch ein Topf Malzkaffee. Ich hatte zwar Hunger, aber auf den Stullen kaute ich rum als wäre es Kleister.

Gleich am Morgen, es muß so gegen acht Uhr gewesen sein, hatte ich die erste Vernehmung in meinem Leben. Bewacht von zwei Polizisten holte man mich aus der Zelle und lief mit mir im Polizeigebäude einige Gänge entlang, bis schließlich an einer Tür geklopft wurde. Kurz danach gingen

die Polizisten mit mir herein und lieferten mich ab. Als ich mich so umschaute konnte ich entdecken, daß es ein sehr kleiner Raum war. Es stand nur ein Schrank, ein Tisch und zwei Stühle drin. Ein etwas dickbäuchiger Mann befahl mir: „Nun setzen Sie sich schon!" Dieser Mann mittleren Alters saß mir genau gegenüber und wollte mich offenbar verhören.
In vielen Fernsehspielen und Krimis hatte ich ja so etwas schon öfters gesehen, aber die Wirklichkeit sieht doch ganz anders aus. Zunächst wurde ich zu meiner Person befragt. Nachdem dieses Kapitel der Fragerei abgeschlossen war, sagte er zu mir: „Herr Dellmuth, nun geben Sie es doch schon zu - Sie hatten die Absicht die DDR auf illegalem Wege zu verlassen und einen gewaltsamen Grenzdurchbruch im Raum Thüringen zu begehen."
Ich stritt natürlich alles ab, trotz der sogenannten „Beweise", die sie glaubten zu haben. Immer wieder erzählte ich ihm die „Leier" von einem Besuch und der Beauftragung seitens der FDJ und des Betriebes. Ich hatte immer noch die Hoffnung wieder frei zu kommen.
Plötzlich sagte er zu mir: „Freilassen kann ich Sie nicht, denn der Haftbefehl kommt vom Strafsenat Ia des Stadtgerichts von Groß-Berlin. Ich werde Sie jetzt dem Haftrichter überstellen müssen."
Es muß so gegen 13 Uhr gewesen sein, als die Vernehmung beendet war. Mit schnellen Schritten ging er ans Telefon und rief die Polizisten, die mich zum Haftrichter bringen sollten. Nun spürte ich das erste Mal in meinem Leben, was es heißt Handschellen an den Gelenken zu tragen. Was da einen so an Gedanken durch den Kopf rauschte, kann man gar nicht beschreiben. Ich mußte in ein Auto steigen (Barkas 1000), allerdings hatte der noch Fenster. Somit konnte ich wenigstens rausschauen. Der Weg vom Polizeigebäude zum Amts- bzw. Stadtgericht

Jena war nicht so weit. Dort angekommen ging es wieder über endlose Gänge, ehe wir die entsprechende Tür erreichten, wo der Haftrichter saß. Er war ein Mann im Alter von 50-60 Jahren, graumelierten Haaren, machte auf mich eigentlich einen seriösen Eindruck. Er verlas mir den Haftbefehl, der aus Berlin kam. Begründet war er damit: „Es besteht Flucht- und Verdunklungsgefahr", was immer diese Definition heißen sollte; ich war jedenfalls festgesetzt. Er sagte zu mir noch: „In Berlin können Sie Beschwerde gegen den Haftbefehl einlegen."
Nachdem die förmliche Zeremonie abgeschlossen war, brachte man mich wieder zurück zu einem „Barkas 1000", diesmal ohne Fenster. Auskünfte oder Fragestellungen meinerseits wurden nun nicht mehr oder kaum beantwortet. So waren alle Bewegungen oder Erlebnisse, die einem passierten, immer mit viel Rätselraten verbunden. Ich war natürlich gespannt wie sich meine weitere Lage entwickeln würde, auch wenn sie gerade nicht bequem war. Nach richterlichen Haftbefehl, der mir in Jena verlesen wurde, brachte man mich in die Untersuchungshaftanstalt Gera.

3. Untersuchungshaftanstalt Gera

Wir fuhren durch die Stadt Jena und gelangten über eine Fernverkehrsstraße schließlich nach Gera. Dort rumpelten wir mit dem Barkas durch die Stadt und hielten an einem großen Eisentor. Der Beifahrer stieg aus, ging zum Tor und läutete. Dann verschwand er kurz hinter einer kleinen Pforte, wahrscheinlich übergab er die „Begleitpapiere". Plötzlich ein Surren und die große Pforte ging auf. Der Barkas fuhr in eine Schleuse. Vor mir befand sich wieder ein großes Tor. Das hintere wurde sofort wieder geschlossen. Vor mir huschten ständig Leute in dunkelblauen Uniformen. - Wie ich später feststellen konnte, war es die Uniform aller Justizbediensteten.

Schließlich öffnete sich das zweite Tor und das Auto fuhr auf einen größeren Hof. Hinter mir schloß sich auch gleich wieder die zweite Pforte. Auf dem größeren Hof hielt der Barkas und ich mußte aussteigen. Hier herrschte ein anderer Ton. Scheinbar sollten die Häftlinge durch diese Art eingeschüchtert werden. Einer schrie mich an: „Stellen Sie sich an die Wand und nehmen Sie die Hände auf den Rücken!" Ich schreckte zusammen und dachte so bei mir - was herrschen denn hier für Methoden?
Soweit ich mich erinnern kann hatte das Gebäude vier oder fünf Etagen. Es muß ein Gebäude aus dem 19. Jahrhundert gewesen sein; vom architektonischem Stil würde es passen. Alles war aus gelben Backsteinen.
Eingeschlossen von zwei Vollzugsbeamten wurde ich in das Gebäude gebracht. Zwischendurch sagte einer der Bewacher: „Gehen Sie da lang." Eine Tür wurde aufgeschlossen - kurz und knapp sagte man: „Gehen Sie rein!" Kurz darauf erschien ein Wachhabender im weißen Kittel, der darunter seine Uniform trug. Er war im Range eines Oberleutnants. Erst einmal musterte er mich von oben bis unten. Dann sprach er im Befehlston: „Ziehen Sie sich aus!" Ich schaute ihn fragend an. Er schien meinen fragenden, hilflosen Blick bemerkt zu haben, denn er setzte in seiner Tonart noch einen drauf. Nun sagte er etwas barscher im Tonfall: „Nun machen Sie schon und gucken nicht so dämlich!" Ich zog mich bis auf die Unterhose aus und schaute ihn wieder an. Daraufhin brüllte er mir ins Ohr: „Na alles, wird`s bald!" Für mich war das alles sehr entwürdigend. Ich schämte mich sehr. Er nahm eine Lupe vom Tisch und untersuchte mein Geschlechtsteil auf „Ungeziefer". Danach schaute er noch in meinen After.
Ich verstand die Welt nicht mehr. Was sich da vor meinen Augen mit mir abspielte war unfaßbar. In dem Augenblick dachte ich sicher, die müssen äußerst pervers sein.

Nach den ganzen „Zeremonien“ wurde ich in eine der Zellen des großen Untersuchungsgefängnisses geführt. Zunächst brachte man mich in eine Einzelzelle, sie lag im zweiten Stockwerk. Dann immer wieder die gleichen Wortfetzen: „Gehen Sie rein!“ Die Tür flog zu. Danach kamen immer die gleichen Geräusche: Es krachten zwei Riegel und zweimal wurde rumgeschlossen - danach endlose Stille, oder woanders wurde eine Tür auf- und zugeschlossen. Ich fühlte mich in meiner Lage wie ein Schwerverbrecher.
Jetzt betrachtete ich die Zelle. Sie war recht klein, so etwa 2 x 3 m. Die Wände waren bis in Kopfhöhe in grauer Ölfarbe gehalten, darüber hinaus in Richtung Decke setzte der Gilb an den Wänden an. Vielleicht sollte es auch weiß darstellen. Außer einer Holzpritsche, einen an der Wand befestigten Klapptisch und einem Hocker, gab es nichts. Ach ja, beinahe hätte ich es vergessen, das wichtigste „Utensil“ in der Zelle - der Kübel. Er stand in einer der Ecken an der Tür. Ich dachte erst, er wäre ein Mülleimer. Im weitesten Sinne hatte ich ja auch recht. Das vergitterte Fenster war weit über Kopfhöhe angebracht, genau gegenüber der Tür. Dazu kann, das die Fenster zugemauert waren mit Glasbausteinen; lediglich einen kleinen Luftschacht ließen sie uns. Man mußte schon einen Klimmzug machen, um etwas Luft zu bekommen. Lange hielt man dies auch nicht aus, denn die Arme wurden einem immer länger. So langsam versagten einem die Kräfte und kraftlos sank ich auf den Hocker. Erwischen lassen durfte man sich auch nicht. Nun saß ich da wie ein Häufchen Unglück. Hier machte ich mir eigentlich das erste Mal so richtig Gedanken, was auf mich zukam und vor allem, was ich meinen Eltern für Sorgen bereitete. An sie hatte ich bis dahin nicht im geringsten gedacht.
Das Zeitgefühl ging auch mittlerweile verloren. Ich hatte das Gefühl, die Zeit ist stehengeblieben. Ich muß wohl so drei

Stunden in der Zelle verbracht haben, da wurde plötzlich geöffnet. In der Tür stand ein Bewacher mit einem, wie sich herausstellte, Strafgefangenen als Kalfaktor. Ich betrachtete ihn erst einmal von oben bis unten. Er hatte eine dunkle Hose und eine ebensolche Jacke an. An allen Seiten und auf dem Rücken befanden sich ca.5 cm breite und 50 cm hohe gelbe Streifen. Schließlich sagte der Kalfaktor: „Das Abendessen!“ Mir wurde ein Plastikteller reingereicht. Auf dem befanden sich zwei Brotscheiben, ein bißchen Margarine und zwei dünne Scheiben Wurst, dazu noch ein Plastikbecher Tee. Natürlich war alles recht dürftig. Man bekam die billigste Margarine mit dem Markennamen „Marina“. Es war die reinste „Wagenschmiere“; der Geschmack war widerlich. Auch die Wurst war undefinierbar - mehr Fettaugen als Fleisch. Und zuguterletzt der Tee, den konnte man auch nicht trinken, irgendein Gesundheitstee.

Nach einer halben Stunde wurde das Plastikgeschirr wieder aus den Zellen abgeholt. Dann trat wieder die sprichwörtliche Ruhe ein.

Es muß so gegen 19.30 Uhr gewesen sein, da brüllte einer auf dem Gang: „Station fertigmachen zur Zählung!“ Es verging noch mal eine geraume Zeit. Plötzlich der Ruf: „Zählung!“ Zunächst konnte ich damit nichts anfangen, ich hörte nur ein endloses Türengeschließe. - Dann kamen sie zu mir. Die Tür wurde aufgerissen und einer der Bewacher schrie mich an: „Untersuchungsgefangener, stellen Sie sich unter dem Fenster an die Wand auf und machen gefälligst Meldung.“ Ich wußte gar nicht, was er meinte. Er muß das wohl registriert haben. Denn darauf sagte er: „Ach, Sie sind wohl neu hier?“ Ich antwortete: „Ja.“ Er wurde nun etwas ruhiger im Tonfall: „Sie haben jedesmal wenn Aufschluß ist an der hinteren Wand zu stehen. Die Hände haben Sie auf dem Rücken zu halten. Und wenn Zählung ist, dann melden

Sie: Herr - Dienstgrad - Zellennummer - mit Untersuchungsgefangenen belegt." „Also, U-Gefangener?"
Ich machte Meldung: „Herr Polizeimeister, Zelle 3 mit einem Untersuchungsgefangenen belegt!"
Die Tür flog wieder ins Schloß. Draußen hörte man noch lange das Auf- und Zuschließen. Es war immer ein grauenvolles Geräusch. Und dies fand zweimal am Tag statt - morgens und abends. Es wurde danach wieder still. Nachdem man eine Weile auf dem Hocker seine Zeit totschlug, oder wiedermal in der Zelle seine „Kilometer" auf und ab lief, kam der Ruf: „Fertigmachen zur Nachtruhe!" Danach hatte man 30 Minuten Zeit, um sich für die Nacht vorzubereiten; das heißt waschen, Zähneputzen etc. Dann rief wieder ein Wachhabender: „Nachtruhe!" Es dauerte nicht lange und das diffuse Licht wurde ausgeknipst. Auch die zweite Nacht hinter Gittern schlief ich so gut wie gar nicht. Ich war froh als der nächste Tag anbrach. Um 6 Uhr war die Nacht vorbei. Es begann der Gefängnisalltag, an den ich mich für die nächste Zeit zu gewöhnen hatte. Nach der Zählung und der Einnahme des Frühstücks tat sich am Vormittag nichts. Dann gab es das Mittagessen - es war Makkaroni mit Tomatensauce. Mir war nach all dem Erlebten wirklich nicht zum Essen zumute und dann noch dieser Fraß. Ich aß ein paar Löffel, aber einen großen Geschmack konnte ich daran nicht finden. Und so wanderte der Rest gleich in den Kübel. Wie ich schon bereits erwähnte, Toiletten im herkömmlichen Sinne kannten die dort gar nicht. Man mußte jeden Morgen den Kübel an einer Sammelstelle, die sich am Ende jeder Etage des Gebäudes befand, entleeren. Nach dem „schmackhaften und reichlichen" Mittagessen wurde die Freistunde ausgerufen; sie sollte ja eigentlich 30 Minuten betragen, laut der „Hausordnung", die in jeder Zelle zu lesen war. Gewöhnlich ist die sog. Freistunde ja am Vormittag, aber danach haben

sich die Bewacher kaum gerichtet. Dies konnte ich auch später in anderen Gefängnissen immer wieder feststellen.
Man sagte uns, wegen Bauarbeiten im Gefängnishof, finde die Freistunde vor den Zellen, in Form von Gymnastikübungen, statt. Ich merkte wie sich eine große Spannung in mir regte - konnte ich doch das erste Mal auch andere „Leidensgenossen“ sehen. Für mich spielte es in dem Moment keine Rolle warum sie drin waren. Nachdem die Zellen aufgeschlossen wurden und wir heraustreten mußten, wagte ich einen ersten Rundumblick und musterte die Mitgefangenen dieser Station.
Aber ich wurde gleich aus meinen Beobachtungen gerissen, da mich ein Kalfaktor anschrie: „Hast Du keine Anstaltsschuhe?“ Jeder Gefangene durfte sich im Gebäude nur mit Filzpantoffeln bewegen. Was ich natürlich nicht wußte, denn ich hatte meine Straßenschuhe mit auf die Zelle bekommen. Der Kalfaktor bekam von mir im gleichen Tonfall die Antwort prompt zurück; und das in meinem Berliner Dialekt. Ich sagte zu ihm: „Kanns de nich kikken, Du Vogel, det siehst de doch!“ Die anderen Mitgefangenen amüsierten sich über unseren Wortwechsel sehr. Auf dieser Station schien ich der einzige Berliner zu sein. Der Kalfaktor mußte auf Anweisung des Wachhabenden mir Filzpantoffeln aus der Effektenkammer holen. Als dieser zurückkam warf er sie mir vor die Füße und sagte: „Los, zieh die Pantoffeln an, aber plötzlich!“ Ich zog meine Straßenschuhe aus und schmiß sie im hohen Bogen in meine Zelle.
Am gleichen Nachmittag legte ich Protest ein beim zuständigen Stationsleiter, einem Polizeiobermeister, über meine Einzelhaft, die meines Ermessens nicht begründet war. Er war recht höflich und sagte zu mir: „Nun warten Sie mal erst ab, U-Gefangener, heute kann ich Ihnen keine Entscheidung mehr mitteilen.“ Nun war ich auch nicht

schlauer als vorher, aber ein Fünkchen Hoffnung hatte man doch. Hatte er meine Bitte doch nicht rigoros abgelehnt. Im Laufe des nächsten Tages wurde ich dann mit einem anderen Jugendlichen zusammengelegt. Er war 17 Jahre alt. Sein Name ist mir leider entfallen. Mit ihm verstand ich mich eigentlich ganz gut. Sein Delikt war Verdacht auf Notzucht. Er hatte angeblich versucht ein Mädchen im Kornfeld zu vergewaltigen. Da er noch die Jugendverpflegung bekam aufgrund seines Alters, denn ich war ja nach dem dortigen Gesetz volljährig, gab er mir öfters Milch und Wurst ab. Es verging ein Tag wie der andere, ohne das sich in Gera etwas bahnbrechendes ereignete. Immer der gleiche Trott. - 6 Uhr Wecken, Zählung, Frühstück, Kübel entsorgen, 30minütige Freistunde, Mittag, Abendessen, Zählung und 22 Uhr Nachtruhe. Ich wartete lediglich auf den Transport nach Ostberlin.
Meinen 19. Geburtstag „feierte" ich in der Untersuchungshaftanstalt Gera.

4. Transport mit dem „Grotewohl-Express"

An einem Dienstagmorgen des 24. Juli 1967, war es dann soweit. An diesem Morgen war alles anders als sonst. Es herrschte ein reges Treiben auf den Gängen. Ständig wurde geschlossen. Und man konnte durch die Zellentür laute Kommandotöne vernehmen:
„Packen Sie Ihre Sachen, aber schnell!" Dann wieder plötzlich: „Beeilen Sie sich - nun machen Sie schon!" Immer wieder die gleichen Wortfetzen. - Dann wurde bei uns aufgeschlossen.
Ein Polizeimeister stand in der Tür und sagte: „U-Gefangener Dellmuth, packen Sie Ihre Sachen, aber schnell, um 9.30 Uhr geht der Transport!"

Nun hieß es Abschied nehmen. Abschied von einem Menschen, an den man sich gerade erst gewöhnt hatte, den man erst gerade etwas kennengelernt hatte. Viel Zeit hatten wir nicht mehr. Er half noch beim Zusammenpacken, dann schloß es erneut und ich wurde aus der Zelle geholt. Ich drehte mich noch einmal um - ein kurzer Blick - dann krachte die Tür wieder zu und der Schlüssel wurde zweimal herumgedreht; damit es ganz perfekt war, noch zwei Riegel davor.
Ich hatte natürlich keine Vorstellungen, wie ein solcher Transport vonstatten gehen sollte. Was mich dort alles erwartete übertraf mein Fassungsvermögen. So etwas hatte ich in der Tat weder vorher gehört noch gesehen.
Zunächst kam ich in eine Transportzelle. In dieser Zelle befand sich nichts, nur vier kahle Wände. Es wurde ständig auf- und zugeschlossen. Und zu meinem Erstaunen wurde die Zelle immer voller. Inzwischen waren sieben Männer in dem Raum. Nach einer Weile schloß es wieder und wir bekamen von der Untersuchungshaftanstalt zwei paar Stullen, sowie eine Rolle Drops in die Hand gedrückt, dies war unsere gesamte Transportverpflegung. Es dauerte auch nicht lange und die Tür wurde aufgeschlossen und ein Wachhabender brüllte uns an: „Alles raustreten!" Wir wurden zu einem Auto gebracht, das im Gefängnishof schon für uns bereitgestellt war. Zu uns sieben Männern gesellte sich noch eine Frau. Im barschen Ton hieß es: „Einsteigen!" Dann fuhr die „Grüne Minna" zum Bahnhof Gera.
Als die „Minna" am Bahnhof Gera hielt mußten wir einzeln aussteigen. Dann wurden immer zwei Personen mit den Handschellen zusammengeschlossen. In die andere „freie" Hand bekamen wir zusätzlich ein Paket gedrückt. Dies waren wahrscheinlich unsere Effekten; das heißt Sachen, die sie uns abgenommen hatten. Für den notwendigen

„Begleitschutz“ hatten sie reichlich gesorgt, denn für acht Gefangene hatten sie 16 Polizisten aufgeboten. Ich fühlte mich wie ein Schwerverbrecher. Für mich waren es alles unfaßbare Dinge, die sich vor meinen Augen abspielten. Es kam mir alles wie ein langer Traum vor. Aber die Wirklichkeit holte mich schnell wieder ein, spätestens als ein Zug durch die Lautsprecher angekündigt wurde und eine Stimme stammelte: „Vorsicht an der Bahnsteigkante, es hat Einfahrt der Zug aus Leipzig!“
Nun standen wir auf dem Bahnsteig zwischen all den anderen zivilen Personen. Es war schon ein komisches Gefühl, man hatte den Eindruck alle Leute beobachteten ein. Plötzlich schaute ich noch einmal auf den Richtungsanzeiger und konnte tatsächlich feststellen, daß der Zug von Leipzig über Gera nach Karl-Marx-Stadt fuhr. Dies war der Zug, den die Bewacher auch offensichtlich erwarteten. Als der Zug in dem Bahnhof einfuhr konnte ich feststellen, daß es ein ganz gewöhnlicher D-Zug war. Uns wurde befohlen zum Ende des Zuges zu laufen. Dort am Ende des Zuges war ein merkwürdiger Waggon angekoppelt. Für einen „Nichtkundigen“ sah er aus wie ein Postwaggon. Er besaß ausschließlich Milchglasfenster. An dem Waggon konnte man die Aufschrift „Deutsche Post“ lesen.
Normalerweise ist das unterhalten zwischen den Gefangenen verboten. Aber in einem kurzen unbeobachteten Augenblick fragte ich einen Mithäftling, ob dies der Zug sei mit den wir nach Berlin gebracht werden sollten. Seine Antwort lautete: „Ja, dies ist der ‘Grotewohl-Express’.“ Ich muß ihn wohl sehr entgeistert angeschaut haben. Da er ihn scheinbar so gut kannte, mußte er ja schon einmal mit diesen Waggon Bekanntschaft gemacht haben. Und ich fragte ihn deshalb weiter: „Wie sieht es denn dort drinnen aus und wie lange fährt man?“ Aber er

konnte mir leider keine Antwort mehr geben. Denn wir mußten unsere Pakete wieder aufnehmen und jeweils pärchenweise ging es zum Einstieg. Nun war ich mit meinem an mir gefesselten Gefangenen an der Reihe. Wir bewegten uns auf den Eingang dieses merkwürdigen, man kann es nicht anders bezeichnen, Viehwaggons, zu. Als wir die drei Stufen hinaufgingen mußten wir in der Mitte stehenbleiben. Mich traf fast der Schlag, die Beleuchtung war tiefblau, also man konnte kaum noch etwas erkennen, da man ja aus dem Tageslicht kam. Nachdem sich die Augen an das Halbdunkel gewöhnt hatten, konnte ich am anderen Ende einen Wachhabenden in Stiefelhosen und mit Schlagstock erkennen. Er sah aus wie ein Relikt aus den Zeiten des Nationalsozialismus, besser gesagt wie ein SS-Mann. Die dunkelblaue Uniform ähnelte auch der Kleidung dieser Leute. Er lief den Gang auf und ab und schaute nur in die Abteile, wo etwas frei war. Dort wurden wir im wahrsten Sinne des Wortes reingepfercht. Nun, die Größe dieses Abteils entsprach der Hälfte eines normalen Zugabteils. Der Laufgang war auch hier in der Mitte und nicht an der Seite, wie bei einem normalen D-Zugwagen. Und in diesem Abteil mußten eben fünf Gefangene Platz finden.

Die ganze Erscheinung und bedrohliche Haltung des Uniformierten, die Art, wie wir transportiert wurden, kam mir aus Filmdokumentationen sehr bekannt vor. Vom Nationalsozialismus waren diese „roten Faschisten", denn anders kann man sie nicht bezeichnen, nicht weit entfernt.

So bin ich dann auch in einen solchen „Käfig" gekommen. Ich war der letzte der noch in eines dieser Abteile hereinpaßte. Ich schaute mich nun erst einmal genauer um, um mir ein Bild zu verschaffen, wie in der DDR Menschen transportiert werden. Ich war tief erschüttert und es machte mich sicherlich nicht zum verständnisvollen Freund des

Sozialismus, sondern noch mehr zum Staatsgegner. Nach einer ganzen Weile fragte mich einer der Gefangenen: „Na Kleiner, wegen was hat man Dich denn hochgeleiert?“ Über den Ausdruck ‘hochgeleiert’ mußte ich erst einmal herzhaft lachen, denn die vielen Schlagworte, die ich jetzt öfters zu hören bekam, waren für mich neu. Meine Antwort war kurz und knapp: „RF-Republikflucht!“
Ich taute nun so langsam auf und es entwickelte sich ein reges Gespräch. Somit erfuhr ich jetzt alle Einzelheiten des Transportablaufes und die Delikte der anderen Gefangenen in diesem Abteil. Der eine, ich kann mich genau noch an seine Gesichtszüge entsinnen, war schon zwei Tage unterwegs und kam aus dem Zuchthaus Waldheim; er sollte ins Zuchthaus Brandenburg überführt werden. Die Gründe für eine Überführung konnte er mir auch nicht nennen. In der Regel wußten die Gefangenen auch nie etwas. Er hatte schon sieben Jahre auf dem Buckel und noch drei Jahre abzusitzen. Seine Straftat war versuchter Totschlag. Ehrlich gesagt, mir war auch nicht ganz geheuer, wie ich dies hörte. Ein anderer sah ebenso furchteinflößend aus, unrasiert und hatte kaum noch Zähne. Er war schon einige Zeit im Zuchthaus Bautzen (Bautzen I) und kam aus dem Haftkrankenhaus Meusdorf bei Leipzig. Raubüberfälle waren seine Beschäftigung. Die beiden anderen, die sich noch in dem Abteil befanden, waren relativ harmlos, Einbruch und Sitte. Sie sollten nach Bützow gebracht werden. Und ich dachte so bei mir, mit solchen Typen wird man nun gleichgestellt, obwohl man im Grunde nichts verbrochen hatte. Nur weil man es gewagt hatte, zum einen seine Meinung ehrlich zu vertreten und zum anderen versuchte, von „Deutschland nach Deutschland“ zu gelangen. (Übrigens dieses Zitat aus „Deutschland ein Wintermärchen“ von Heinrich Heine wurde widersprüchlicherweise in der ehemaligen DDR im

Unterricht gelehrt.) Es war eine sehr beschwerliche Fahrt, denn man muß bedenken es war Hochsommer und draußen herrschten Temperaturen um die 30 Grad im Schatten. Und dann kam dazu noch die schlechte Luft in dem kleinen Abteil. Uns ist buchstäblich „das Wasser den Hintern“ heruntergelaufen. Wenn man sich durch Klingelzeichen bemerkbar machte und den Polizisten sein Anliegen mitteilte, sei es ein Toilettengang oder eben die Lüftung, dann war man auf das Wohlwollen des jeweiligen Wachhabenden angewiesen. Er entschied letztlich ob das Fenster einen Spalt von ca. fünf cm geöffnet wird oder nicht. Wie ich schon erwähnte, waren die Fenster aus Milchglas und zusätzlich waren sie von innen vergittert. Also ein Herausschauen war unmöglich, nur wenn der besagte Spalt von fünf Zentimeter geöffnet war, konnte man etwas Luft schnappen, aber orientieren konnte man sich trotzdem nicht. Das Prinzip dieser Transportmöglichkeit, das die DDR benutzte, bestand sicher darin, möglichst effektiv viele Gefangene zu transportieren. Und man konnte somit alle Strafvollzugsanstalten anfahren und die Gefangenen den jeweiligen Anstalten zuführen. Und an Gefängnissen in der DDR mangelte es wohlweislich nicht. Dadurch war der „Grotewohl-Express“ immer unterwegs. Derartige Spezialwaggons gab es fünf, die stets durch die ehemalige DDR fuhren, um die Häftlinge durchs „Arbeiter- und Bauernparadies“ zu schaukeln. Er wurde stets und ständig an einen normalen D-Zug oder Personenzug als letzter Waggon angehängt. Ansonsten stand man auf irgendwelchen Abstellgleisen und wartete. Auch diese Erlebnisse waren für mich völlig neue Erfahrungen.
Bis zum Zuchthaus Bautzen kamen wir eigentlich ganz gut voran, aber dort standen wir ca. vier Stunden auf dem Abstellgleis, um auf einen Zug in Richtung Berlin zu warten.

Es war unerträglich in der Mittagsglut der Sonne und dann gab es nicht einmal etwas zu trinken, nur früh und abends einen Topf Malzkaffee; damit mußte man eben auskommen. Ich hatte das Gefühl, die Stunden in denen man wartete, wurden zu Tagen. Dazu kam die Hitze, die schlechte Luft in dem kleinen Abteil und wie gesagt, wenig zu trinken. Gegen Abend ging es dann endlich weiter. Der Zug rumpelte erst einmal in Richtung Cottbus, denn dort befindet sich auch ein großes Gefängnis.
Zu diesem Zeitpunkt konnte ich natürlich nicht ahnen, das ich diese Strafvollzugsanstalt einige Jahre später kennenlernen sollte.
Auch dort hatten wir wieder einen längeren Aufenthalt von ca. zwei Stunden. Dieses schier endlose warten empfand ich schlimmer, als das Gerumpel und Geschuckel über die ausgefahrenen Gleise. Trotz der späten Zeit war es aber noch immer sehr heiß in dem Waggon, bei dieser „exquisiten Lüftung" auch kein Wunder. Dazu kamen noch die Ausdünstungen und Blähungen der Mithäftlinge. Jetzt war mir natürlich klar, warum einige Gefangene zwei Tage und länger in diesem sogenannten „Grotewohl-Express" verbrachten. Ich hatte noch einigermaßen Glück nicht solange unterwegs zu sein. Aber trotzdem, es war die längste Fahrt meines Lebens.
In Berlin-Ost, auf einem Abstellgleis des Ostgüterbahnhofes, trafen wir, völlig erschöpft, gegen 24 Uhr ein.
Auch diese Fahrt sollte sich noch einmal für mich wiederholen!
Und wieder zeigte sich das gleiche Bild wie in Gera auf dem Bahnhof. Die Bewachung, wie sollte es auch anders sein, war wieder sehr stark. Zwei Polizisten mit Maschinenpistolen im Anschlag und Diensthunden standen direkt am Zug. Außerdem noch drei Polizisten, die die

„Grüne Minna" begleiteten. Der Waggon sowie die „Grüne Minna" standen so geschickt, daß jeder Fluchtversuch ausgeschlossen war. Auf der einen Seite war ich ja zufrieden wieder in Berlin zu sein, aber leider mit Handschellen und hinter Gittern.
Die Fahrt machten wir in einem sog. LKW, der die Typenbezeichnung H3A hatte. Dort gingen sehr viele Gefangene auf einmal hinein, anders als in dem kleinen „Barkas". Wenn man Glück hatte und weiter vorne saß, hatte man die Chance etwas rausschauen zu können. In solch einer Situation freute man sich über jeden Blick in die sog. „Freiheit".
Nach dem Aussteigen aus dem Zug konnte ich, auch wenn nur kurz, sehen wer noch alles mitkam aus den anderen Strafvollzugsanstalten und die in Berlin landeten, in der sog. „Hauptstadt der DDR". Es war ein gemischter Transport, Frauen, Jugendliche und Männer. Die Frauen saßen natürlich immer in einem Extraabteil. Die erste Tour machte die „Minna" in die „Barnimritze", das damalige Frauengefängnis von Ostberlin. Danach ging die Fahrt weiter zum „Haus am See", gemeint ist damit die StVA-Rummelsburg. Dann ging es endlich, zur für mich vorläufig letzten Station, der „Keibeldiele", entgegen. Es muß so gegen 2.00 Uhr morgens des 25. Juli 1967 gewesen sein, als wir am ersten Schleusentor hielten. Die ungefähre Zeit konnte ich nur feststellen durch einen kurzen Blick auf die Uhr eines der Wächter.
Nun kam das schon für mich bekannte Zeremoniell - Einfahrt in die Schleuse und Stop zwischen der ersten und zweiten. Nachdem die begleitenden Polizisten ordnungsgemäß ihre „Fracht" bei dem dortigen Posten angemeldet hatten und offenbar keines „ihrer Schäfchen" verlorengegangen war, konnten wir passieren.
Einer brüllte nun: „Los, aussteigen, aber plötzlich!"

Untersuchungshaftanstalt Gera, MfS-Bezirksverwaltung „Freigangzelle"

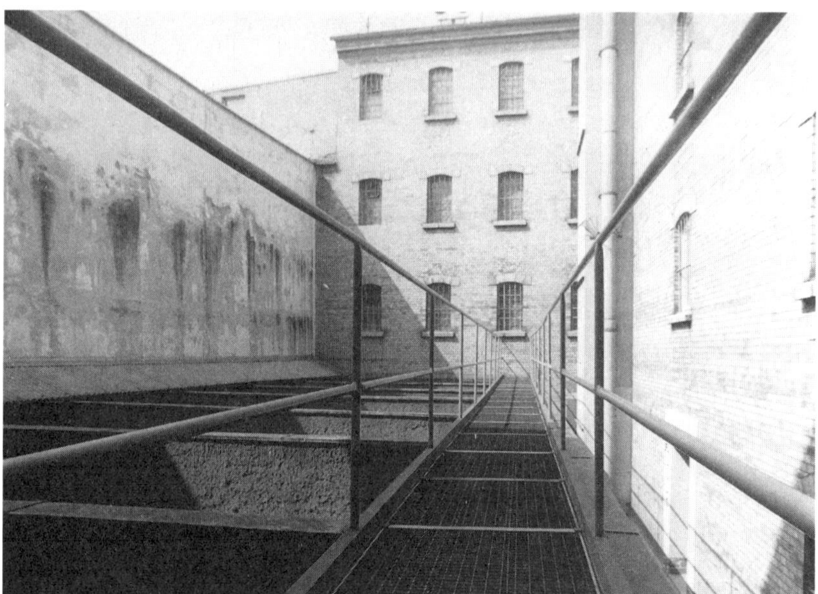

UHA-Gera, MfS-Bezirksverwaltung
„Freigangzellen von der Brücke aus gesehen"

UHA-Gera, MfS-Bezirksverwaltung „Zellentrakt"

UHA-Gera, MfS-Bezirksverwaltung „Am Tordurchgang"

5. UHA Berlin „Keibelstraße" (PdVP)

Aus dem LKW stiegen ein paar übermüdete Gestalten, die sich noch kaum auf den Beinen halten konnten. Schon dröhnte es wieder an unsere Ohren: „Nun laufen se mal schneller!"

Mit mir waren noch vier U-Häftlinge in die „Keibeldiele" gekommen. Dieses Untersuchungsgefängnis war integriert im damaligen Polizeipräsidium am Alexanderplatz (Hans-Beimler-Straße). Ich schaute mich erst einmal um und bemerkte, daß das U-Gefängnis in einem Innenhof lag, also von außen überhaupt nicht einsehbar war. Des weiteren konnte ich feststellen, daß das Gebäude sieben Stockwerke besaß.

Ein Polizist bemerkte wohl, das wir uns etwas umsahen. Daraufhin kam gleich die Order: „Komm se, komm se, aber ein bißchen plötzlich!" Eine Tür wurde geöffnet und sofort hinter uns zugeschlossen. Wir befanden uns offenbar auf der Aufnahmestation. Es kann auch im Keller gewesen sein, genau weiß ich es nicht mehr. Dort wurden wir in eine große Auffangzelle gesperrt und mußten abwarten was auf uns zukommen würde, was blieb uns auch anderes übrig. In der Zelle befand sich nichts, weder ein Stuhl noch sonst dergleichen. Es verging ca. eine halbe Stunde, dann wurden wir alle zum duschen geschickt und anschließend von einem Militärarzt untersucht, ob wir „Filzmucken" hatten. Wieder nahm er eine Lupe und untersuchte mein Geschlechtsteil - es war einfach widerlich. Ich fragte mich immer wieder, ob die nicht vielleicht etwas pervers veranlagt sind. Es war mir jedesmal peinlich mich vor solchen Leuten in „naturalibus" zeigen zu müssen. Ich kannte diese Zeremonie zwar schon aus der UHA-Gera, aber es verletzte mein Schamgefühl immer wieder aufs Neue. Anschließend mußten wir erst einmal die

Effektenkammer aufsuchen. Dort empfingen wir die notwendigsten Sachen, wie Bettzeug, Zahnpasta, Seife usw.
Die Untersuchungshaftanstalt in der Keibelstraße war gegenüber der UHA-Gera ein viel modernerer Bau. Als wir aus der Effektenkammer traten schweifte mein Blick in die Höhe. Dabei konnte ich feststellen, daß die Laufgänge immer an den Wänden entlanggingen. In der Mitte war nichts. Da klaffte ein riesiges Loch von oben nach unten. Lediglich zwischen jedem Stockwerk waren Maschendrahtverhaue angebracht, um somit eventuelle Suizidversuche zu verhindern. Nach den Erhalt der Effekten wurden wir auf die einzelnen Zellen verteilt. Mittlerweile muß es schon etwa drei Uhr morgens gewesen sein, dieses konnte ich an der Uhr des Wachhabenden ablesen. Schlafen war da kaum noch möglich, denn um sechs Uhr ging das Licht wieder an und wir wurden alle aus den Betten geholt. Man sperrte mich zunächst wieder, wie in der UHA-Gera, in eine Einzelzelle. Sie befand sich im sechsten Stockwerk. Wie gesagt, in den restlichen drei Stunden, die mir bis zum wecken verblieben, konnte ich nun auch nicht mehr schlafen. Die psychische Belastung war einfach zu groß. Mir ging alles mögliche durch den Kopf - das bisher Erlebte und was würde wohl meine Familie sagen? Warum hatte ich bis zu diesem Zeitpunkt keine Post erhalten? Oder wurde sie mir nur nicht ausgehändigt, um mich somit vielleicht unter Druck zu setzen, wegen eines Geständnisses? Fragen über Fragen kreisten durch meinem Kopf. Nach dem allgemeinen „Knastmorgen“, das heißt wecken, Zählung und Frühstück, meldete ich mich zum Stationsleiter, um endlich Beschwerde gegen den Haftbefehl einzulegen. Es dauerte auch nicht lange und ich wurde von einem Wachhabenden zum Stationsleiter gebracht. Nachdem der Polizist gegangen war, fragte er

mich: „Was wollen Sie, U-Gefangener Dellmuth". Ich dachte so bei mir, merkwürdiger Kauz - dem muß doch mein Anliegen bekannt sein, was fragt der denn so dusselig. Ich antwortete: „Herr Polizeimeister, ich möchte Beschwerde gegen meine Inhaftierung einlegen." Er musterte mich von oben bis unten. Nach einer Weile holte er tief Luft und sagte selbstsicher: „U-Gefangener Dellmuth, damit werden Sie wohl kaum Erfolg haben, aber die Beschwerde steht Ihnen laut Gesetz der DDR zu. Hier haben Sie ein Blatt Papier und nun schreiben Sie hier." Ich mußte mich gegenüber seinem Schreibtisch setzen und konnte nun meine Haftbeschwerde schriftlich formulieren. Ein Fünkchen Hoffnung hatte man ja, aber welch ein Trugschluß!

Nach Ablaufen der Frist wurde die Beschwerde selbstverständlich vom Strafsenat Ia des Stadtgerichts von Groß-Berlin abgelehnt. Zur Begründung hieß es lapidar, „Verdunkelungsgefahr und Fluchtverdacht". Ich fragte mich, wo will man in der DDR schon hinflüchten. Sicher glaubte man genug „Beweise" für meine versuchte Republiksflucht gefunden zu haben.

Bei meiner Leibesvisitation und Durchforstung meiner Sachen in Thüringen fanden sie ja Landkarten über das Fluchtgebiet, einen Kompaß und ein Fernglas. Dazu kam die Zeugenaussage der Christine Däseler, meiner Abnehmerin an der Rotationsdruckmaschine meines Lehrbetriebes. In den nächsten Tagen tat sich bei mir überhaupt nichts. Außer den üblichen Aufschlüssen zur Zählung, zu den Mahlzeiten und zur Freistunde herrschte Totenstille. Man hörte nur, wo da und dort mal geschlossen wurde. Ich saß da einsam in der Zelle und döste vor mich hin. Nicht irgendeine Ablenkung, etwa in Form einer Lektüre gab es. Mein Glück war es, ich lag zur Hofseite heraus und konnte ab und zu mal aus dem vergitterten Fenster

schauen und in den Hof gucken. (Damals ging es noch, nachdem ich 1971 vom MfS verhaftet wurde und über den Hof geführt wurde, waren schon Blenden angebracht. Rausgucken ging nun nicht mehr!) Somit konnte ich beobachten, was da unten so vor sich ging. Ich mußte natürlich aufpassen, daß mich nicht einer der Schließer erwischte, denn das hätte unangenehme Folgen.
Außerdem konnte ich den Bau der Kugel auf dem Fernsehturm am Alexanderplatz sehr gut beobachten. Es verschaffte mir wenigstens etwas Ablenkung.
Nach ein paar Tagen war es dann endlich soweit - ich hatte meine erste Vernehmung in Berlin, die ich eigentlich sehnsüchtig erwartete, weil man glaubte, noch etwas an der Situation ändern zu können. Aber egal von welcher Seite man es betrachtete, der Entlassung kam man so oder so etwas näher. Meine beiden Vernehmer waren ein Hauptmann und ein Oberleutnant der Kripo. Was ich auch nicht erahnen konnte, parallel zu meiner Verhaftung in Thüringen am 17.7.67, erfolgte bei mir zu Hause eine Hausdurchsuchung, in meinem Zimmer und den Räumlichkeiten meiner Eltern. Somit konnten natürlich meine Eltern erfahren, daß ich verhaftet war. Zu ihrem Pech fanden sie aber kein weiteres „Beweismaterial". So begnügten sie sich mit ein paar, angeblich in der DDR nicht erwünschten Bücher. Sie wurden beschlagnahmt, weil sie angeblich einen „militaristischen" Charakter hatten.
Wie gesagt, wurde ich aus der Zelle in das Dezernat II der Kripo geschafft. Das Zimmer hatte eine vierstellige Ziffer, ich glaube es war die 5014. Für mich war ja jeder Vorgang etwas Neues, da ich keine Vorkenntnisse hatte, wie manch anderer Gefangener. Als ich mich dann in dem Zimmer befand, ließ ich meinen Blick durch den Raum schweifen. Viel Zeit gab man mir aber nicht, denn schon stellte einer der Vernehmer die erste Frage. Sie lautete: „Sagen Sie mal

Herr D., wie lange wollen Sie uns noch zum Narren halten und uns nicht endlich ein Geständnis ablegen? Denn Ihre Geschichte, die Sie bei Ihrer ersten Vernehmung in Gera erzählten, daß Sie dort nur zu Besuch waren, glaubt Ihnen ja sowieso keiner."
Dann sagte er weiter: „Aber nun nehmen Sie erst einmal Platz."
Plötzlich fragte der andere: „Sie sind Herr D., geboren..., wohnhaft..." Ich dachte, komisch, warum fragen die so einen Blödsinn, die wissen doch sowieso alles. Bis ich nach einer Weile begriff, die Fragen zur Person wurden immer bei der Eröffnung einer Vernehmung gestellt.
Dann fragte wieder der andere: „Herr D., Sie machen sich doch zusätzlich Schwierigkeiten, wenn Sie bei Ihrer Version bleiben. Nun erzählen Sie doch die Wahrheit."
Aufgrund meiner Situation, in der ich mich befand und auch mit Rücksicht auf meine Eltern, die ja schon genug Aufregung hinter sich hatten, bildete ich mir ein, wenn ich jetzt meine wahren Absichten zu erkennen gäbe, dann könnte ich vielleicht mit einem blauen Auge davonkommen. Es mag auch sicher die Unerfahrenheit, die ich bisher hatte, eine gewisse Rolle gespielt haben.
Nun erzählte ich den beiden Kripobeamten den wahren Grund meines Verschwindens aus Berlin. Im Polizeijargon nennt man dies: „Der Beschuldigte legt ein Geständnis ab."
Die Schreibmaschine klapperte so vor sich hin - immer das gleiche monotone Geräusch. Nach dem Ende der Befragung gab man mir die abgetippten Seiten zum durchlesen und zur Unterschrift. Jede Seite mußte unterschrieben werden. Wenn die letzte Seite des Vernehmungsprotokolls an der Reihe war stand immer – „selbst gelesen und unterschrieben" –.
Aber mein Geständnis sollte mir noch zum Verhängnis werden. Natürlich kam auch mein politisches Verhalten in

Lehrbetrieb und Schule in den Vernehmungen ins Gespräch. Selbstverständlich kamen auch meine verbalen Äußerungen, die ich mit der Parteisekretärin des Lehrbetriebes, Elsbeth Lahne, in Treptow hatte, zur Sprache. Der Vernehmer behauptete diese Bemerkungen kämen den § 106 StGB der DDR, staatsfeindliche Hetze, sehr nahe.
(Durch meine Akteneinsicht 1995 konnte ich ersehen, daß das MfS seit diesem Vorfall 1967 in Treptow, bei der Kreisdienststelle Friedrichshain einen OV, unter dem Decknamen „Lehrling", anlegte.)
Nachdem ich wie eine Zitrone ausgequetscht worden war, telefonierte der eine Kripomann. Und ich hörte wie er sagte: „Der U-Gefangene kann abgeholt werden." Es dauerte auch nicht lange, die Tür ging auf und ein Polizeimeister holte mich wieder ab. Er lief mit mir durch die „Wandelgänge", bis zu meiner Zelle im sechsten Stockwerk. Es war immer das gleiche Spiel - der Posten schloß die Tür auf, ich ging monoton wie eine aufgezogene Puppe in meine Zelle und die Tür rasselte wieder zu.
Am interessantesten war immer die „Freistunde", die genau 30 Minuten war. Der Ort in der „Keibeldiele", wo diese stattfand, war am exotischsten - sie wurde auf dem Dach abgehalten. Natürlich war das Dach dementsprechend abgesichert, um eventuelle Fluchtmöglichkeiten von vornherein auszuschließen. An die „Lebensmüden" hatte man sicherlich auch dabei gedacht. Meterhohe Zäune, darüber reichlich Stacheldraht und natürlich nicht zu vergessen die Wachtposten mit ihren berühmten „Kalaschnikows". Laufen mußten wir alle im „Gänsemarsch". In jeder Ecke stand ein Posten. In der Mitte befand sich das geschlossene Dach, daher konnten wir nur außen an der hohen Mauer laufen. Einziger Trost war, man sah immer neue Leute. Nach den ersten Vernehmungen,

als der „sogenannte Sachverhalt geklärt war“, wurde ich wieder einmal verlegt. Diese Vorgänge waren mir ja schon hinreichend bekannt. Ein Polizeimeister schloß meine Zelle auf und sagte: „Packen Sie Ihre Sachen!“ Dann ging erst einmal die Zellentür wieder zu. Ich breitete, wie gewöhnlich, eine Decke aus, legte meine „sieben Sachen“ hinein und knotete die Ecken zusammen und wartete auf den Aufschluß, der dann auch kurz danach erfolgte. Ein schmächtig aussehender Posten stand in der Tür und sagte: „Kommen Sie!“ Ich dachte, der Wortschatz der Posten scheint ja nicht sehr groß zu sein, immer die gleichen Befehle. Nachdem wir einige Runden auf den klappernden Stahltreppen gedreht hatten, hielten wir in der rechten Ecke zwischen der zweiten und dritten Etage. Ein kurzer Blick auf die Zellentür zeigte mir, daß für die nächste Zeit mein Domizil die Zelle 72 sein wird. Der Polizeiposten schloß auf und sagte: „Gehen Sie rein!“ Als ich im Zellentürrahmen stand starrten mich eine Menge Leute an. Nachdem ich mit meinem Bündel im Raum stand, zählte ich die Betten, stellte dabei fest - ich war in einer 12-Mann-Zelle.
Nun war ich das erste Mal während meiner bisherigen Haftzeit mit soviel Mitgefangenen in einem Raum. In der Tür stand ich sicher, wie ein begossener Pudel, was die Gefangenen mir wohl auch ansahen. Schließlich löste sich die Spannung, denn ein Häftling mittleren Alters kam auf mich zu und sagte: „Tag’chen, ich bin der Stephan. Nun mach erst mal deine Couchette und pack den anderen Krempel aus, dann sehen wir weiter.“ Ein anderer gesellte sich zu mir und half mir beim Bettenbau. Nachdem dies erledigt war, saßen wir alle an einem Tisch und da ich ein „Neuer“ war, mußte ich als erster über meine „Straftat“ berichten. Die Zeit verging wie im Fluge, denn es waren ja neue Dinge, in den sonst so eintönigen Gefängnisalltag,

eingetreten. Nachdem ich mir meine Story von der Leber geredet hatte, setzte ich mich in eine bequeme Position, denn jetzt waren die anderen dran. Und bei elf Leuten, das konnte dauern! Für mich war das alles spannend, wie in einem Krimi, was ich da so alles hörte. Aber ich stellte fest, daß die Mehrzahl, trotz ihrer verschiedenartigen Delikte, dufte Kumpels und Kameraden waren. Einige sollen an dieser Stelle genannt werden, denn auch in dieser Zelle befand man sich auf „Durchreise"; das heißt der Aufenthalt war nur für eine gewisse Zeit vorgesehen. Durch die anderen Mitgefangenen erfuhr man, daß nach Abschluß aller Vernehmungen und der anderen behördlichen Dinge, es nach Rummelsburg ging.
Da war zum einen Stephan Wroblewski, aus Karow, er hatte Linoleum im Staatsratsgebäude bei Ausbesserungsarbeiten gestohlen, das er für sein Haus benötigte.
Oder Martin Schlein aus Schöneweide, er war vom Beruf Fleischer und auf dem ehemaligen Zentralviehhof am S-Bahnhof Leninallee (jetzt Landsberger Allee) tätig. Er hatte unter der Hand Bockwürste und andere Fleischartikel verkauft. Im DDR-Sprachgebrauch hieß das „Vergehen am Volkseigentum" und dies war laut StGB der DDR strafbar.
Manchmal mußte man ja Tränen lachen, über einzelne Delikte, aber es war mehr oder weniger Galgenhumor. Speziell bei den Sittlichkeitsdelikten, da hörte man die tollsten Geschichten. An einen Fall kann ich mich noch sehr gut erinnern. Der Typ hieß Jürgen (Nachname ist mir leider nicht mehr erinnerlich.), er hatte in einem Bauwagen versucht einem 16jährigen Mädchen im alkoholisierten Zustand die Brüste zu küssen.
Wie er dies erzählte, so traurig es war, wessen man ihn beschuldigte, aber wir haben vielleicht gelacht.

Aber die Masse bildeten die politischen Straftaten. Die Skala reichte vom „Widerstand gegen die Staatsgewalt" (§120), versuchte Republiksflucht § 5 der Paß-VO i.d.F. d. § 1 der PÄVO v. 1957 bis zum Paragraphen der „Staatsfeindliche Hetze" (§106).
Noch stärkere politische Delikte befanden sich damals im Jahre 1967 in der Kompetenz des MfS (Ministerium für Staatssicherheit).
Das Delikt „vers. Republiksflucht" oder auch „vers. ungesetzlicher Grenzübertritt" genannt, trat am häufigsten auf. In unserer Zelle waren das zum Beispiel Detlef Rifke, Bernd Beyer, Gerald Rackau und natürlich ich.
Der Tag neigte sich so langsam dem Ende entgegen. Das Tageslicht verblaßte in der Zelle, oder wie es die Behörden nannten „Verwahrraum".
Plötzlich schloß es wieder und wir wurden jäh aus unseren Aktivitäten gerissen - es war Abendbrotzeit.
Nach dem Abendbrot waren noch ca. zwei Stunden Zeit. Und da ich ein „Neuer" war. konnten sie mit mir so einige Späßchen treiben, denn ich war ahnungslos. Denn einer der schon einmal mit dem Innenleben eines Gefängnisses vertraut war, mit denen konnten sie es nicht mehr machen. Stephan W. trat aus der Gruppe vor und sagte zu mir: „Na Rainer, du bist doch sicher auch ein sportbegeisterterTyp." Ich wollte mir auch keine Blöße geben und antwortete: „Na klar!" Zunächst mußte ich eine Bank stemmen, auf der ein Mithäftling lag. Die Bank mußte soweit gestreckt werden, bis meine Arme durchgedrückt waren - und dies mehrere Male. Was sie damit bezweckten, ahnte ich natürlich nicht im geringsten. Stephan sagte: „Rainer, prima das reicht! Nun sind die anderen dran und du kannst dich jetzt auf der Bank ausruhen." Ich legte mich also auf die Bank und wurde nun in Schräglage gebracht. Jetzt folgte der eigentliche Spaß. Ich dachte nun, jetzt muß ein anderer

seine Kräfte beweisen und war sichtlich erstaunt, als eine volle Kanne Wasser, die sogenannte „Berta", mir die Hosenbeine herunterlief. Alles lachte und wieherte. Zunächst fand ich das gar nicht so drollig, aber dann lachte ich mit, denn ich dachte mir, das nächste Mal erwischt es eben einen anderen.
Es knatterte und rauschte plötzlich in den Lautsprechern. Nach einer Weile röhrte eine Stimme ins Mikrophon: „Fertigmachen zur Zählung!" Ein wenig später erscholl der Ruf: „Zählung!"
Wenn man die Lautsprecher genauer betrachtete und deren Geräusche vernahm, könnte man meinen, dies ist noch ein Überbleibsel aus alten „braunen" Zeiten.
Uns verblieb nun nicht mehr viel Zeit bis zur Nachtruhe. Um 22 Uhr gingen die Posten durch und schauten noch einmal durch den „Spion", dann knipsten sie das Licht aus. So verging ein Tag nach dem anderen. Einen anderen Zeitvertreib verschafften wir uns durch das Würfeln und das Kartenspielen, aber es waren verbotene Spiele laut Hausordnung. Die Spiele zählten zu den sogenannten Glücksspielen. Es mußte also immer aufgepaßt werden. Ab und wann wurden die Zellen „gefilzt", um Verbotenes zu entfernen. Da wurde dann der „Verwahrraum" buch-stäblich auf den Kopf gestellt. In den meisten Fällen passierten derartige Aktionen, wenn wir unsere „Freistunde" hatten. Da es verbotene Spiele waren, wurden Kartenspiele und Würfel von uns selber hergestellt. Not machte eben erfinderisch!
Bei dem Filzen der Zelle wurde meistens auch nach derartigen Spielen gesucht. Durch den Einkauf, den wir einmal im Monat hatten, konnten wir von den leeren Tabakkartons - Marke „Nortag Shag" aus Nordhausen - Skatkarten herstellen. Bemalt wurden die Karten von dem Mithäftling, der das meiste Talent dazu hatte. Die Würfel

wurden aus Brot geformt, die dazugehörigen Zahlen aus Zahnpasta raufgetupft. Es ist doch erstaunlich, wie der Mensch in besonderen Situationen erfinderisch tätig und kreativ sein kann.
Bei zwölf Häftlingen, die gewöhnlich in dem Raum waren, wurde auch laufend aufgeschlossen und dadurch war immer etwas Bewegung. Entweder mußte einer zur Vernehmung, oder zum Anwalt, es kam die Freistunde, oder die „Marketenderin" (Einkaufsfrau) war da. Grundsätzlich, wenn einer Vernehmung hatte, mußte er alles in der Zelle seinen Mithäftlingen berichten. Dies diente weniger dazu die Neugier zu befriedigen, eher um die Zeit besser rumzubekommen. Ob dabei immer die Wahrheit wiedergegeben wurde mag dahingestellt sein. Aber daran dachte wohl kaum einer in dieser Situation. Die Kameradschaft in dieser Zelle war sehr groß. Erwähnt sei hierfür ein kurzes Beispiel. Wenn einer mal keine Zigaretten aber ausreichend Lebensmittel hatte, wurde abgegeben, manchmal auch geteilt.
Aber diese Zusammensetzung der Häftlinge auf dieser Zelle war leider nicht von Dauer, denn es kamen Neuzugänge und es gab immer wieder Verlegungen. Und unter den „Neuen" befand sich so manch ein „Quertreiber".
Ich hatte, Gott sei gedankt, aufgrund meines schnellen Geständnisses, nur drei Vernehmungen. Inzwischen waren etwa vier Wochen seit meiner Inhaftierung vergangen. Hoffnung, daß ich eventuell wieder frei komme, hatte ich nun kaum noch. Zu diesem Zeitpunkt hoffte ich nur auf einen schnellen Gerichtstermin, um dann vielleicht wieder draußen zu sein.
Eines Tages, wir waren wieder gerade am Würfeln, da schloß es plötzlich auf und ein Posten stand breitbeinig, mit den „bekannten Stiefelhosen", im Türrahmen. Er hatte diverse Post in den Händen. Jeden Tag hoffte man auch

unter den „Glücklichen“ zu sein, die Post von „draußen“ bekamen. An diesem Tage sollte sich meine Hoffnung erfüllen. Bei den aufgerufenen Namen war ich auch diesmal dabei. Erst glaubte ich, ich hätte mich verhört. Dann aber klang es noch einmal in meinem Ohr: „U-Gefangener Dellmuth, wollen Sie Ihre Post nicht abholen!“ Schnellen Schrittes ging ich zu dem Polizeimeister und holte meine Post ab. Ich freute mich wie ein kleines Kind als ich den Brief in meinen Händen hielt, drehte ihn um und schaute als erstes auf den Absender, es war meine Schwester.
Nervös nestelte ich an dem Briefumschlag, um ihn zu öffnen. Als ich es endlich geschafft hatte, las ich fieberhaft die Zeilen. Keine Worte des Vorwurfes, oder andere Vorhaltungen, konnte ich darin finden, sondern nur Worte des Mutes und der Hoffnung. Den Brief las ich zwei-, dreimal, so aufgeregt war ich. Meine Gefühlswelt war für den Rest des Tages, aufgrund der hoffnungsvollen Zeilen, völlig intakt.
Man kann sich gar nicht vorstellen was ein paar Zeilen, von Angehörigen oder Freunden, in solch einer Lage erzeugen können.
Es vergingen etwa weitere zwei Wochen indenen sich nichts ereignete. Mittlerweile hatten wir Ende August. Aber dieser Monat sollte mir doch noch einen ereignisreichen Tag bieten.
Ich wurde an dem betreffenden Tag sehr früh geweckt. Da ich nicht wusste, wo es hinging, verabschiedete ich mich von meinen „Zellenkumpels“. Nicht einmal frühstücken ließen sie mich. Ein Posten, der in der Tür stand, sagte nur: „U-Gefangener D., ziehen sie sich an und ein bißchen Tempo!“ Kurz darauf rumpste die Tür wieder zu. Ich nahm an, daß man mich nach Rummelsburg bringen würde, da ja meine Vernehmungen abgeschlossen waren. Aber dann entstanden wieder Zweifel, wenn ich nämlich verlegt

worden wäre, hätte ich meine sämtlichen „sieben Sachen“ packen müssen. Also mußte es etwas anderes sein. Meine Mitgefangenen konnten sich dies auch alles nicht erklären, jedenfalls noch am Morgen.
Schließlich erfolgte der Aufschluß. Der Wachposten sagte: „Kommen Sie!“ Hinter mir rasselte das Schloß wieder zu. Er lief mit mir die Stahltreppen herunter Richtung parterre. Mein Erstaunen kannte keine Grenzen, als ich mich wieder in einer sogenannten Auffangszelle befand. Zwangsläufig kam man ins grübeln: „Ob die dich doch vielleicht nach Hause lassen?“ Ich wurde jäh aus meinen Gedanken gerissen, als wieder aufgeschlossen wurde. Sie stießen einen neuen U-Gefangenen hinein. Er hieß Frank Buttgereit und war aus Friedrichshagen. Wie es sich durch weitere Gespräche herausstellte, war er ein Cousin von H. J. Adler, meinen Klassen- und Sportskameraden.Uns gesellte sich noch ein dritter Gefangener hinzu. Er war etwas älter als wir. Nach einer Weile wurden wir aus der Zelle geholt und in den Lichthof geführt. Dort erwartete uns bereits ein „Barkas 1000“ - das beliebte Transportmittel für Gefangene in der ehemaligen DDR. Uns wurden wieder die Handschellen angebracht und wir bekamen jeder ein „Einzelquartier“ zugewiesen. Der Barkas 1000 hatte drei Einzelzellen 120 x 60 x 40 cm. Man konnte nur in Hockstellung dort sitzen. Keine Fenster - völlige Dunkelheit. Der Wagen rumpelte los.
Wenn man in diesem Wagen saß, kamen einem jedesmal die gleichen Ängste in den Sinn: „Hoffentlich bauen die keinen Unfall, dann bist du rettungslos verloren - einfach tot.“ Dazu kam noch die Orientierungslosigkeit. Die Autofahrt schien recht lang zu sein, jedenfalls vom Zeitgefühl her. Plötzlich ein Rucken und der Barkas stand. Man konnte hören, wie ein Tor geöffnet wurde. Das Auto setzte sich kurz in Bewegung, um gleich wieder nach

einigen Metern anzuhalten. Die Tür wurde offenbar gleich wieder geschlossen. Endlich wurden wir aus unserem „Käfig“ herausgeholt. Ich war sichtlich überrascht, als ich mit den zwei anderen Gefangenen vor dem Stadtbezirksgericht Köpenick stand. Dort wurden wir gleich wieder in eine Zelle eingeschlossen. Wir wurden der Staatsanwaltschaft des Amtsgerichts Köpenick am Mandrellaplatz vorgeführt. Was dies für einen Sinn haben sollte, verstand ich zwar nicht, aber man war ja lernfähig. In meinem Fall war es eine Staatsanwältin in den mittleren Jahren. Die Staatsanwältin sprach mit mir über meine „Straftat“ und warum ich diese begangen hatte. Im allgemeinen war sie nett und höflich zu mir. Nachdem wir alle unsere Gespräche beendet und in der Zelle eine Weile gewartet hatten, schloß am frühen Nachmittag ein Posten die Tür auf und wir wurden zu dem Barkas gebracht. Einer nach dem anderen wurde wieder in seine „Kanickelbuchte“ verfrachtet und der Wagen rumpelte über die DDR-üblichen Straßen ins Polizeipräsidium am Alexanderplatz, zur berühmten „Keibeldiele“. Somit war ich froh, am späten Nachmittag, wieder in meiner Zelle 72 zu sein. Nun fiel auch den anderen Mitgefangenen ein, daß sie zur Staatsanwaltschaft des für sie zuständigen Gerichts, gefahren wurden.
Aber trotzdem mein Fall für die Kripo abgeschlossen war, mußte ich noch einige Zeit auf den Abtransport nach Rummelsburg warten. In dem dortigen Zuchthaus herrschte zu dieser Zeit eine Infektionskrankheit, die Ruhr. Somit verzögerte sich meine Weiterverlegung bis zum 20. September 1967.
In der StVA-Rummelsburg gab es das sogenannte Haus 3, ein Block nur für Untersuchungsgefangene, die auf ihre Aburteilung warteten. Dieser Block war nochmals von den anderen Häusern innerhalb der Anstalt durch eine hohe

Extramauer abgesondert. In der „Keibeldiele“ waren die U-Gefangenen nur so lange, bis die Vernehmungen abgeschlossen waren. Diese Informationen hatte ich natürlich von Mitgefangenen, die schon einmal diesen Weg beschreiten mußten. Etwa eine Woche vorher wurde ich nochmals verlegt auf eine andere Station. Wie sich später herausstellte, setzten sie schon die Transporte für die StVA-Rummelsburg zusammen. Somit war man wieder einmal unter anderen Leuten. Jedesmal begann die gleiche Zeremonie - Aufschluß, Kommandos, Sachen packen und Verabschiedung von den anderen Mitgefangenen. Ich folgte dem Polizeimeister mit meinem Bündel, das ich mir über die Schulter geworfen hatte und mit beiden Händen festhielt. Er ging mit mir ein Stockwerk tiefer und hielt schließlich genau unter meiner vorherigen Zelle. Die jetzige hatte die Bezifferung 48. Dieser Verwahrraum war auch mit zwölf Mann belegt.

An zwei Gestalten in dieser Zelle kann ich mich noch genau entsinnen. Der eine war schon in den Fünfzigern und ein gebürtiger Kölner. Seine Haare gingen schon vom diskreten grau ins weiße über. Seinen Fall konnte man einfach nicht vergessen, dies zeigte das Ausmaß und die Tragik der Geschichte in diesem Nachkriegsdeutschland.

Er war wegen seiner Frau Ende der fünfziger Jahre aus der Bundesrepublik Deutschland in die DDR verzogen. Seine Frau verstarb nach langer schwerer Krankheit im Jahre 1965. Seitdem versuchte er dieses Regime auf legalem Wege zu verlassen, aber alle Bemühungen und Versuche bei den Behörden etwas zu erreichen schlugen fehl. Seine Anträge auf Ausbürgerung wurden alle abgelehnt. Sein letzter verzweifelter Versuch, den er unternahm, sollte auf illegalem Wege in Hohenneuendorf/bei Oranienburg stattfinden. Dieser Ort grenzt im Norden Berlins an den Ortsteil Frohnau, der in Westberlin lag. Er hätte nur noch

einen Stacheldrahtverhau zu überwinden gehabt, dann wäre er in Frohnau gewesen. Aber da tauchte eine GREPO-Streife aus dem Dickicht auf und er wurde festgenommen.
Der andere war auch ein dufter Kumpel, sein Spitzname „Schnurri", weil er ein gepflegten Schnurrbart trug. Er war ein Mann so Ende 20-Anfang 30. Seine Straftaten bestanden aus Diebstahl und Einbrüchen.

6. StVA Rummelsburg

Am Morgen des 20. September 1967 wurden wir dann, es waren zwei große LKW mit der Typenbezeichnung H3A, die Im Lichthof bereits auf uns warteten, nach Rummelsburg gebracht. Durch den Transport sorgten die Justizbehörden wieder einmal für etwas Abwechslung, in dem sonst so eintönigen Gefängnisalltag. Ich hatte Glück einen günstigen Platz in der „Minna" erwischt zu haben und konnte deshalb die gesamte Fahrt dorthin verfolgen. Mein Sitzplatz war nämlich so, das ich aus dem Fenster schauen konnte. In der StVA-Rummelsburg angekommen, hielt der H3A wie gewöhnlich am Schleusentor. Nach den üblichen Formalitäten konnten wir passieren. Als wir nun durch die Schleuse fuhren, sie bestand aus zwei elektrisch betriebenen Toren und auf das Gelände der StVA-Rummelsburg kamen, war ich über deren Größe überrascht. So groß hatte ich mir Rummelsburg nicht vorgestellt. Zu diesem gesamten Komplex gehörten zehn Häuser, die nummeriert waren. Ferner bestanden diverse Nebengebäude, wie die Küche, die Wäscherei, das Heizhaus und Häuser des EAW-Treptow, für die die Gefangenen arbeiten mußten. Auf dem Gelände war noch ein Betonwerk wo einige Häftlinge auch arbeiten mußten. Haus 8 war das interne HKA (Haftkrankenhaus). Wir wurden gleich mit dem LKW zu dem sogenannten Haus 3,

Untersuchungshaftanstalt Keibelstraße „Innenhof"

Untersuchungshaftanstalt Keibelstraße „Innenansicht"

Untersuchungshaftanstalt Keibelstraße "Innenansicht"

Untersuchungshaftanstalt Keibelstraße „Mein zeitweiliger Aufenthalt“

Untersuchungshaftanstalt Keibelstraße
„Meine Einzelzelle im 6. Stock mit originalem Bett“

das nur für Untersuchungsgefangene benutzt wurde, gefahren. Dieser Komplex war einschließlich des Innenhofes noch einmal durch eine hohe Mauer von den übrigen Häusern abgegrenzt. Ein Posten öffnete das Tor und der LKW hielt genau vor dem mittleren Eingang. Alle Gebäude waren aus roten Backsteinen errichtet. Ein Posten trat an den Wagen und brüllte hinein: „Alles aussteigen!"
Wir stiegen nun alle aus und wurden gleich in das Gebäude dirigiert. Vor einer Tür stand ein Posten und sagte nur immer: „Gehen Sie da rein!" Die Auffangzelle füllte sich immer mehr. Es waren tolle Zustände, die da herrschten - etwa 50 Personen in einem Raum. Bei so vielen Menschen herrschte ein großes „Volksgemurmel" und man verstand sein eigenes Wort mitunter nicht mehr. Jeder unterhielt sich über die neuesten Nachrichten. Die Zelle hatte auch kein Fenster, dementsprechend war auch die Luft unerträglich. Man hatte das Gefühl sich in einem Käfig zu befinden. Nun harrten wir der Dinge, die da auf uns zukommen sollten. Nachdem wir so einige Zeit in diesem „Dunstkäfig" verbracht hatten, schloß es endlich an der Zellentür. Anscheinend hatten die Vollzugsbeamten die Liste für die einzelnen Verlegungen fertiggestellt. Zwei Polizeimeister standen in der Tür und verlasen die Namen mit den dazugehörigen Stationsnummern und Zellennummern; z. B. Klaus Schulze - Dora I/48 oder Peter Lehmann - Berta II/16. Und so wurde der Raum in dem wir uns befanden immer leerer. Nach einer Weile, als die Hälfte schon aus dem Raum verschwunden war, kam ich an die Reihe. Ein Polizeimeister rief:: „U-Gefangener Dellmuth, Caesar II/51!"
Ein Haus bestand gewöhnlich aus dem Keller, dem Parterre, dem ersten und dem zweiten Stockwerk. Der Haupteingang befand sich in der Regel in der Mitte. Wenn man in das Gebäude eintrat, gingen rechts und links die

Stationen ab. Im Keller waren die Stationen Anton I und II. Auf diesen Stationen befanden sich in der Regel auch die Arrestzellen. Und so setzten sich die Bezeichnungen fort bis zum zweiten Stockwerk. (Berta I und II, Caesar I und II, Dora I und II). Nachdem der Polizeimeister die Tür hinter mir wieder verschlossen hatte, sagte er: „Kommen 'se!" Ich folgte ihm wie gewöhnlich, die Hände auf dem Rücken, monoton hinterher. Er lief mit mir die Treppe hoch in den ersten Stock. Die Zellentrakte erschienen mir sehr düster. Beim laufen schaute ich nach rechts und links, wo man hinschaute, verschlossene Türen, es war sehr deprimierend. Schließlich stoppten wir vor der Zelle Caesar II/51. Der Vollzugsbeamte bewegte beide Riegel zurück und schloß mit seinen großen Eisenschlüssel die Zellentür auf. Dann sagte er: „Gehen Sie rein!" Hinter mir ein Krachen, die Tür wurde auf die gleiche Weise wieder verschlossen. Nun erblickte ich im Halbdunkel des Raumes fünf unrasierte Gestalten.

Es blieb wenig Zeit für ein erstes Kennenlernen, denn kaum waren wir unter Verschluß, hieß es: „Neuzugänge, fertigmachen zum Raustreten!" - Fertigmachen hieß bei denen immer Schuhe und Jacke anziehen. Dann wartete man auf den Aufschluß. Nachdem sich alle Neuzugänge vor dem Haus 3 versammelt hatten, mußten wir im Glied zu vier Mann antreten.

Plötzlich rief ein Polizeimeister in die Menge: „Ohne Tritt marsch!" Die Kolonne setzte sich in Bewegung und es ging auf Wunsch der Wachhabenden „ohne Tritt", also ohne Gleichschritt, zu den Effekten. In der Effektenkammer empfingen wir nun die notwendigsten Artikel wie drei Decken, Bettwäsche, Seife, Zahnputzzeug und andere Sachen. Die Effektenkammer befand sich im ersten Stock des Hauses 4.

Das Haus 4 wurde auch als sogenanntes „Transporterhaus" oder Durchgangshaus bezeichnet. Denn außer den Effekten, die wie gesagt sich im ersten und zweiten Stockwerk befanden, waren im Erdgeschoß Zellen, in denen die Gefangenen auf ihren Transport in andere Gefängnisse warteten. - Jahre später ging von hier aus mein Weg in die StVA-Cottbus, die dem MfS unterstand. Die Ausgabe der Effekten dauerte durch die vielen „Neuen" dementsprechend lange. Dadurch hatte man ein wenig Gelegenheit, sich mit den anderen „Leidensgenossen" zu unterhalten. Nach den Erhalt aller Sachen, marschierten wir geschlossen zum Haus 3 zurück. Jeder neue U-Häftling wurde wieder auf seine entsprechende Station und Zelle gebracht.
Mein Aufenthalt in dieser Zelle - Caesar II/51 - sollte aber nicht von langer Dauer sein. Dies hatte nämlich folgenden Grund:
Unter anderem befand sich dort ein Westberliner Mitgefangener, der wegen angeblichen Goldschmuggels einsaß und auch in Westberlin ein umfangreiches Strafregister zu verzeichnen hatte, womit er sich auch stolz brüstete. Dies waren zumindest seine Darstellungen, ob diese nun der Wahrheit entsprachen, mag dahingestellt sein. Er war ein sehr brutaler Typ. Er schlug mich des öfteren und tyrannisierte auch die anderen Mitgefangenen. Sein gesamtes Verhalten war sehr aggressiv. Ich schätzte sein Alter auf etwa 30 Jahre.
Aufgrund seiner andauernden Aggressionen meldete ich mich zum Stationsleiter, Polizeimeister „Korrekt" und bat um Verlegung. Jeder Wachhabende hatte in der Regel einen Spitznamen, da man ja die richtigen nicht kannte. Meiner Bitte wurde entsprochen und ich wurde noch am gleichen Tage verlegt nach Caesar I/38. Der Westberliner, Ulrich Dehn, (Spitzname: „Rolli") kam, soweit mir bekannt wurde

in Arrest. Dies hatte ich mit der Bitte um meine Verlegung natürlich nicht beabsichtigt. Nun war ich auch ein „Frischling" im Knastgeschehen und kannte noch nicht die Spielregeln. Meine Meinung war es, wenn man schon inhaftiert ist, dann brauchen die Gefangenen sich nicht noch zusätzlich das Leben zur Hölle zu machen.
Ein Polizeihauptwachtmeister (Dieser hatte einen silbernen Stern auf seinen Schulterstücken, ein Polizeimeister zwei und ein Polizeiobermeister drei.) brachte mich mit Sack und Pack auf die Station Caesar I/38. Er schloß die Zelle auf und fünf Augenpaare starrten mich an. In der Zelle in die ich jetzt kam, oder wie es die dortigen Behörden nannten „Verwahrraum", herrschte eine relativ, den Umständen entsprechende gute Atmosphäre. In dieser Zelle befand ich mich bis zur Verlegung auf ein Strafkommando, denn im Haus 3 wartete man nur auf den Prozeß, um eventuell wieder auf freiem Fuß zu sein oder in den Strafvollzug zu kommen.
Wie ich bereits erwähnte, war die Zelle belegt mit fünf Mann, ich war der sechste und somit der letzte der hineinpasste. Zunächst schaute ich mich um, wo ein freies Bett vorhanden war. Dann flog der Sack, den man bei sich trug, im hohen Bogen auf das Bett. Als nächstes stellte man sich kurz vor und packte danach sein „Mitbringsel" aus. Wobei meistens die Zellenkameraden mithalfen. Diese Hilfe hatte ich ja schon auf der Zelle 72 in der „Keibeldiele" kennengelernt. Wer zuletzt hereinkam, hatte meistens das Pech ganz oben zu schlafen. Es sei denn, es war ein älterer Herr, dann machte derjenige der das untere Bett belegte, dieses frei und der Jüngere zog nach oben. Man konnte dies ja keinem 60jährigen zumuten, akrobatische Kletterübungen zu veranstalten. Die Betten waren nämlich 2fach übereinander gestockt und bloß 80 cm breit. Das Material bestand aus Aluminium. Fest verankert waren die

Betten auch nicht immer. Es wurden provisorisch kleine Haltehaken in die Wand getrieben, die aber offenbar nicht lange hielten. Solch einen oberen Schlafplatz mußte ich nun belegen. Ganz wohl war mir dort oben nicht zumute. Die Angst bestand immer, aus den schmalen „Besuchsritzen" herunterzufallen. Dazu kam noch, nachts, wenn sich die anderen unter mir wendeten und drehten, kam ich mir vor als wäre ich auf einem Dampfer auf der Nordsee und wir hätten Sturmböen mir der Windstärke 8. Einen Vorteil wiederum hatte derjenige schon, der in der zweiten Etage lag - er konnte prima aus dem Fenster schauen. Allerdings war die schlechteste Luft im oberen Bereich, da brauchte man schon mitunter „Nasenklammern" oder „Gasmasken".
Zwischendurch möchte ich bemerken, daß inzwischen regelmäßig Post von meinen Eltern und meiner Schwester kam. Allerdings wurde uns gleich am Anfang erklärt, wir hätten nur die Erlaubnis, zwei Postanschriften anzugeben. Dementsprechend bekam man natürlich auch nur von denjenigen, der sie hatte, die entsprechende Antwort. In der Regel waren es die Eltern nebst Angehörigen, oder eben die Ehefrau. Auch durfte nur zweimal im Monat Post empfangen werden. Natürlich wurde jeder Brief gründlichst kontrolliert und durchgelesen, bevor man ihn geöffnet erhielt. Es durfte weder etwas über die vermeintliche Straftat noch etwas über die Haftanstalt und dergleichen stehen. Entweder ging dann der Brief zurück an den Absender oder er blieb einfach in den Effekten und wurde bei der Entlassung ausgehändigt. Schreiben konnte man nur persönliches bla, bla. Trotzdem war es gut zu wissen, das die Eltern in dieser besonderen Situation zu einem hielten.
Aber nun zurück zu den Begebenheiten auf der Zelle Caesar I/38. Großen Bewegungsspielraum hatte man in der 6-Mann-Zelle nicht. In der Breite war sie wohl 3 m oder

maximal 3,50 m. An den Seiten waren jeweils die schon erwähnten 80 cm breiten Pritschen. In der Mitte befand sich ein rechteckiger Tisch. Rechts und links davon jeweils eine Bank auf der genau drei Leute sitzen konnten. Links von der Tür befand sich das Klosett. Abgeteilt war es nicht, also jeder konnte zuschauen, wenn man seine Notdurft verrichten mußte. Gegenüber der Toilette befand sich das Waschbecken und über dem ein Regal, das die Sachen von sechs Gefangenen enthielt.

Nun sollte ich aber erst meinen Mithäftlingen erzählen, was ich „verbrochen" hatte. Dies konnte ich bald im Schlaf. Nachdem ich alles erzählt hatte, holte ich einmal tief Luft und versuchte mich bequem hinzusetzen, denn jetzt berichteten meine Mithäftlinge über ihre Straftaten und warum sie in der StVA-Rummelsburg waren.

Da war ein gewisser Peter Wrey - offenbar ein Meister des Einbruchs - seine Spezialität waren die Tageseinnahmen von Filmtheatern. Er hatte deswegen schon einmal drei Jahre in Bautzen I gesessen. Jetzt wartete er auf seinen erneuten Prozeß, da er schon wieder, laut seinen Erzählungen, 48 Einbrüche begangen hatte. Davon die meisten wieder in Filmtheatern. Er erzählte uns, daß er erst immer durch Kinobesuche vorher gründlich die örtlichen Gegebenheiten inspizierte und nachts dann die Einbrüche tätigte. Sein bisheriger Lebensweg wird sicher das seine dazu beigetragen haben. Seine gesamte Kindheit verbrachte er in irgendwelchen Heimen; unter anderem in Borgsdorf bei Oranienburg. Vielleicht fehlte ihm die Liebe und Geborgenheit eines Familienlebens? Aber darüber konnte man nur spekulieren. Und somit fing dann auch in frühester Jugend seine kriminelle Laufbahn an. Trotzdem war er im Rahmen der Zellengemeinschaft ein prima Kamerad. Dies ist im Untersuchungs- bzw. Strafvollzug auch sehr wichtig, denn letzten Endes schwimmen wir alle

im gleichen Boot. Meisterhaft konnte er Geschichten erzählen oder über spannende Filme berichten, die er mal gesehen hatte. Da waren immer alle mucksmäuschenstill.
Den nächsten, den ich vorstellen möchte, war ein großer, schlanker Mitdreißiger. Er hatte eine leichte Hakennase und bereits eine Glatze. Sein Name - Gottfried Schlicht! Er lag direkt unter mir. Seine Straftat: „Widerstand gegen die Staatsgewalt!" Ansonsten war er ein ruhiger und sachlicher Mensch, mit den man sich sehr gut unterhalten konnte.
Am meisten gab es zu lachen als Hanne Schüler seine Straftat zum Besten gab. Hanne war wegen eines Sittendeliktes in Haft. Er hatte angeblich einem kleinen Mädchen nur an die „Muschi" gefaßt. Auf mich wirkte er wie ein gutmütiger Opa. Sein Alter betrug auch schon 60 Jahre. Er hatte schütteres Haar und eine Nickelbrille auf der Nase.
Die Straftat von Gerhard Schall war auch ein großer Lacher. Er verübte einen Kellereinbruch und erbeutete nichts weiter als ein paar volle Einweckgläser. Er sagte uns er hatte nichts zu essen gehabt. Diesen Unsinn büßte er mit einem Jahr und acht Monaten Haft.
Seltsamerweise kann ich mich an die fünfte Person, die außer mir noch in der Zelle war, nicht mehr erinnern. Denn in der Regel waren wir immer belegt. Vielleicht war die Person recht farblos und unauffällig, daß sie im Gedächtnis nicht haften blieb.
Für die nächste Zeit begann ein relativ monotoner Gefängnisalltag, der sich tagein tagaus wiederholte. Aufgeschlossen wurde sehr wenig, nur zu den üblichen Zeiten wie Zählung, Freistunde, Mahlzeiten oder wenn einer mal zum Rechtsanwalt mußte. Auch wenn einer Sprecherlaubnis hatte, die wurde in der Regel alle vier Wochen genehmigt. Vorausgesetzt der Gefangene hat sich nichts zu Schulden kommen lassen. Die Sprechzeit betrug 15 Minuten.

Die Zeit vertrieben wir uns mit erlaubten und verbotenen Spielen. Erlaubte Spiele waren Schach, Mühle und Mensch ärgere dich nicht. Man konnte auch Tischtennisbälle kaufen, aber die dazugehörigen Schläger nicht. Sicher hatten die Wachhabenden Angst wir könnten damit das Personal traktieren. Aber Not machte eben erfinderisch - es wurden die Pantoffeln als Tischtennisschläger genommen. Gespielt wurde auf dem Tisch, wo man auch sein Essen einnahm. Verbotene Spiele waren die schon erwähnten Kartenspiele und das Würfeln. Man mußte immer auf der Hut sein, damit diese Spiele nicht beim „filzen" der Zelle entdeckt wurden. Da gab es die erstaunlichsten Verstecke. Es wurde Skat gespielt, geklammert, Mau Mau und die ganze Palette der Kartenspiele rauf- und runtergespielt. Allerdings wurde auch viel erzählt, was man so in der Vergangenheit erlebt hatte.
Einmal im Monat konnte man einkaufen im Wert von 30,- Mark der DDR. Entweder man hatte genügend Geld bei der Verhaftung dabei oder die Angehörigen mußten immer Geld schicken. Es gab dann eine Einkaufskarte, wo mehrere Zahlen aufgedruckt waren. Bis zu einem Gesamtwert eben von den besagten 30,- Mark. Wenn man etwas kaufte wurden die entsprechenden Zahlen mit einem Knipser durchgelocht und entwertet. Somit brauchte man nicht alles abkaufen, sondern konnte es über den Monat verteilen. Am Ende der Station Caesar II befand sich ein kleiner Laden, wo man seine Artikel kaufen konnte. Außer den Tabakwaren gab es natürlich auch andere Dinge, wie zum Beispiel Wurst, Käse, Kekse u.ä.
Schlechter waren da schon die starken Raucher dran, die waren meistens schon Mitte des Monats pleite und dann war das große Chaos da. Zunächst zeigte sich das kameradschaftliche Verhalten in der Zelle untereinander, indem alles geteilt wurde. Aber irgendwann war auch diese

Möglichkeit erschöpft, daß die Mitgefangenen nichts mehr hatten ehe der Monat rum war, dann wurde nach anderen Möglichkeiten Ausschau gehalten. Eine der Möglichkeiten bestand im „Pendeln". Aber das es erst einmal soweit kam, dafür sorgte unser „Haustelefon" - der „Leo", die Toilette. Dies war bis zu diesem Zeitpunkt auch ein mir unbekannter Faktor. Durch dieses „Haustelefon" konnte man mit den anderen Stationen Kontakt aufnehmen und sprechen.
Wie ging das nun ? - Ein Mithäftling schöpfte mit einem Plastikbecher das Wasser aus der Toilette, das letztendlich den Geruchsverschluß bildete. Somit waren die Verbindungsrohrleitungen frei, natürlich mußte der Gesprächspartner am anderen Ende der Leitung das gleiche getan haben. Die Benachrichtigung erreichte man durch morsen oder es wurde einen ein „Kassiber" zugesteckt, den man vorher geschrieben hatte.
Am meisten konnte man über die Handelspreise im Knast für Zigaretten und Tabakwaren staunen. Für ein damals neues Nylonhemd bekam derjenige höchstens ½ Päckchen Tabak, Marke „Nortak Shag". Das war vielleicht ein Wucher, wenn man bedenkt was draußen dieses Hemd kostete. Denn nicht jeder hatte ja nun einmal Verwandte im Westen, die etwas schicken konnten. In den sogenannten „UWUBU-Läden" (Ulbrichts-Wucherbuden) waren solche Artikel extrem teuer.
Ich war froh, daß ich dies noch nicht nötig hatte, denn ich rauchte zu diesem Zeitpunkt noch nicht so viel. Vielleicht so zehn Zigaretten am Tag. Deshalb konnte ich mir sogar die sogenannten „Aktiven" leisten. Damit waren die normalen Zigarettenpackungen gemeint. Die anderen Mitgefangenen drehten ihre Zigaretten aus dem Tabakspäckchen. Dies sollte sich später auch bei mir einstellen. Zum Beispiel kostete eine Packung Salem 1,60 Mark; der Inhalt waren 20 Zigaretten.

Am interessantesten war immer die Freistunde, denn da konnten wir alle anderen Stationen kennen lernen. Mitunter traf ich alte Bekannte aus der „Keibeldiele“. Die Freistunde wurde auf einem großen Platz vor dem Haus 3 abgehalten. Eine Station wurde immer komplett aufgeschlossen und Zelle für Zelle ging es im „Gänsemarsch“ zum Hof. Wir freuten uns sehr, wenn auf dieser Station jemand war den man entweder von draußen oder noch von der „Keibeldiele“ kannte. So erging es mir als zwei Zellen hinter mir der Freund meiner Cousine, Klaus Otto, damals Kochlehrling im „Klub der Kulturschaffenden“ lief. Mein Schwager, der dort auch arbeitete, bildete ihn aus. Er saß ein wegen Staatsverleumdung § 220 StGB/DDR.
Außerdem hatte ich das Glück, auf einer Zelle zu sein, wo das Fenster in Richtung Rummelsburger See, also auf der Seite, wo die Freistunde stattfand, lag.
Dadurch konnte ich auch die Freistunde der anderen Stationen von Anton I bis Dora II verfolgen und stellte somit fest, wo die anderen Kameraden aus der Keibelstraße abgeblieben waren. Oder man sah völlig neue Gesichter, die man von draußen kannte.
Zum Beispiel befand sich Stephan Wroblewski auf Dora I, also genau über mir. Sein Urteil konnte er mir vom Freistundenhof zurufen. Er bekam von einem Stadtbezirksgericht ein Jahr und zehn Monate aufgebrummt. Er kam noch vor mir auf das Strafkommando der Tischlerei. Ganz konnten die Justizbediensteten derartige Verbindungen zwischen den Gefangenen nicht verhindern. Meistens wurde nach den Grund der Inhaftierung oder den erfolgten Verurteilungen gefragt. Wie z.B.: „Mensch, Achim, was machst du denn hier?“ oder eine andere Frage: „Jörg, haben sie dich auch wegen RF (Rebublikflucht) hochgezogen?“ Nachdem sich der U-Gefangene auf dem Hof vergewissert hatte, daß ihn keiner

bei der Nachrichtenübermittlung beobachtete, kam dann die Antwort meistens spontan zurück. Wenn man dann aber das Pech hatte und erwischt wurde, dann war das Spektrum der Justizbehörden für Bestrafungen groß Die Palette reichte vom Arrest über die Einkaufssperre, Verbot der Sprecherlaubnis mit den Angehörigen, oder Verbot des Freistundenspaziergangs bis zu körperlichen Bestrafungen. Jeder wußte aber genau, bei wem es leichter war solche Dinge zu praktizieren. Verschiedene Justizbedienstete des Hauses 3, wie „Klowenke", „Kompotti" oder „Whisky" waren relativ harmlos, im Gegenteil, sie spaßten manchmal noch mit.
Ich kann mich noch an eine Episode erinnern, die sich beim rasieren zutrug. Wir mußten alle drei Tage in eine besondere Zelle zum rasieren, wo wir eingeschlossen wurden. Zu diesem Zweck schlossen die Wachhabenden immer zwei bis drei Zellen zusammen auf. Und man kam dadurch wieder mit anderen Gefangenen während dieser Zeit zusammen. Ein U-Gefangener erzählte uns beim rasieren folgende Story: Er hätte bei der Freistunde laut „Kompotti" gerufen. Daraufhin holte der betreffende Polizeimeister den U-Gefangenen zu sich und soll zu ihm gesagt haben: „Merke Dir, was für Euch hier drin Kompotti, das ist für mich da draußen Sarotti." Ob diese Story nun stimmte oder nicht, wir haben uns jedenfalls in dem Moment köstlich amüsiert.
Es gab aber auch Wachhabende im Haus 3 vor denen man sich sehr in acht nehmen mußte. Ihr Ruf eilte uns schon in der Keibelstraße voraus, von den Gefangenen, die schon einmal im Haus 3 waren. Der eine hieß mit Spitznamen „Knüppelkalle". Es wurde erzählt, bevor er in den Strafvollzug kam soll er beim „Rollkommando Mitte" gewesen sein. Der zweite, der diesen zweifelhaften Ruf besaß wurde mit dem Spitznamen „Hongkong" genannt.

Schon das Äußere der Beiden war furchteinflößend. Sie waren fast die einzigen die mit Stiefelhosen herumliefen. Dazu kam die Farbe dunkelblau, fast in schwarz übergehend. Wenn man sie so betrachtete könnte man meinen die Totenkopf-SS der Nazis weilte noch unter uns. Sie waren mit ihrer „Bunawurzel", man sagte auch noch „Migränestäbchen oder „sozialistischer Wegweiser" schnell bei der Hand.
Polizeimeister Bandura, alias „Pute", hatte nur eine große Schnauze, aber war nicht ganz so gefährlich.
Zwischenzeitlich erhielt ich unvorbereiteterweise im Oktober meine erste Sprecherlaubnis. Plötzlich wurde zu einer ungewohnten Zeit unsere Zelle aufgeschlossen und ein Polizeihauptwachtmeister rief in die Zelle: „U-Gefangener Dellmuth, machen Sie sich fertig zur Sprecherlaubnis!" Dann schloß er die Tür wieder zu und entfernte sich. Die Aufregung war sehr groß, denn ich hatte ja meine Eltern seit meiner Inhaftierung am 17.7.1967 nicht mehr gesehen. In dem Augenblick huschten mir viele Fragen durch den Kopf. - Was würden sie wohl sagen? Kommen sie überhaupt? Wie reagiere ich auf ihre Anwesenheit?
Nach einer Weile schloß der Wachhabende wieder die Zelle auf und begleitete mich zur Station Berta II, wo wir erst einmal gesammelt wurden. Nach und nach trafen auch die U-Gefangenen der anderen Stationen ein, die eine Sprecherlaubnis hatten. Nachdem wir alle vollzählig waren mußten wir heraustreten und in einer Reihe zu vier Mann antreten. Zwei Wachhabende begleiteten uns und es wurde im Gleichschritt marschiert. Der Marsch ging in Richtung der Schleuse. Unter diesen Gefangenen befand sich auch ein ehemaliger Sportskamerad meiner Mutter, Heinz Hartwig. Dies erfuhr ich aber erst durch die Sprecherlaubnis mit meiner Mutter. Er bekam in erster Instanz vom Stadtgericht-Berlin 11 Jahre Zuchthaus wegen angeblicher

Wirtschaftsverbrechen. Er war Unternehmer in Friedrichshagen und besaß eine Textilfabrik. Solche Straftaten bekamen fast alle größeren privaten Betriebe unter die Weste gejubelt, damit die DDR einen Grund hatte, solche Leute zu enteignen.
Links von der Schleuse befand sich ein Extrator, dies führte zum Sprecherhaus. Dort wurden wir wieder in eine Zelle eingeschlossen und warteten, bis uns ein Posten aufrief. Zwischendurch gab es rege Gespräche untereinander. Jeder hatte ja etwas zu erzählen. Und sicher trug es auch dazu bei, die bedrückende Spannung, die sicher jeder verspürte, zu verdrängen.
Jetzt wurde ich aufgerufen und mit noch ein paar Leuten aus der Zelle geführt und wir wurden in den eigentlichen Sprecherraum gebracht, wo die Angehörigen auf uns warteten. Meine Augen irrten in dem Raum herum und suchten meine Mutter. Endlich hatten sie die Frau gefunden und sahen sie sitzen. Ich war erstaunt und glücklich zugleich, als ich auch meinen Stiefvater erblickte. Als ich mich hinsetzte und meine Eltern begrüßen wollte, brach ich in Tränen aus und konnte kein Wort herausbringen. Es dauerte eine ganze Weile, ehe ich meine Fassung wiedergefunden hatte. Ich versprach meinen Eltern so etwas nie wieder zu tun. Meine Mutter war in einer ähnlichen Situation, sie fand vor lauter weinen auch keine Worte. Mein Stiefvater behielt als einziger die Fassung und sprach mir Mut zu, indem er sagte: „Laß mal Kleener, die Zeit wird auch vergehen, dann bist du wieder bei uns. Die können dich ja nicht für etwas verurteilen, was du noch gar nicht durchgeführt hast.“ Eigentlich hatte er ja recht, aber die DDR dachte da in ihrer Gesetzgebung etwas anders.
Die Sprechzeit von 15 Minuten ging immer sehr schnell herum, dann hieß es wieder für vier Wochen Abschied nehmen. Eine vorgeschriebene Menge an Tabakwaren

oder Schokolade konnten die Angehörigen da lassen. Die Dinge bekam man aber erst nach gründlicher Kontrolle in seine Zelle. Nachdem alle wieder in der Sammelzelle waren, dauerte es auch nicht lange und wir wurden wieder zum Haus 3 gebracht. Die Stunden danach war man noch völlig aufgeregt. Auch wenn es nur 15 Minuten waren, aber sie brachten doch die Gefühlswelt ganz schön durcheinander. Aber meine Mitgefangenen merkten meine Verfassung sehr schnell und durch rege Unterhaltung versuchten sie mich auf andere Gedanken zu bringen.

Auf zwei Begebenheiten aus dieser Zeit möchte ich kurz Bezug nehmen, weil diese schon einen tiefen Eindruck bei mir hinterließen. Die eine davon trug sich bei einer der Freistunden zu. Ich wollte einen Kumpel einen „Kassiber" (Zettel) zustecken. Er lief allerdings vier Zellen hinter mir. So mußte ich mir etwas einfallen lassen. Ich tat so, als ob mein Schuh auf wäre und blieb stehen, um ihn angeblich zuzumachen, Aber dabei wurde ich erwischt, bekam einen Tritt in den Hintern, so daß ich gleich nach vorne flog und die Erde küßte. Ich mußte heraustreten und warten, bis die gesamte Station unter Verschluß war, dann wurde ich für einen Tag auf Anton I in Arrest gesperrt, dem sogenannten „Tigerkäfig". Am Abend holte mich ein Wachhabender heraus und ich konnte wieder in meine Zelle gehen. Sicher wollten die Justizbediensteten damit eine Wirkung erzielen, mich einzuschüchtern. Ein zweites Mal hatte es mich erwischt, als die anderen zum rasieren gingen. Wie gesagt ich war damals 19 Jahre und mein Bartwuchs war noch nicht so üppig und ich mußte auf meiner Zelle bleiben während meine Zellenkameraden zum rasieren gingen. Um mir die Zeit zu vertreiben sang ich in der Zelle Songs, unter anderen von den Bee Gees, Rolling Stones, Status Quo u.a. Es dauerte auch nicht lange und es erschien Polizeimeister Lange alias „Mona Lisa". Er sagte zu mir: „U-

Gefangener, Sie kennen doch, die Zellenordnung. Musizieren und singen ist verboten, das wissen Sie doch."
Und wieder einmal mußte ich wegen Verstoßes der Hausordnung in Arrest.
Und so verging ein Tag nach dem anderen. Inzwischen war Peter Wrey und Gottfried Schlicht abgeurteilt und sie verließen uns, um auf ein Strafkommando verlegt zu werden. Es dauerte auch nicht lange und wir bekamen zwei neue Zellenkameraden.
Die neuen waren zum einen Günther Dalchow und zum anderen Paul Behrend. Günther war aus meinem näheren Wohnbereich. Er hatte ein kleines Häuschen am Kaulsdorfer See. Er wurde eingesperrt wegen Hehlerei, weil er gestohlenen Schnaps in seinem Keller gelagert hatte. Mit Paul Behrend aus Zepernick/b. Bernau wurde ich später gemeinsam auf ein Strafkommando verlegt. Er war beim VEB Baukombinat als LKW-Fahrer für Baustoffe tätig. Er verkaufte eine Fuhre Kies für private Zwecke. Dabei muß er wohl beobachtet worden sein. Seine Straftat lautete „Diebstahl am Volkseigentum". Dafür bekam er neun Monate Gefängnis.
Am 24.10.1967 wurde die Zelle aufgeschlossen und ich wurde gebeten herauszutreten. Ich wurde alleine in eine andere Zelle eingesperrt. Dort war nur ein Tisch und ein Stuhl. Auf dem Tisch lag meine Anklageschrift.
Nachdem der Posten die Zelle zugeschlossen hatte, setzte ich mich an den Tisch. Zunächst überflog ich erst einmal die Seiten. Ich war sehr nervös, denn was ich in diesem Schriftstück zu lesen bekam, war haarsträubend. Aus dem Text hätte man entnehmen können, daß ich ein Staatsverbrecher war. Ich hatte nun auch keine große Hoffnung mehr, eventuell eine Bewährungsstrafe zu bekommen. Angeklagt war ich nach § 5 der PO (Paßverordnung) i.d.F. des § 1 der PÄVO (Paß-

änderungsverordnung) vom 16.12.57. Das heißt, ich wollte auf illegalem Wege die DDR verlassen. Zusätzlich wurde ich der Amtsanmaßung und der staatsfeindlichen Hetze nach §106 StGB/DDR angeklagt. Mit der Anklageschrift bekam ich gleichzeitig die Ladung zum Stadtbezirksgericht Berlin-Köpenick am Mandrellaplatz. Die Hauptverhandlung war auf den 3. November 1967 angesetzt. Es verging eine geraume Zeit, dann schloß der Posten die Zelle wieder auf und brachte mich wieder in den „Verwahrraum", Caesar II/38. Bis dahin wußte ich natürlich auch nicht, daß Gefangenen mit politischen Delikten die Anklageschrift nicht ausgehändigt wurde. Man mußte schon eine gute Merkfähigkeit besitzen, um in der Hauptverhandlung nicht völlig zu versagen. Einen Rechtsanwalt hatte ich auch nicht. Die letzten 14 Tage, die ich bis zum Termin wartete, wollten überhaupt nicht vergehen. Es kam einem vor, als wären es 14 Wochen. Und jeden Tag, der näher rückte, machte mich nervöser und gereizter. Schlafen konnte ich auch kaum. Mit meinen Zellenkameraden wurde diskutiert und man rechnete alle Varianten durch, was für eine Strafzumessung denn möglich wäre. Die spektrale Breite zog sich von einer Bewährungsstrafe bis zu einer hohen Gefängnisstrafe. Aber zu einer Lösung konnte logischerweise keiner kommen - also blieb nur das Abwarten.

Und dann war es soweit - es kam für mich der bis dahin aufregendste Tag, der 3. November 1967.

Die Hauptverhandlung war zu 8.30 Uhr angesetzt. Ein Posten schloß um 5.30 Uhr unsere Zelle auf und sagte: „U-Gefangener Dellmuth, aufstehen machen sie sich fertig für den Termin!" Dies war eine halbe Stunde früher, als die Stationen normalerweise geweckt wurden. Hastig wusch ich mich und zog mich an. Ich war sehr aufgeregt und durcheinander. Dann kam ein Wachhabender und schloß

die Zelle wieder auf und sagte: „U-Gefangener Dellmuth, raustreten!“ Ich wurde in eine andere Zelle eingeschlossen in der meine guten Zivilsachen lagen, die offenbar meine Eltern vorher geschickt hatten. Außerdem mußte ich mich noch rasieren. Nachdem ich fertig war wurde ich herausgeholt und alle, die noch einen Termin hatten, kamen in eine Sammelzelle. Zum Schluß waren wir etwa 20 Leute. Die Wachhabenden mußten uns nun sortieren, welcher Gefangene, zu welchen Gericht, gefahren wurde. Am vollsten war die „Minna“, die zur Littenstraße fuhr. Dort waren die Stadtbezirksgerichte Mitte, Friedrichshain und Prenzlauer Berg untergebracht. Ferner der Strafsenat Ia des Stadtgerichts von Groß-Berlin und die Generalstaatsanwaltschaft. Ich wurde mit noch zwei Gefangenen zum Stadtbezirksgericht Köpenick am Mandrellaplatz gefahren.
Der eine hatte einen Termin wegen Unterhaltspflicht und der andere war Frank Buttgereit. Er war wegen Staatsverleumdung im Bau. Mit ihm war ich ja schon einmal in Köpenick zusammen, als wir der Staatsanwaltschaft vorgeführt wurden.
Wir wurden in einen „Barkas 1000“ hereingesteckt. Diesen Fahrzeugtyp kannte ich ja schon von dem Transport in Thüringen. Es waren alles Einzelzellen in dem Auto, die Größe der „Käfige“ betrug, wie ich sie schon mehrfach kennen lernen musste, 120 x 60 x 40 cm. Nachdem wir alle gut und sicher hinter Schloß und Riegel waren, setzte sich der Wagen in Bewegung. Die Fahrt nach Köpenick war ein einziger Alptraum: - die wahnsinnige Enge, die schlechten Straßen und zuguterletzt waren es die Gedanken, die diese Fahrt begleiteten. Ich war in dieser Lage ein einziges Angstbündel. Um ca. 7.45 Uhr erreichten wir endlich das Gerichtsgebäude am Mandrellaplatz. Soweit ich mich da orientieren konnte, fuhren wir durch die Schleuse des

ehemaligen Gefängnisses Köpenick. Im Gefängnishof angekommen, zog ein Posten die Seitentür des Barkas zurück und wir wurden nacheinander aus unseren „Karnickelbuchten" geholt. In gebückter Haltung krochen wir aus dem Auto. Auf der einen Seite befand sich das alte Gefängnis, das der DDR-Fernsehfunk nutzte und auf der anderen Seite erblickte man das Amtsgerichtsgebäude. Zu diesem wurden wir nun hingeführt und über ein paar nicht mehr erinnerlichen Wegen in eine der Zellen gebracht. Die beiden anderen Häftlinge waren zu 8.00 Uhr bestellt worden. Es dauerte auch nicht lange und ein Justizangestellter schloß die Zelle auf und rief: „Herr Buttgereit und Herr ... kommen Sie!" Die Tür wurde wieder zugeschlossen und ich war somit eine halbe Stunde allein. In dieser Situation eine für mich nicht enden wollende halbe Stunde Ich hatte das Gefühl, mein Kopf würde platzen. Die Gedanken schossen förmlich durch mein Gehirn. Ich zitterte am ganzen Körper. Die Anspannung und innerliche Unruhe brachte mich fast zum platzen. Und endlich, endlich wurde aufgeschlossen und ein Posten sagte: „Herr Dellmuth, kommen Sie." Vor der Zelle wartete ein weiterer Posten. Nachdem der eine die Zellentür hinter mir verschlossen hatte, sagte er zu mir: „Geben Sie mir Ihre rechte Hand." Mit einer Knebelkette am rechten Handgelenk, begleitet von zwei Polizisten, wurde ich zum Gerichtssaal geführt. Als wir dann im ersten Stockwerk ankamen, traute ich meinen Augen nicht. Meine Eltern, meine Schwester nebst Schwager und ein Nachbar von uns, Herr Gerhard Bach, warteten auf den Prozeßbeginn. Mir lief ein kalter Schauer den Rücken herunter. Bevor die beiden Polizisten mit mir in den Gerichtssaal gingen, nahmen sie mir die Knebelkette vom Handgelenk. Als wir den Gerichtssaal betraten wiesen sie mich an, links neben der Tür Platz zu nehmen. Nun saß ich zwischen zwei Polizisten. Ein Justizangestellter ging hinaus und rief: „In der Strafsache Dellmuth bitte eintreten!" Nacheinander betraten meine Angehörigen und Herr Bach den Gerichtssaal. Ich saß zwischen den Polizisten wie ein Häufchen Unglück.

Nun stand ich zum ersten Mal in meinen Leben vor einem Gericht. Ich schaute ununterbrochen auf den Boden, so schämte ich mich vor meinen Eltern und Angehörigen. Für einige Sekunden wagte ich doch einmal nach oben zu schauen und erblickte den Staatsanwalt und die Gerichtsschreiberin. Einen Verteidiger hielten meine Eltern und ich für eine sinnlose Sache, da bei politischen Delikten der Angeklagte kaum eine Chance hat.

Das Gericht betrat den Saal und wir mußten, wie es üblich ist, uns alle erheben. Den Vorsitz führte die Richterin Lehmann; der Vertreter der Anklage war der gefürchtete Staatsanwalt Wetzel. Zu erkennen war er an der rechten Hand, da trug er nämlich eine Prothese. Offenbar verlor er im Zweiten Weltkrieg bei Kampfhandlungen seine rechte Hand. Es wurden von ihm die schlimmsten Dinge gehört. Unter den Gefangenen war er wegen seiner drastischen Strafmaßanträge bekannt. Von da an war mir eigentlich schon klar - eine Bewährung als Strafmaß ist ausgeschlossen. Aber es sollte alles anders an diesem Tage kommen, denn die wichtigste Zeugin, Christine Däseler, fehlte. Von Seiten des Gerichtes wurde aber vermutet, daß sie sich verspätet hatte und deshalb wurde die Hauptverhandlung trotzdem eröffnet.

Die Vorsitzende, Richterin Lehmann, schaute mich an und sagte: „Angeklagter, treten Sie vor." Ich erhob mich und trottete wie ein begossener Pudel vor das Gericht. Zunächst mußte ich Fragen zu meiner Person beantworten. Nachdem dies erledigt war, sagte die Richterin: „Angeklagter, Sie können sich setzen." Jetzt verlas der Vertreter der Anklage, Staatsanwalt Wetzel, die

Anklageschrift. Auf meinem Stuhl rückte ich hin und her; ich zitterte förmlich am ganzen Leibe und der Angstschweiß saß mir auf der Stirn. Meine Kehle war trocken. Nicht einmal ein Wasserglas hatten sie mir hingestellt. In die Zuschauerreihe, in der meine Angehörigen saßen, traute ich mich nicht hinzusehen, so schämte ich mich. Aber die Zeugin kam wider erwarten nicht.
Nach etwa 30 Minuten stellte das Gericht fest, ohne die besagte Zeugin konnte die Hauptverhandlung nicht weitergeführt werden, somit wurde diese unterbrochen und bis auf weiteres vertagt.
Nachdem die Vorsitzende gesagt hatte „die Hauptverhandlung ist vertagt", erhob sich das Gericht und verließ den Gerichtssaal. Die beiden Wachhabenden forderten mich auf, den Saal zu verlassen. Eine Möglichkeit, kurz mit meinen Angehörigen zu sprechen, gaben sie mir nicht. Außerhalb des Gerichtssaales bekam ich gleich wieder die Knebelkette zu spüren und wurde zurück zur Zelle geführt. In der Zelle mußte ich auf die anderen Mitgefangenen warten, dann erst ging der Transport zurück in die StVA-Rummelsburg.
In meiner Zelle Caesar I/38 angekommen, starrten mich fünf neugierige Gesichter an. Nun mußte ich erst einmal deren Neugierde befriedigen und alles berichten. Der Tag neigte sich zu Ende und ich hatte aufregende Stunden hinter mich gebracht, ohne daß es zu einem Ergebnis geführt hatte. Auch in den nächsten vier Wochen wurde ich nicht ruhiger, denn wieder rechnete man sich irgendwelche Chancen aus, um eventuell mit einer Bewährung davonzukommen. Ich war in den vier Wochen nicht zu irgendwelchen Spielen oder Späßen bereit, dazu waren meine Nerven viel zu angespannt. Die Nächte waren auch nicht gerade erhebend, da ich sehr häufig grübelte.

Durch die Vertagung des Termins verlängerte sich natürlich automatisch meine U-Haft, darüber war ich einerseits sehr froh, denn man hatte sich an die Zellenkameraden und den Alltag dort schon gewöhnt. Und der Zusammenhalt, ich erwähnte es schon einmal, war sehr groß. Auch zeigte jeder für den anderen viel Verständnis.
Am 28. November 1967 erfuhr ich von der neuen Ladung zur Hauptverhandlung. Diesmal war der Termin auf den 4. Dezember 1967 angesetzt worden. Alles was ich vier Wochen vorher erlebte, vom frühen wecken, über den Transport bis hin zur Führung an der Knebelkette zum Gerichtssaal, durfte ich nochmals an diesem Tage, erleben. Allerdings war meine Aufregung nicht geringer als vor vier Wochen. Auch rechnete ich wieder mit Staatsanwalt Wetzel. Aber Gott sei dank gab es, bis auf die Richterin Lehmann, eine vollkommen neue Besetzung. Der neue Vertreter der Anklage war ein sehr ruhiger und korrekter Typ. So war jedenfalls mein erster Eindruck, beim Erblicken des Staatsanwalts Thiede.
Als ich, begleitet von zwei Justizbediensteten, den Gerichtssaal betrat, traf mich fast der Schlag, denn außer meinen Eltern und meiner Schwester wurde eine Schulklasse zugelassen, um den Prozeß zu verfolgen. Außerdem waren die Leute anwesend, die offenbar gegen mich aussagen mußten. Es waren der Direktor der Berufsschule, Herr Schwieger, meine ehemalige Klassenlehrerin der 3. Oberschule, Karin Peschke, mein Lehrmeister Reinhard Jentzsch und ein Vertreter der Kollegen des Betriebes „VEB-Verpackungsmittelwerke Berlin" Kurt Wilhelm. Ebenfalls war die „wichtigste" Zeugin erschienen, Ch. Däseler.
Sicher sollte die Öffentlichkeit durch diesen Schauprozeß abgeschreckt werden. Und andererseits sollte damit sicher auch die Unfehlbarkeit der Sicherheitsorgane der DDR

dargestellt werden. So nach dem Motto: „Wir haben alle Feinde der sozialistischen Gesellschaft im Griff."
Richterin Lehmann eröffnete pünktlich um 8.00 Uhr die Hauptverhandlung. Wieder wurden erst Fragen zu meiner Person gestellt und danach die Anklage verlesen. Danach mußte ich den eigentlichen Tathergang schildern, dessen ich überhaupt angeklagt war. Außerdem mußte ich meine gesamte Vergangenheit bis zur Inhaftierung offenlegen. Mir war es natürlich sehr peinlich, über meine „Straftaten" öffentlich zu sprechen, denn bis zu diesem Zeitpunkt kannten nur die Staatsanwaltschaft und die Kripo meine „sogenannten Delikte". Aber an der Situation konnte ich nun mal nichts ändern. Es hieß Augen zu und durch. Als ich unter anderem die Schilderung meines Aufenthaltes in dem Jugendwerkhof und bis zu meiner Festnahme darstellte, blickte ich in erstaunte Gesichter. Meine Eltern waren auch über meine Ausführungen überrascht, aber so ernst die Lage war, ein Schmunzeln huschte doch über ihre Lippen. Aber am meisten wurde mir meine politische feindliche Haltung, die sich durch hetzerische Äußerungen, so die Anklage, zeigte, zum Verhängnis. Dies drückte sich auch später in den Plädoyers der Staatsanwaltschaft und des Gerichtes in der Urteilsfindung aus.
Nach meiner gesamten Darstellung meiner Vergangenheit kamen die „Zeugen" zu Worte. als erstes wurde Ch. Däseler befragt. Aus ihren Gesichtszügen konnte ich entnehmen, daß es nicht ihre Absicht war mich so hereinrasseln zu lassen. Danach folgten die Aussagen meiner ehemaligen Klassenlehrerin K. Peschke. Ich muß sagen, sie war fast wie ein Verteidiger für mich. Man verweigerte ihr auch zum Schluß das Wort, ohne Begründung. Sicher sagte sie zu gut für mich aus. Und dies paßte einfach nicht in das Konzept des Gerichtes. Auch die Ausführungen meines Direktors, Herrn Schwieger, waren

ähnlich. Er sagte zum Beispiel: „Hohes Gericht, verehrte Staatsanwaltschaft Sie müssen auch die Jugendlichen verstehen, denn sie sind in einer sehr schwierigen Zeit aufgewachsen. Und nicht zu vergessen, ich sage dies aus pädagogischer Sicht, junge Menschen sind in ihrem Verhalten mitunter noch explosiver als wir erfahrenen Älteren. Dies müssen Sie auch einmal von dieser Seite sehen."

Ich freute mich sehr, daß Herr Schwieger so gute Worte für mich fand und mir sicher damit helfen wollte, trotzdem er SED-Genosse war. Auch der Vertreter der Kollegen des Lehrbetriebes, Kurt Wilhelm, sagte für mich positiv aus. Der Einzige, der aus dem Rahmen fiel war mein Lehrmeister, Herr Reinhard Jentzsch, aus Leipzig, er machte mich schlecht, wo er nur konnte. Da hörte das Gericht auch selbstverständlich sehr aufmerksam zu, denn nun hatten sie ja endlich einen Punkt gefunden, an den sie sich orientieren konnten. Zum Beispiel sagte er: „Herr Dellmuth hat eine schlechte Einstellung zum Arbeitsleben und durch seine ständige Kritik an unserer sozialistischen Gesellschaft sehe ich, daß er einen schlechten Einfluß auf das Arbeitskollektiv ausübt."

Solche Aussagen erfreuten sicher das Gericht, konnten sie doch damit besser und problemloser zu einer „Urteilsfindung" kommen.

Nach ca. einstündiger Verhandlung folgte das Plädoyer der Staatsanwaltschaft.

Die Worte des Staatsanwaltes Thiede klingen mir immer noch fast wörtlich in meinen Ohren. Er sagte bei dem Plädoyer unter anderem folgendes:

„Hohes Gericht, der Angeklagte Dellmuth hat sich nach § 5 der PVO (Paßverordnung) i.d.F. des § 1 der PÄVO (Paßänderungsverordnung) vom 16.12.57 im Sinne des StGB der DDR schuldig gemacht. Des weiteren ist der

Angeklagte durch hetzerische Äußerungen in Betrieb und Schule, die gegen die Politik unserer sozialistischen Staatengemeinschaft gerichtet sind, negativ aufgefallen.
Die Beweisaufnahme in der Hauptverhandlung hat ergeben, daß der Angeklagte versuchte, mit einem Freund, der sich derzeit in einem Jugendwerkhof in Hummelshain befindet, die DDR im Raum Thüringen illegal zu verlassen, um in die BRD zu gelangen. Zu diesem Zwecke verließ er am 17. 7. 67 mit einem D-Zug die Hauptstadt der DDR, um sich in Hummelshain erst einmal mit seinem Freund zu treffen. Dort wurde alles weitere mit dem Freund besprochen. Um zu seinem Freund zu gelangen, machte er sich einer erneuten strafbaren Handlung schuldig, der Amtsanmaßung. Er gab sich als FDJ-Vertreter zu erkennen, um so sich einen Zugang zu seinem Freund zu verschaffen. Durch unsere Sicherheitsorgane konnte der Angeklagte noch am gleichen Tage gestellt werden, und somit ein geplanter Grenzdurchbruch verhindert werden.
Dem Angeklagten ist zugute zu halten, daß er nicht vorbestraft ist und einen guten Leumund hat.“
Große Hoffnung, mit einer milden Strafe davonzukommen hatte ich nun nicht mehr. Im Gegenteil, der Staatsanwalt zog bei dem Plädoyer alle Register.
Staatsanwalt Thiede fuhr fort:
„Trotzdem kann ich keine mildernden Umstände erkennen, die eine Bewährungsstrafe rechtfertigen würden. Durch seine negative und feindselige Einstellung zu unserer sozialistischen Gesellschaft, die sich durch mehrfache Ermahnungen nicht änderte, kann ich nur für eine unbedingte Gefängnisstrafe plädieren. Hohes Gericht ich beantrage für den Angeklagten Rainer Dellmuth eine unbedingte Gefängnisstrafe von einem Jahr und zwei

Monaten unter Anrechnung der erfolgten Untersuchungshaft.“
Der Staatsanwalt nahm wieder auf seinem Stuhl platz. Als ich dieses Urteil hörte, brach für mich eine Welt zusammen.
Hilflos sah ich meine Eltern an. Aber aus ihren Gesichtern erblickte ich Ratlosigkeit. Mir schwirrte noch einmal die gesamte Vergangenheit so durch den Kopf und dabei dachte ich, wem hast du eigentlich etwas getan. Auch aus den anderen Gesichtern konnte man ablesen - alle waren über die Beantragung des Strafmaßes sehr geschockt. Bis auf meinen Lehrmeister, dem mußte es ja eine Befriedigung sein, denn er wollte mich ja offenbar im Gefängnis haben.
Nun ergriff die Vorsitzende Lehmann wieder das Wort. Sie sagte: „Angeklagter, treten Sie vor. Sie haben die Möglichkeit des letzten Wortes.“
Eigentlich war es ja lächerlich, wie sollte man sich da noch verteidigen. Aber aufgrund meiner Unerfahrenheit nahm ich an, wenn ich mir einen ehrwürdigen Abgang verschaffte, dann geht das Gericht sicher noch ein paar Monate herunter. Und da ich schon mittlerweile sechs Monate U-Haft hinter mir hatte, bildete ich mir ein, daß ich eventuell nach der Hauptverhandlung doch noch nach Hause gehen könnte.
Darum sagte ich bei meinem letzen Wort:
„Hohes Gericht, verehrte Staatsanwaltschaft, ich sehe ein, daß ich der sozialistischen Gesellschaft durch meine Straftaten großen Schaden zugefügt habe. Ich werde bemüht sein, nach Entlassung aus der Haft mein Bestes für die Gemeinschaft zu tun und mich wieder als sozialistischer Bürger zu integrieren. Ferner möchte ich meine Lehre beenden. Hohes Gericht, ich bitte Sie, dies bei der Urteilsfindung zu berücksichtigen.“

Als letztes sprach nun noch einmal Richterin Lehmann und teilte den Anwesenden mit, daß die Urteilsverkündung um 14.00 Uhr erfolgt.
Ich wurde wieder von zwei Justizbediensteten in die Zelle gebracht und mußte dort bis 14.00 Uhr ausharren. Weder hatte ich etwas zu essen noch zu trinken bekommen. Abgesehen davon, daß mein Magen sowieso nicht auf essen eingestellt war, aber ich hätte gerne etwas getrunken. Meine Kehle war ausgedörrt. Auch der Speichel half da nicht mehr. Ich beneidete zu diesem Zeitpunkt meine Eltern sehr, denn es war ja erst 10.00 Uhr. Und sicher sind sie erst einmal nach Hause gefahren. Das Stadtbezirksgericht war von unserem Wohnort nicht sehr weit entfernt. Die vier Stunden, in denen ich warten mußte, waren eine Qual. Ich lief wie ein Tiger in einem Käfig herum und grübelte vor mich hin. Ich drehte in dem kleinen Raum ununterbrochen meine Runden. Einmal linksherum und einmal rechtsherum. Die Zeit wollte einfach nicht vergehen. Dann endlich, die Zelle wurde aufgeschlossen und ich wurde zum Gerichtssaal geführt. Als ich den Gerichtssaal betrat, sah ich nur noch meine Eltern, Frau Peschke und Herrn Schwieger sitzen. Allen anderen schien der Urteilsspruch nicht mehr so wichtig zu sein. Es dauerte nicht lange und das Gericht trat ein. Wir mußten uns alle wieder erheben und nun kam der große Augenblick, in dem ich meine Strafe erfahren sollte.

IM NAMEN DES VOLKES
ergeht folgendes Urteil

Der Angeklagte Rainer Dellmuth erhält wegen versuchten Paßvergehens und Vorbereitungs-handlungen zum illegalen Verlassen der DDR, strafbar

nach § 5 der PVO i.d.F. des § 1 der PÄVO v. 16.12.57 eine unbedingte Gefängnisstrafe von e i n e m Jahr unter Anrechnung der erlittenen Untersuchungshaft.

Begründung: *Der Angeklagte, Rainer Dellmuth, hat trotz mehrfacher Ermahnungen in Schule und Lehrbetrieb sein Verhalten bis zur Inhaftierung am 17. Juli 1967, durch unsere Sicherheitsorgane nicht geändert. Im Gegenteil, er versuchte einen vorsätzlichen Grenzdurchbruch, gemeinsam mit einem Freund, im Raum Thüringen durchzuführen. Dies konnte allerdings durch unsere Organe verhindert werden. Er machte sich weiterhin der Amtsanmaßung schuldig. Des weiteren fiel er durch hetzerische Äußerungen in Lehrbetrieb und Schule auf. Insgesamt kann man feststellen, daß der Angeklagte Dellmuth in keinster Weise positive Ansätze erkennen ließ, seine feindlich-negative Einstellung zu unserer sozialistischen Gesellschaft abzulegen. Daher ist das Gericht zu der Auffassung gelangt, nur eine unbedingte Gefängnisstrafe als Erziehungsmaßnahme kann den Angeklagten wieder auf den rechten Weg führen.*
Es steht Ihnen das Recht zu, innerhalb einer Woche, gegen das Urteil Berufung einzulegen."

Das Gericht erhob sich nach der Urteilsbegründung und verließ den Gerichtssaal. Damit war die Hauptverhandlung beendet. Die beiden Polizisten führten mich nun aus dem Gerichtssaal zurück in die Zelle. Ich winkte noch meinen Eltern zu; sprechen konnte ich mit ihnen nicht. Allerdings mußte ich noch eine Weile in der Zelle bleiben, da sie auf die anderen Gefangenen noch warteten. Am frühen Nachmittag, so gegen 14.30 Uhr fuhren wir vom Stadtbezirksgericht Köpenick wieder zurück zur StVA-

Rummelsburg. Auf dem Weg in die StVA ging mir immer wieder der Gedanke durch den Kopf; ein halbes Jahr mußt du noch brummen - eine verdammt endlos lange Zeit. Am Nachmittag gegen 16 Uhr war ich dann wieder in meiner Zelle Caesar I/38, aber mit hängenden Ohren, denn solch ein hartes Urteil hatte ich nun doch nicht erwartet. Meine Zellenkameraden meinten, ich wäre noch ganz gut bei weggekommen. Die nächsten Tage war ich ganz schön deprimiert. Ich unterhielt mich kaum, sondern war sehr nachdenklich. Aber da half kein Stöhnen, es änderte an der Situation eben auch nichts, man mußte da einfach durch. Nach Tagen hatte ich den Streß so leidlich überwunden und ich gewöhnte mich wieder an den Gefängnisalltag.
Mittlerweile unternahm ich den Versuch, auch an meinen Schulfreund einen Brief zu schreiben. Natürlich erhoffte ich mir eine Antwort, denn es war normalerweise nur erlaubt an die nächsten Angehörigen alle 14 Tage einen Brief zu richten. Zwei Schreibadressen hatte man ohnehin nur zur Verfügung. Dies waren in meinem Falle meine Eltern und meine Schwester.
Wider erwarten klappte die Aktion und der Brief kam aus der Haftanstalt und gelangte an die bestimmte Adresse. Eines Tages schloß ein Wachhabender die Tür auf und verteilte wieder einmal die Post. Plötzlich hörte ich auch meinen Namen, den er aufrief. Voller Spannung nahm ich den Brief in Empfang und an den Absender konnte ich sehen, daß er von Peter Deutschmann, so hieß mein Schulkamerad, war. Einen Ausdruck von Freude konnte man mir buchstäblich aus dem Gesicht lesen. Der Brief bedeutete mir in gewisser Hinsicht mehr, als wenn meine Eltern oder meine Schwester schrieben.
Hastig überflog ich die Zeilen. Ich las den Brief bestimmt mehrere Male. Einige Zeilen lauteten in etwa: „Mensch, alter Junge, dann sitzt Du ja schon fünf Monate, armer Kerl.

Ich habe mich sehr über Deinen Brief gefreut. Selbstverständlich werde ich die Grüße an Marianne bestellen. Viele liebe Grüße und halte die Ohren steif. Dein Freund Peter."

So verging wieder ein Tag nach dem anderen, ohne daß sich etwas Bewegendes tat. Jetzt mußte ich noch auf die Bestätigung des Urteils warten. Und dies dauerte in der Regel nochmals vier bis fünf Wochen. Somit konnte ich noch eine ganze Weile auf der Zelle 38 bleiben. Irgendwie war ich ganz zufrieden, noch nicht auf das Strafkommando verlegt worden zu sein. Eine innere Unruhe verspürte ich auch nicht mehr, denn jetzt wußte ich ja wann ich wieder zu Hause sein werde

Wir vertrieben uns die Zeit unter anderem mit Kartenspiel und Würfeln. Meistens spielten wir Skat oder Klammern, aber auch 17+4, Mau Mau (im Vollzug auch „Votze" genannt) oder 66. Manchmal spielten wir tagelang „Chicago". die Würfel wurden aus Brot geformt und die Zahlen waren aufgetupfte Zahnpastakleckse. Beim Einkauf konnte man auch Tischtennisbälle erwerben, aber die dazugehörigen Schläger gab es natürlich nicht. Sicher hatten die Behörden Angst die Gefangenen könnten damit einen Wachhabenden verprügeln. Aber Not macht bekanntlich erfinderisch - so wurden die Pantoffeln, die man trug, kurzerhand als Schläger benutzt. Gespielt wurde über den Eßtisch. So vergingen die Tage und Anfang Februar war ich immer noch in der Zelle. Am 7. Februar 1968 vormittags war es dann soweit. Polizeimeister Bandura alias „Pute" schloß unsere Zelle auf. Er brüllte in den Raum: „Behrend und Dellmuth, packen Sie Ihre Sachen, aber Tempo!" Danach rumpste die Tür erst einmal wieder zu. Immer wenn etwas Neues auf mich zukam, egal welcher Art es war, wurde ich immer sehr aufgeregt und nervös. Wir mußten alles zusammenpacken, jede geringste Kleinigkeit.

Und dabei war das Wichtigste alle Privatsachen, an denen hing man ja wohl am meisten. Wir konnten uns zwar denken, daß wir auf irgend ein Strafkommando kämen, aber die Frage war, welches Arbeitskommando? Jeder hoffte für sich auf ein einigermaßen gutes Kommando zu kommen. Der Begriff „gut“ war relativ, damit war die Küche, die Schneiderei, die Effekten oder ähnliches gemeint. Aber in diesem Falle sollte ich nicht das Glück haben. Ich war heilfroh, daß ich bloß noch fünf Monate abzusitzen hatte.
Nun schloß „Pute“ die Zellentür wieder auf und brüllte: „Nehm se Ihre Sachen und komm se!“
Wir nahmen unsere gepackten Bündel auf den Rücken und verabschiedeten uns noch schnell von den Zellenkameraden mit denen wir monatelang das sogenannte „Zimmer“ geteilt hatten. Es wurden noch schnell viele Versprechungen gemacht, wie zum Beispiel, daß man sich draußen treffen wollte. Dann gingen wir schnellen Fußes aus der Zelle Caesar I/38.
Polizeimeister Bandura schloß die Zellentür hinter uns zu und brachte Paul Behrend und mich in eine Sammelzelle der Station Berta II. Nachdem alle Gefangenen, es waren 8-10 Mann, sich eingefunden hatten brachte uns „Pute“ nach ca. einer Stunde Wartezeit ins sogenannte „Haus 4“, in dem sich ja die Effekten befanden. Dort mußten wir alle Sachen abgeben, die wir mitbrachten, und uns nun umziehen. Sämtliche Privatsachen, die man bis dahin erhalten hatte, inklusive der Post, blieben bis zur Entlassung bei den persönlichen Effekten. Zum ersten Mal bekam ich nun die Kleidung eines Strafgefangenen verpaßt. Den Eindruck kann man eigentlich kaum beschreiben, den diese Klamotten auf mich machten. Wo man hinschaute gelbe Streifen. Sie befanden sich auf den Oberarmen, dem Rücken und an den Seiten der Hosenbeine. Es waren alte Uniformen, die man in der Schneiderei umgeändert hatte.

Auch in den Effekten begann wieder ein reger Handel. Wer den Kalfaktoren Tabak oder ähnliche Dinge anbot, bekam natürlich die „besten Sachen“ ausgehändigt. Die Klamotten, die man dann bekam, waren nicht so zerschlissen und abgetragen. Auch die Unterwäsche war dann zu ertragen. Mir war es letztlich egal wie ich dort drin herumlief, sollten doch meine Angehörigen ruhig sehen wie man in einem sozialistischen Strafvollzug herumläuft. Außer der körperlichen Einkleidung wurde neue Bettwäsche und neue Toilettenartikel für jeden Gefangenen ausgehändigt. Bis bei jeden diese Prozedur abgeschlossen war verging schon eine geraume Zeit. Danach wurden wir wieder von einem Militärarzt im Range eines Majors „gründlichst“ untersucht.
In einer Sammelzelle warteten wir wieder auf die Dinge, die da kommen sollten. Nach einer Weile schloß ein anderer Polizeimeister die Tür auf. Sein Spitzname war „Sarottimoor“. Er befahl: „Bündel aufnehmen und alles raustreten!“ Nach verlassen des Hauses 4 mußten wir im Gleichschritt in 2er Reihen zum Haus 1 laufen. Jetzt erfuhren wir erst wo wir hingeraten waren. Hinter uns schloß sich das Hauptgitter der Station Berta I wieder. Sämtliche Gefangenen, die an diesem Tage vom Haus 3 kamen, wurden auf diese Station verlegt. Es war das sogenannte EAW-Innenkommando.
Innenkommando bedeutete in diesem Sinne, daß man innerhalb der StVA-Rummelsburg seine Arbeit verrichten mußte. Die im Außenkommando tätig waren, wurden jeden Morgen und jeden Abend mit einem besonderen Bus zum Elektroapparatewerk Treptow gefahren. Dieses Werk befand sich am S-Bahnhof Treptow. Dieses Kommando befand sich auf der Station Berta II, also uns genau gegenüber.
Es war genau um die Mittagszeit, als wir auf die einzelnen Zellen verteilt wurden. Zu diesem Zeitpunkt war das

gesamte Kommando natürlich auf der Arbeit bis auf einige wenige, die sich krank gemeldet hatten. Dies war aber im Strafvollzug der ehemaligen DDR mit sehr viel Schwierigkeiten verbunden. Wir wurden von denen immer als Simulanten hingestellt. Innerhalb der Station waren die Zellen am Tage geöffnet. Somit konnten wir einiges von den wenigen Strafgefangenen, die dringeblieben waren, erfahren, zum Beispiel wo wir arbeiten mußten und was hergestellt wurde, wie groß das Kommando war etc.
Mit einem Strafgefangenen unterhielten wir uns besonders ausgiebig, sein Name war Günther Schulz. Er erzählte uns, daß das Kommando eine Stärke von 100 Mann hatte. Weiter berichtete er, daß die meisten sogenannte „Kurzstrafer“ seien. Dies hieß im Beamtendeutsch, die Gefangenen haben „nur“ noch ein paar Monate bis höchstens ein Jahr zu verbüßen.
Außerdem befanden sich in diesem Gebäude noch der „VEB Druckguß“, der Kinosaal und die Schneiderei. Ich war ja nun gespannt wie ein Flitzbogen, was da so alles für Typen auf dem Kommando waren.
Gott sei dank waren die Zellen nicht ganz so klein wie im Haus 3, aber dafür pferchten sie gleich wieder zwei Gefangene mehr in die Zelle. Somit waren immer 8 Leute in einer Zelle. Sicher ging es den anderen genauso, wenn sie von der Arbeit kamen und wieder ein paar neue Leute auf dem Kommando waren.
Dann war es endlich soweit. So gegen 16.00 Uhr rückte das Kommando von der Arbeit kommend, wieder auf die Station ein. Jetzt konnte ich auch meine neuen Zellenkameraden kennenlernen. Alle Zellenbewohner dieser Zelle bekomme ich leider nicht mehr zusammen.
Aber einer fiel besonders durch sein manchmal kurioses Verhalten auf, er war Epileptiker und hieß Alfons Pokla-dek. Er war ein sehr exzentrischer Typ. An manchen Tagen

konnte man mit ihm durchaus vernünftig reden. Es gab aber auch Tage, da erzählte er Dinge ohne jegliche Logik und man mußte sehr aufpassen, da er zudem noch sehr jähzornig war.
Ein anderer war sehr stämmig gebaut, so Mitte 20, hieß Roland und kam aus Magdeburg. Vom Beruf war er Kellner und wurde als erster von unseren Zellengenossen entlassen - es war der 20. März 1968.
Des weiteren ist mir der Name Heinz Bresin noch geläufig, weil er gerade von Anton I aus dem Arrest kam.
Völlig neu war auch für mich, daß die Zellentüren bis zur abendlichen Zählung innerhalb des Kommandos offen waren. Somit hatte ich die Gelegenheit, noch am gleichen Nachmittag mehr Leute vom Kommando kennen zu lernen, vornehmlich die Jugendlichen, das heißt die 18-25jährigen, die meinem Alter entsprachen.
Bis zu diesem Zeitpunkt hatte ich keine Ahnung, daß auch sexuelle Interessen im Strafvollzug eine gewisse Rolle spielten. Einige wollten eben sehen, ob bei den Neuen „ihr Typ“ dabei war.
Wenn einer von den „Typen vom anderen Bahnsteig“ in die Zelle kam, wurde ich schon immer von dem Magdeburger Roland vorgewarnt. Er sagte immer: „Paß auf Kleiner, der da kommt ist ein ‘heißes Eisen’.“
Ich begriff die Situation recht schnell. So lernte ich gleich drei kennen, die sich offenbar sehr für meine Person interessierten. Ob sie in der „Freiheit“ irgendwie bisexuell oder homosexuell waren, wußte ich natürlich nicht. Es waren Rainer Pischota, Jürgen Kudajew und Michael Dietz. Sie alle waren zischen 18 und 19 Jahre alt. Durch die Möglichkeit, auch in anderen „Verwahrräumen“ bis zur abendlichen Zählung sich aufhalten zu können, kamen teilweise ganz interessante Gespräche zustande. Dadurch vergingen die ersten Nachmittage wie im Fluge.

Um 20.00 Uhr dröhnten die Lautsprecher: „Fertigmachen zur Zählung!“ Auf dem Gang herrschte noch einmal ein hektisches kurzes Durcheinander, bis jeder seine Zelle erreicht hatte. Danach wurden die Türen verschlossen. Um 20.30 blökte wieder einer in den Lautsprecher: „Zählung!“ Es waren immer drei Schließer, die die Zählung abnahmen. Einer schloß auf, der zweite stand im Türrahmen und nahm die Zählung ab und der dritte schloß die Tür wieder zu. Ca. 10 Minuten knallten nur die Türen, morgens wie abends. Aber an diese Geräusche hatte man sich nun mittlerweile gewöhnt.

Paul Behrend, der mit mir zusammen vom Haus 3 verlegt wurde, war zwei Zellen weiter einquartiert worden. Aber dies spielte keine Rolle, da wir ja auf der Arbeit und nachmittags Kontakt hatten. Während dieser Zeit konnte ich mich ja mit ihm unterhalten.

Die erste Nacht in der neuen Umgebung verbrachte ich wieder fast ohne Schlaf. Die Gedanken durchstreiften immer wieder pausenlos mein Gehirn.

Es sollte nun am nächsten Tag auch für die „Neuen“ der erste Arbeitstag beginnen. Nach einer, wie gesagt, fast schlaflosen Nacht, war um 4.15 Uhr allgemeines Wecken. Auch die Kranken oder andere Strafgefangene, die aus anderen Gründen auf der Station blieben, mußten aus den Betten raus. Man sah es buchstäblich den Leuten an, sie waren alle noch sehr übermüdet. Trotzdem mußte man sich ganz schön beeilen mit dem Waschen, Zähneputzen und ankleiden, denn um 4.30 Uhr erfolgte schon die Zählung. Danach gab es das Frühstück. Es gab ja in der Regel immer das Gleiche. Zum einen die „Marina“, dies war die billigste Margarine, die es in der DDR gab. Wir nannten sie BBB - „Backen, Braten, Bohnern“. Und zum anderen Marmelade und selbstgebackenes Vollkornbrot. Das Vollkornbrot, welches in der StVA hergestellt wurde,

verursachte immer unwahrscheinliche Blähungen. Ganz selten gab es mal Kunsthonig, aber der war auch hart wie Zement. Es gab drei Kategorien von Verpflegungen, die für Nichtarbeiter (A), die für gewöhnliche Arbeiter (B) und die für Schwerstarbeiter (C). Letztere bekamen die wenigsten Häftlinge.
Um 5.00 Uhr erfolgte der Ruf: „Fertigmachen zum raustreten!“ Man schnappte sich seine Arbeitsklamotten, die bestanden in der Regel aus dem gleichen Material, wie sie die Arbeitskräfte draußen trugen. Allerdings befanden sich bei uns eben diese gelben Streifen an den entsprechenden Stellen. Jeder der Zelleninsassen mußte sich dann vor seiner Zelle aufstellen. Um 5.15 Uhr kreischte ein Schließer, der am Ende des Ganges stand: „Das EAW-Kommando raustreten zur Arbeit!“ Zellenweise mußten wir dann das Gebäude verlassen und vor dem Haus 1 in Reihen zur vier Mann antreten. Es erfolgte eine erneute Zählung seitens des „Brigadiers“, der die Zahl der Anwesenden, der Kranken etc. dem zuständigen Polizeimeister Riga, der für die Zeit, in der wir auf der Arbeitsstelle im Haus 5 waren, verantwortlich war, melden mußte. Der Brigadier hatte eigentlich eine sehr schwierige Stellung. Jedes Arbeitskommando hatte einen Brigadier und einen Stellvertreter. Die beiden trugen für das gesamte Kommando die Verantwortung. Deshalb befanden sie sich immer auf einer schweren Gratwanderung zwischen den Vollzugsbehörden und ihren eigenen Leuten, denn sie waren genauso Strafgefangene wie jeder andere auch. Allerdings hatten sie einige Vergünstigungen in punkto Einkauf und die Zellentüren waren bei denen länger geöffnet.
Unser Brigadier „Kutte“ war sehr in Ordnung. Er stand mehr auf seiten der Gefangenen. Sein richtiger Name war Kurt Weber und er wohnte in Berlin-Köpenick in der

Seelenbinderstraße. Von Beruf war er, laut seinen Angaben, Dipl.-Gewerbelehrer an einer Berufsschule. Warum er drin war, wußte keiner so recht. Gemunkelt wurde immer, daß er wegen „Sitte“ in Haft war. Kutte wurde im Mai entlassen, genau am 21. Mai 1968, knapp zwei Monate vor meiner Entlassung. Insgesamt hatte er etwas über zwei Jahre abgesessen.
Sein bisheriger Stellvertreter, Helmut Meier, wurde nun Brigadier und für uns Gefangenen brach eine schwere Zeit an, denn wie sich später immer wieder herausstellte, war er ein großer „Anscheißer“. Aber davon berichte ich zu einem späteren Zeitpunkt. Vom Aussehen her war er ein etwas korpulenter untersetzter Mann mittleren Alters mit einer Glatze. Auch von ihm wußte man nicht, warum er im Vollzug war.
Nachdem die Meldung „ordnungsgemäß“ erfolgte brüllte ein Schließer über den Hof: „EAW-Kommando, still-gestanden, Mützen aufsetzen, rechts um, im Gleichschritt marsch!“
In Begleitung von drei Justizbediensteten marschierten wir zum Haus 5. Der eine war, wie gesagt Polizeimeister Riga, der eigentliche Aufseher, während unserer Arbeitszeit. Er war ein sehr gemeiner „Hund“, der kurz vor dem Pensionsalter stand. Er ließ das Kommando morgens öfters in der Kälte stehen. Auch sein Tonfall war immer recht laut und drohend.
Als wir am Haus 5 ankamen, ging es dann im „Gänsemarsch“ in das Gebäude. In einem Extraraum mußten wir unsere Arbeitssachen anziehen. Inzwischen erklärten die anderen Gefangenen den „Neuen“, was zu machen ist. Wir betraten pünktlich um 6.00 Uhr den Produktionssaal. Hier wurden die „Neuen“ von den Meistern des EAW Treptow kurz eingewiesen und gleich der Arbeit zugeteilt. Die Strafgefangenen, die schon länger auf dem Kommando waren, hatten natürlich die bessere Arbeit. Sie

glaubten bei ihrer Arbeit schneller zu sein und mehr zu verdienen. Für jeden Arbeitszweig gab es sogenannte „Vorarbeiter", deren Aufgabe es war, die „Neuen" an ihren entsprechenden Arbeitsbereich einzuweisen und auch auf die anderen in dieser Gruppe zu achten. Für das gesamte Kommando gab es noch fünf „Gütekontrolleure". Auch hier hatte jeder von ihnen, seinen speziellen Bereich zu überprüfen.
Jeder der Strafgefangenen, hatte auch seine Tagesnorm zu erfüllen. Mit den Kontrolleuren mußte man sich gut stellen, sonst bekam man unter Umständen seine geleistete Arbeit nicht durch. Zwei dieser Gütekontrolleure, an die ich mich erinnern kann waren die Strafgefangenen Rainer Pischota und Achim Eilrich.
Am ersten Tag bekam ich mehrere Kisten mit durchsichtigen Plastikkappen auf meinen Arbeitstisch gestellt. An die Kappen mußten Federmuttern mit einer Pinzette an einer bestimmten Stelle befestigt werden. Es war eine richtige „Idiotenarbeit". Oft fielen die Federmuttern von den Teilen wieder ab und man fing von vorne an.
Besser hatte es da schon Paul Behrend getroffen. Im allgemeinen nahmen die Brigadiere auf ältere Strafgefangene mehr Rücksicht. Paul mußte Metallzergen fertigstellen. Seine Arbeitsgänge waren montieren, gelbe Plättchen aufkleben und Lampen einschrauben. Seine Arbeit war wenigstens nicht so eintönig.
Mein Kontrolleur war in den ersten Tagen Rainer Pischota. Wie ich schon erwähnte, hatte jeder der fünf Kontrolleure einen bestimmten Bereich zu beaufsichtigen.
Laut eigenen Angaben war Rainer P. Artist bei den „Tornados" gewesen und 18 Jahre alt. Die „Tornados" waren wohl eine Hochseil- oder Trapezgruppe. Seine Straftat, deretwegen er einsaß, habe ich nie so recht erfahren können. Von ihm wußte ich ja nun schon, durch

Roland, den Kellner aus Magdeburg, daß er etwas „schwul" ist. Aber dies störte mich nicht, Hauptsache, er ließ mich in Ruhe, so dachte ich jedenfalls an den ersten Tagen auf diesem Kommando. Menschlich gesehen war er ein dufter Typ, ich verstand mich mit ihm sehr gut. Ihm hatte ich auch zu verdanken, daß ich nur wenige Tage bei der „blöden Arbeit" sitzen mußte.
Ab und zu wurde ja auch mal ein Strafgefangener, wenn seine Haftzeit abgelaufen war, entlassen. So hatte ich das Glück, daß ein Arbeitsplatz bei der Kabelbaumbinderei frei wurde und diesen sollte ich bekommen. Rainer sprach mit einem der Zivilmeister des EAW-Treptow und es klappte. Als Rainer auf mich zukam und mir die Zustimmung überbrachte freute ich mich sehr. Für mich war das wie ein Geschenk des Himmels, denn diese Tätigkeit hatte ich ja im polytechnischen Unterricht in der Oberschule gelernt, also fiel es mir nicht schwer. Jetzt schaffte ich auch viel leichter meine Tagesnorm zu erfüllen. Und das schönste war, hinter mir saß Paul Behrend. Dadurch konnte man auch mal zwischendurch ein Schwätzchen machen.
Während der gesamten Arbeitszeit hatten wir zwei Pausen, eine längere Raucherpause von ca. 15 Min, die von den Meistern gegen 9.30 Uhr gewährt wurde. Die Hauptpause begann um 12.00 Uhr. Dann mußte das gesamte Kommando zum Haus 9 marschieren, wo wir unser Mittagessen einnehmen mußten. Wenn der Letzte fertig war, ging es geschlossen wieder zum Haus 5. Wir konnten schnell noch eine Zigarette rauchen; schon rief einer der Aufseher: „Strafgefangene des EAW-Kommando, die Arbeit aufnehmen!"
Lustlos gingen wir wieder an unsere Arbeitsplätze, es half ja nichts, bis 16.00 Uhr mußte noch geknechtet werden. Danach zogen wir uns schnell um, und vor dem Haus 5 hieß es wieder im Glied zu vier Mann antreten. Der

Brigadier machte nach dem Durchzählen seines Kommandos Meldung: „Herr Polizeimeister, das EAW-Kommando ist von der Arbeit vollzählig angetreten." Nachdem er die Meldung entgegengenommen hatte, ging es im Gleichschritt zum Haus 1. Dort wiederholte sich die gleiche Zeremonie. „Herr Polizeimeister. . ."
Es hätte ja eines der „Schäfchen" verloren gehen können. Wenn alles gestimmt hatte, durften wir endlich auf die Station.
Zwischenzeitlich hatte ich nun auch regelmäßig alle vier Wochen meine Sprecherlaubnis. Entweder besuchte mich mein Vater, oder es erschien meine Mutter mit meiner Schwester. Da ich jetzt Strafgefangener war konnte ich auch von meinen Eltern etwas mehr Geschenke entgegennehmen. Dagegen bekam ein U-Gefangener kaum etwas. Aber es war auch mit gewissen Einschränkungen versehen. Zum Beispiel gab es nur 50 g Tabak, dafür aber keine Zigaretten. Oder wenn die Eltern 500 g Süßigkeiten mitbrachten, dann gab es überhaupt keine Rauchware. Geschenke aus sog. „kapitalistischen" Ländern waren generell verboten. Obst durfte nur ein Pfund mitgebracht werden. Aber trotzdem freute man sich über jedes kleine Geschenk. Das einzige schöne war, jedesmal wenn eine Sprecherlaubnis erteilt wurde war auch ein Monat herum und die Entlassung ließ nicht mehr lange auf sich warten. Nach einer Sprecherlaubnis trottete man mit dem Wachhabenden wieder in sein „Quartier". In der Zelle angekommen, wurden erst einmal die neuesten Nachrichten erzählt. Es war auch selbstverständlich, daß man seinen Zellenkameraden etwas von den „Mitbringseln" abgab.
Mit der Zeit freundete man sich mit einigen Leuten des Kommandos besonders an. Mit denen ich mich unter anderen gut verstand waren außer Paul Behrend

ausgerechnet Rainer Pischota, Jürgen Kudajew und Michael Dietz. Nun, vielleicht hatte ich auch schon ein „leichtes Ding“ durch die lange Haftzeit weg, oder mag es unser fast gleiches Alter gewesen sein, ich kann es heute gar nicht einmal mehr sagen. Es sollte auch alles noch bizarrer kommen.

Nun aber möchte ich noch von einer Zellenbegebenheit berichten, wo wir alle Tränen lachen mußten. Wie ich schon an anderer Stelle erwähnte, war bei uns ein gewisser Alfons Pokladek auf der Zelle, er war Epileptiker und konnte sich dadurch wohl einige Scherze erlauben. Jedenfalls beachteten die Wachhabenden derartige kuriose Vorfälle bei ihm kaum. Eines Nachmittags, wir kamen gerade wieder von der Arbeit und gingen in unsere Zellen, nahmen unser „reichliches Abendessen“ zu uns, plötzlich passierte es. Erst entwickelte sich eine heiße Diskussion über irgendein Thema, die sich immer mehr steigerte und schließlich in eine „Apfelschlacht“ gipfelte.

Ab und zu gab es zu dem spärlichen Abendessen einen grünen und sehr sauren „Chausseeapfel“, den keiner essen konnte. So blieben sie einfach liegen. Und an diesem Abend wurden sie für die “Äpfelschlacht“ benutzt. Von den Äpfeln ging man schließlich zu P 3, einem Scheuerpulver über und beschmiß sich zu guterletzt mit Matratzen. In unserer Zelle sah es aus, als ob eine Bombe eingeschlagen wäre. Überall, wo man hinschaute waren Reste der kaputten Äpfel und das Scheuerpulver war auch in der gesamten Zelle verteilt.

Natürlich überhörten wir das Kommando: „Fertigmachen zur Zählung!“ Waren erstaunt als aufgeschlossen wurde und drei Wachhabende in der geöffneten Tür standen, von denen einer brüllte: „Zählung!“

In dem gleichen Augenblick flog aber gerade eine Matratze in Richtung Zellentür und die kam ausgerechnet von Alfons.

Inzwischen hatten wir uns zur Zählung in der Zelle aufgestellt. Eigentlich war uns nicht gerade zum lachen zumute, aber der Gag sollte eben noch kommen. Alfons machte die Zählung für unsere Zelle, da er der Stubenälteste war. Halb lachend meldete er: „Herr Polizeimeister Zelle... ist mit 8 Strafgefangenen belegt." Wir mußten uns ganz schön das Lachen verkneifen. Schließlich erwiderte Polizeimeister „Sarottimoor", der die Zählung abnahm: „Strafgefangener Pokladek, daß Sie das waren habe ich mir gleich gedacht, wer könnte sonst so einen Blödsinn verzapfen." Darauf erwiderte Alfons: „Wenn ich gewußt hätte, daß Sie es sind, Herr Polizeimeister, dann hätte ich das ganze Bett geschmissen."
Jetzt konnten wir nicht mehr anders, wir brüllten vor lachen. Die Zellentür wurde zugeknallt und das schließende Geräusch entfernte sich immer weiter, bis die Zählung beendet war.
Ich war kaum drei Wochen in dieser Zelle, die sehr gut zusammenpaßte, als das Gerücht umging, wir müßten umziehen. Aber aus dem Gerücht wurde Anfang März harte Wirklichkeit. Die gesamte Station Berta II sollte renoviert werden. Und wieder packten wir, wie schon so oft, unsere sieben Sachen. An diesem Tage herrschte ein unbeschreibliches Durcheinander. Normalerweise sollte jede Zellenbesetzung so bleiben wie sie war, aber so ging es eben nicht, wie die Polizeibehörden es wollten. Für diese Übergangszeit mußten wir nach Haus 2 ziehen. Und dort waren die architektonischen Verhältnisse anders konzipiert, das heißt, einige der Zellen waren etwas kleiner. In diesen „Verwahrräumen" paßten eben nur sechs Mann herein. Deshalb konnte das gesamte Kommando auch nicht auf die Station Berta I, die wir nun bezogen. Die restlichen Gefangenen mußten im Haus 1 auf der Station Anton I verbleiben.

Aufgrund dieser Umstände und neuen räumlichen Begebenheiten kam es in den meisten Fällen zu neuen Zellenzusammensetzungen. Einige „Verwahrräume" konnten statt 6 doch 8 Häftlinge aufnehmen. Und in eine solche 8-Mann-Zelle kam ich hinein. In der neuen Behausung waren außer mir noch die Häftlinge Achim Eilrich, Michael Dietz, Alfons Pokladek, alle aus Berlin. Günther Taurer aus Karl-Marx-Stadt (Chemnitz), Jürgen Wiesener aus Strausberg/b. Berlin, Günther Hofmeyer aus Dresden sowie Manfred Florianski aus Sachsen-Anhalt.
Achim Eilrich war wegen sogenannter „Alimente" in Haft. Aus dem gleichen Grunde war Alfons drin. Michael Dietz saß wegen Staatsverleumdung ein, § 120. Wiesener war wegen „fahrlässiger Tötung" im Rahmen eines Verkehrsunfalles in Haft, hatte noch 3 1/2 Jahre abzusitzen. Er war auch sonst ein ekelhafter Typ - aggressiv, rechthaberisch und intolerant. Günther Taurer und ich waren wegen versuchter RF (Republikflucht) drin. Hofmeyer wegen „Widerstand gegen die Staatsgewalt" und Florianski wegen Körperverletzung.
Die Zellengemeinschaft war nicht so gut, wie die im Haus 1. Dies zeigte sich unter anderem in öfters geführten Streitereien und auch sonst hatte ich diese Zellengemeinschaft in nicht bester Erinnerung, denn dort sollte sich etwas ereignen, was auf mein späteres Verhalten im Kommando einen wesentlichen Einfluß haben sollte. Und nicht nur dort; mein späteres Leben nahm sicher durch diese Vorfälle auch eine andere Richtung, die so von mir sicher nicht gewollt war.
Gemeint ist der 11. März 1968. Diesen Tag werde ich in meinem Leben nie vergessen können. Wie ich schon erwähnte, war auch Michael Dietz auf meine Zelle gekommen. Und wie ich schon einmal an anderer Stelle schrieb, gehörte er zu diesen Typen, die etwas „anders"

waren. - Ich möchte nun versuchen die Ereignisse dieses Tages noch einmal kurz darzustellen.
Wie gewöhnlich waren wir wieder gegen 16.30 Uhr von der Arbeit gekommen und in die Zellen eingerückt. Wir entledigten uns unserer Arbeitssachen und fielen erst einmal auf die Pritschen. Meistens wurde gleich anschließend die Abendbrotration von den Kalfaktoren, die auch mit auf der Brigadierszelle waren, ausgeteilt. Sie verteilten entweder die sogenannte A-Kost (für Nichtarbeiter) oder die B-Kost (für Arbeiter). Hungrig war man immer, also aß man auch gleich die „reichhaltige Kost". Ehe jeder fertig war und sein Plastikgeschirr abgewaschen hatte bewegte sich der Zeiger der Uhr auf die 18. Nun hatten wir noch etwa neunzig Minuten Zeit für persönliche Dinge; d. h. entweder mit den Kameraden vom Kommando quatschen, in anderen Zellen herumgehen oder seinen Angehörigen einen Brief schreiben. So gegen 19.30 Uhr war immer „Einschluß"; das heißt, jeder mußte auf seiner Zelle sein. Ca. um 20 Uhr rief einer der Wachhabenden über die Station: „Fertigmachen zur Zählung!" Gegen 20.30 Uhr war immer die Zählung und danach hieß es: „Fertigmachen zur Nachtruhe!"
Ich wunderte mich schon die ganze Zeit, daß mich der Michael so zuvorkommend behandelte, hilfsbereit war und mich verteidigte, wo er nur konnte - und an diesem Abend sollte ich erfahren, warum.
Wie gesagt, es war der Ruf „Fertigmachen zur Nachtruhe" schon vorüber und man lag in seiner „Koje". Michael setzte sich auf meinen Bettrand, zu diesem Zeitpunkt lag ich in der untersten Etage, und wir unterhielten uns über Erlebnisse, die jeder draußen hatte und über andere Dinge. Plötzlich sagte er zu mir: „Rainer, du hast ja so schöne blaue Augen." Zunächst fand ich keine Worte, aber nachdem ich

meine Fassung wiedergefunden hatte, antwortete ich ihm: „Mensch Junge, hast du was an der Platte."
Dies war meine erste Reaktion.
Mittlerweile ertönte durch die Lautsprecher auch der Ruf: „Nachtruhe!" Da wir den Monat März hatten, war es natürlich um 21 Uhr schon dunkel. Nach dem auslöschen der Zellenlampen setzte sich Michael wieder auf meinen Bettrand und wir unterhielten uns weiter. Beim quatschen merkte ich, wie seine Hand immer tiefer unter meine Bettdecke rutschte. - Irgendwie war dann alles vorbei.
Danach ging er in sein Bett, welches über mir war. Kurz darauf schlief auch ich bald ein. Am nächsten Morgen gingen wir wie gewöhnlich zur Arbeit, als im Laufe des Tages sich diese neueste Nachricht auf dem Kommando wie ein Lauffeuer herumsprach. G. Taurer und M. Florianski hatten uns beobachtet. Nach ein paar Tagen war auch dieses Gerede verflogen, denn schließlich mußte sich ja jeder an die eigene Nase fassen. Bloß die meisten wurden eben nicht erwischt. Und die am lautesten geschrieen haben, waren in der Regel die Schlimmsten. Pischota, Kudajew, Schiefelbein, Bergfeld, ein Westdeutscher. Und so könnte ich diese Liste fortsetzen.
Ich sagte mir, was soll's, ich habe ja nur noch vier Monate abzusitzen. Mittlerweile kam der 20. März und Roland der Magdeburger wurde entlassen. An solchen Daten klammerte man sich immer fest, wenn man an seine eigene Entlassung dachte.
Aber nun wieder zum Gefängnisalltag zurück. - Etwaige Vergünstigungen, die man Strafgefangenen gewähren konnte, waren außer dem Einkauf und der Sprecherlaubnis noch evtl. das Fernsehen, aber in der Regel ausgesuchte politische Sendungen. Sicher sollte es einen Beitrag zur „allgemeinen Rotlichtbestrahlung" darstellen. Dann konnte noch alle zwei Monate Kino gewährt werden. Im Sommer

bestand ferner die Möglichkeit, wenn es die Justizbehörden für angemessen hielten, Volleyball zu spielen. So verging ein Tag nach dem anderen und die Renovierung zog sich fast drei Monate hin.

Während unseres Aufenthaltes im Haus 2 lernten wir auch die berühmtesten Polizeibewacher kennen. Dies waren „Gorilla", Stationsleiter von Caesar, „Fingerling", der schnellste Schließer der StVA-Rummelsburg und Hauptwachtmeister „Tunte".

Lustig war es immer, wenn wir nach getaner Arbeit die Freistunde absolvierten und „Tunte" Dienst hatte. Wenn er länger von irgend jemandem angeschaut wurde, bekam er immer einen roten Kopf. Hatte er einen Strafgefangenen auf den „Kieker", bemühte er sich, tief zu sprechen, dann war im Kommando immer ein allgemeines Gelächter. Des öfteren hatten wir bei der Freistunde die Hände in den Taschen - auch das durfte man ja nicht - dann war immer sein Spruch: „Strafgefangener, nehmen Sie die Hand aus der Tasche."

Bei wem wir nichts zu lachen hatten war, wie ich schon erwähnte, Polizeimeister Riga, der Aufseher, wenn wir arbeiteten. Er wurde auch „Huckedin der Werkspion" genannt. Außer ihm waren noch vier Zivilmeister vom EAW-Treptow anwesend, die unsere Arbeit verfolgten und aufpaßten, daß wir keinen Ausschuß produzierten. Dies waren die Herren Förster, Acker und Schwarz. Der vierte Name ist mir leider nicht mehr geläufig.

Interessant war noch folgende Begebenheit, die sich zutrug. Daß wir im Haus 5 arbeiten konnten, war für uns in gewisser Weise noch ein Plus, denn von einem Fenster aus konnten wir auf die Hauptstraße bzw. Köpenicker Chaussee heraussehen, wenn einer das Vorhängeschloß entfernte. Dieses Fenster befand sich im obersten Stockwerk in unserem Umkleideraum. Natürlich hatte auch dieses

Fenster Gitter, aber die Scheiben bestanden aus Milchglas, damit man nicht auf die Straße schauen konnte. Aber dies ging nur zweimal gut, dann kam „Huckedin“ dahinter und es gab einen höllischen Terror. Er brüllte durch die Gegend und drohte uns: „Wenn dies noch einmal vorkommen würde, dann werde ich das Schleusenkommando kommen lassen.“ Damit war die Bereitschaftspolizei gemeint, die sogenannte „Knüppelgarde“. Die wurden immer dann gerufen, wenn etwas „Außergewöhnliches“ in der StVA im Gange war. Mit Schlagstöcken und Diensthunden ging es dann rund, und sie prügelten alle zusammen.
Bergfeld hatte sie einmal zu spüren bekommen, denn er hatte Polizeimeister Riga eines Tages tätlich angegriffen und „Huckedin“ drückte auf die Alarmglocke. Es dauerte nicht lange, bis sie kamen, sich den Bergfeld griffen und ihn 21 Tage in verschärften Arrest steckten. Und wie er wieder bei uns war, erzählte er uns, daß er zusammengeschlagen wurde.
Ein Teil des Kommandos arbeitete auf der Seeseite, die waren da schon besser dran, die konnten öfters hinausschauen, ohne daß sie bestraft wurden, denn die Fenster konnte man noch öffnen; jedenfalls zur Zeit des „humanen Strafvollzuges“, der bis zum Jahre 1968 seine Gültigkeit hatte. Auch wir konnten uns ja während der Arbeit in diesem Bereich „frei“ bewegen. Wir sahen dann immer hinüber zur „Liebesinsel“ oder erfreuten uns, wenn mal ein Dampfer vorbeikam. Es war sicher ein wenig Sehnsucht nach der sogenannten Freiheit.
Durch die Arbeit verging ein Tag nach dem anderen auf dem Kommando sehr schnell. Von Zeit zu Zeit wurde wieder einer von den „Alten“ entlassen. Es war schon immer ein dummes Gefühl, zu wissen, der ist jetzt in der „Freiheit“ - der hat es geschafft. Aber man gönnte es jedem, egal was für ein Delikt derjenige hatte. Natürlich kamen

auch wieder neue Strafgefangene auf unser Kommando. Es war ein ständiges Kommen und Gehen. Im April ging Heinz Bresin; im Mai der Brigadier „Kutte“. Als er entlassen wurde hatte ich Gott sei dank nur noch knapp zwei Monate abzusitzen. Ich fühlte mich schon wie ein VE (Vollentlasser - dies war der dortige Sprachgebrauch).
Anfang Juni erfolgte erst einmal ein Teilumzug, wieder zurück ins Haus 1. Die Station Anton I war fertiggestellt worden und ein Teil unseres Kommandos konnte nun wieder in das andere Haus zurück. Jeder war nun gespannt, wer dies sein sollte.
Durch den Umzug begann auch wieder die große „Gerüchteküche“ zu brodeln. Es ging wieder einmal um das Thema Amnestie oder evtl. vorzeitige Entlassung. Jeder hoffte bei dem Umzug dabei zu sein. Auf Station Anton I waren nur 4-Mann-Zellen. Dann kam der große Augenblick - jeder konnte jetzt erfahren, wo er verblieb. Die Justizbediensteten siebten die Häftlinge heraus, die noch maximal bis zu sechs Monaten zu sitzen hatten. Also war ich auch darunter. Besonders war ich erfreut, daß auch Paul Behrend wieder mitkam.; er hatte noch bis Oktober zu brummen. Wer noch im einzelnen dabei war, kann ich natürlich nicht mehr mit Bestimmtheit sagen, aber wie sollte es auch anders sein, Michael Dietz war jedenfalls dabei. Und wir sollten auf einer Zelle auch wieder zusammen sein. In diesen zwei Monaten ereigneten sich die tollsten Sachen.
Der Brigadier Meyer mußte noch im Haus 2 verbleiben. Die auch mit vom Umzug betroffen waren und auf die Station Anton I kamen waren die Mitgefangenen Bergfeld, Schiefelbein, Günter Schulz, Günther Hofmeyer und Freddy Klinger. Letzterer war wegen Betruges in Haft. Er erzählte, er war mal Wirt vom „Rolandseck“ in Friedrichshagen.

Wie ich schon erwähnte, blieb der Brigadier noch im Haus 2. Somit waren wir ohne einen besonderen Strafgefangenen, der etwas zu bestimmen hatte.
Wir waren damit auch sehr zufrieden, denn der Nachfolger von Kurt Weber, Helmut Meyer, der draußen von Beruf Fleischer war, stand auf der Seite der Justizbehörden, daß sich durch häufiges Denunzieren der eigenen Mithäftlinge äußerte.
Nun aber zu einer anderen Begebenheit!
Bei einem Wäschetausch, der regelmäßig jede Woche stattfand, lernte ich den Kalfaktor Klaus Klein kennen. Er war 19 Jahre alt und wohnte in Wilhelmshagen bei Erkner. Sein Delikt - Staatsverleumdung! Er war ein sehr dufter Bursche. Ich erhielt immer die besten Sachen von ihm. So sah man wenigstens nicht ganz so bizarr im Vollzug aus. Wir unterhielten uns über viele Dinge aus dem Köpenicker Kietz, denn Wilhelmshagen gehört auch zu diesem Bezirk. Bei diesen Gesprächen kamen wir auch unter anderem auf das Thema Sex zu sprechen. Ich erzählte ihm von dem Vorfall mit Michael Dietz. Ganz locker sagte er zu mir: „Rainer, was will man hier schon anderes machen, Frauen gibt es nun hier eben nicht." Ich staunte über seine Offenheit, die er mir entgegenbrachte. Und er sagte weiter: „Na und, ich lasse mir auch immer einen 'blasen' von 'Lutschmundi', auch einem Kalfaktor, dafür bekomme ich auch etwas von ihm. Da ich nicht rauche, gibt er mir meistens Schokolade oder ähnliches. Ich kann ihn dir ja mal heraufholen. Er macht es wirklich sehr gut - wie ein Mädchen."
Die Wäschekammer befand sich auf der Station Caesar und die Kalfaktoren lagen in der Regel auf der Station Anton II. Ich dachte mir, na ja, wenn man dabei noch Geschäfte machen kann, warum eigentlich nicht. Nach kurzem Zaudern meinte ich: „Na klar, bring ihn doch einmal

herauf." Es dauerte auch nicht lange und „Lutschmundi" kam, sein richtiger Name war mir nie bekannt.
Klaus stellte mich vor mit den Worten: „Rainer möchte auch einmal einen 'geblasen' bekommen." Ich traute dem Frieden nicht so recht. Klaus spürte das und sagte: „Aber erst kannst du mir einen machen." Als ich nun sah, daß dies die nackte Wirklichkeit war, ließ ich mir nun auch einen „schnattern". Es war tatsächlich so wie es Klaus erwähnte, ich hatte das Gefühl, als ob es ein Mädchen machte.
„Lutschmundi" war jedenfalls wesentlich älter als wir. Wir schätzten ihn auf ca. 50 Jahre. Beim ersten Mal ließ ich mir noch nichts dafür geben, aber wenn er wieder wollte, sagte ich zu ihm: „Ich habe nichts mehr zu rauchen." Schon bekam ich eine Schachtel Zigaretten von ihm. Und sogenannte „Aktive" waren im Knast Gold wert. Ich kam mir schon vor wie ein „Strichjunge". Gott sei dank, daß ich bloß noch ca. eineinhalb Monate zu sitzen hatte, denn dann war der Spuk endlich vorbei, so hoffte ich.
Nun kam endlich der Tag heran, wo ich meinen letzten „Sprecher" haben sollte - es war der 15. Juni 1968. Darauf freute ich mich besonders, rückte die Entlassung doch immer näher. Von Tag zu Tag wurde ich unruhiger und nervöser, nicht nur in der Zelle, in der ich wie ein Tiger auf und ab lief, sondern auch auf der Arbeit. Dies drückte sich in der Form aus, daß ich trödelte und nicht mehr die Leistung erbrachte, die verlangt wurde. Aber dies war mir egal; in rund vier Wochen war ich ja zu Hause. - Und was sind vier Wochen gegenüber einem Jahr. Zwischenzeitlich, Anfang Juli zog auch der Rest des Kommandos wieder ins Haus 1, auf die Station Berta II ein.
Am 1. Juli 1968 trat das neue Strafgesetzbuch der DDR, in Verbindung mit einer sogenannten Strafreform, in Kraft. Dies brachte viele Veränderungen mit sich. Genauer gesagt es traten verschärfte Bestimmungen im Rahmen des

Strafvollzuges und der Untersuchungshaft in Kraft. Zum Beispiel wurden Ostdeutsche nicht mehr mit Westdeutschen, Westberlinern und Ausländern in eine Zelle gesperrt. Sie erhielten in Rummelsburg extra ein Haus, das noch einmal abgegrenzt war.
Aber es änderten sich auch viele Paragraphen und die Strafzumessung wurde teilweise erhöht, speziell bei politischen Delikten. Wie diese Bestimmungen im Einzelnen waren, sollte ich im Jahre 1971 beim MfS zu spüren bekommen. Aber zu diesem Komplex, komme ich zu einem späteren Zeitpunkt noch zu sprechen.
Dies war sicher auch ein Hauptgrund, warum sie das Kommando nach der erfolgten Renovierung auseinanderdividierten. Auf der Station Anton I waren jetzt nur die Strafgefangenen, die in Kürze entlassen werden sollten.
Nun zählte man buchstäblich jeden Tag und ich hatte das Gefühl, es verging die Zeit überhaupt nicht. Obwohl es bloß noch vierzehn Tage waren, aber diese waren schlimmer als die gesamte vorherige Haftzeit. Endlich - der Endspurt kam! Am Morgen des 14. Juli 1968, sagte ein Polizeimeister: „Strafgefangener Dellmuth, Sie rücken heute nicht zur Arbeit aus. Packen Sie Ihre Sachen!“ Hastig packte ich wieder, wie so oft, mein Bündel zusammen. Von einem Polizeimeister begleitet, wurde ich nun zwei Tage vor meiner Entlassung nach dem Haus 4 verlegt. Wie ich schon erwähnte, ist dies hauptsächlich das Transporterhaus. Es besteht im Erdgeschoß aus Abgangs- sowie Zugangszellen. Jetzt begann für mich die aufregendste Zeit, denn ich wurde gleich zu den Effekten geschickt und wieder „normal“ eingekleidet, das heißt ich bekam sämtliche Sachen wieder, die mir bei der Verhaftung abgenommen wurden und inzwischen bei den Effekten gelandet waren. Außerdem bekam ich meine Post und die Arbeitsbescheinigung

ausgehändigt. Das schlimmste war, jetzt hatte ich meine Uhr wieder, nun wurden die Tage noch länger, weil jeder automatisch immer wieder auf die Uhr schaute. Dann kam die letzte Nacht, die auch zugleich die schrecklichste war. Wir, mit mir wurden an dem bewußten 16.7.1968 noch acht Häftlinge entlassen, konnten natürlich kein Auge zu machen. Jeder einzelne erwartete sehnsüchtig den Morgen. Ich kann mich noch genau erinnern, um 9.15 Uhr wurden wir endlich aus der Zelle geholt, um entlassen zu werden. Wir bekamen noch unseren erarbeiteten Verdienst ausbezahlt; der meinige betrug damals 251,-MDN (Mark Deutscher Notenbank). Dies verdiente man zur Zeit des sogenannten „humanen Strafvollzugs“. Ab dem 1.7.1968 sah es in den Zuchthäusern und Gefängnissen der ehemaligen DDR dann anders aus.
Nachdem alle ihr Geld erhalten hatten, wurden wir zum Schleusentor gebracht. Ein Wachhabender, der uns begleitete, verschwand kurz in einem Gebäude das daneben war und plötzlich öffnete sich das erste Tor und wir marschierten hindurch. Gleich hinter uns ging das Schleusentor wieder zu. Nun befanden wir uns auf dem Hof zwischen dem ersten und zweiten Schleusentor. Zwei Wachhabende hatten uns begleitet, von denen einer die Entlassungsscheine bei sich trug. Ich spürte, wie mein Herz raste und mein Puls schlug. Wir mußten uns alle in einer Reihe aufstellen und abwarten bis jeder einzelne aufgerufen wurde. Derjenige mußte einen Schritt vortreten und konnte dann seinen Entlassungsschein in Empfang nehmen. Jetzt kam ich an die Reihe: „Dellmuth!“ Automatisch machte ich einen Schritt nach vorne. Ein pockennarbiger Wachtmeister gab mir den Entlassungsschein in die Hand und begleitete mich zum Ausgang. Ich passierte die letzte Sperre genau um 9.35 Uhr.

7. Entlassung

Meine Augen erblickten meinen Vater, der mich abholte. Mühsam hielt ich meine Tränen zurück und fragte ihn gleich: „Hallo Vati, hast du schon lange auf mich gewartet?“ Er erwiderte: „Ich stehe seit 9.00 Uhr hier. Na, Kleener, dann wollen wir mal nach Hause fahren.“ Die erste Zeit traute ich meinen Vater gar nicht anzuschauen, weil ich mich mehr oder weniger schämte. Als erster brach mein Vater das unerträgliche Schweigen und fragte mich: „Na, hast Du alles gut überstanden?“ Langsam entfernten wir uns von der StVA-Rummelsburg, liefen über die Hauptstraße zu einem Tunnel, der sich auf der gegenüberliegenden Seite der StVA befand und unterquerten die Bahnanlagen des Betriebsbahnhofs Rummelsburg, um schließlich zum gleichnamigen S-Bahnhof zu gelangen. Dort bestiegen wir den Zug in Richtung Erkner. Unterwegs unterhielten wir uns nun intensiv über Fragen, die mich brennend interessierten. Endlich konnte man ja nun ohne Bewachung sprechen. Es war natürlich eine komische und ungewohnte Atmosphäre. Ich hatte die erste Zeit immer das Gefühl die Leute, denen ich begegnete, beobachteten mich. Am S-Bahnhof Köpenick bestiegen wir ein Taxi. Nach ca. 10minütiger Fahrt kamen wir zu Hause an. Als wir an der Pforte klingelten, öffnete uns niemand; meine Mutter befand sich noch beim Einkauf, wahrscheinlich hatte sie nicht so früh mit uns gerechnet. Aber meine Schwester, die drei Häuser weiter wohnte, hatte uns mit dem Taxi kommen sehen. Sie kam gleich mit ihrer Tochter Kim, um uns zu begrüßen. Es dauerte auch nicht mehr lange und meine Mutter kam von ihrem Einkauf zurück. Na, das war vielleicht eine Wiedersehensfreude. Meine Mutter umarmte mich und weinte bitterlich. Mich hatte dies auch sehr mitgenommen. Meinen Eltern versprach ich, so etwas nie wieder zu tun.

Sie hatten auch für viele Überraschungen gesorgt. Mein Zimmer erkannte ich kaum wieder; es war alles neu renoviert worden. Und für meine vielen Bücher hatte mein Vater unter den beiden großen Fenstern Regale gebaut. Im Gegensatz zu mir war er ein handwerkliches Genie. Auch hatte meine Mutter Bananen besorgt, die ja in der ehemaligen DDR auch eine Rarität waren.
Endlich gab es wieder ein vernünftiges Mittagessen. Ich weiß noch genau an diesem Tage hatte meine Mutter schönes Hühnerfrikassee gemacht; als Nachspeise gab es meinen Lieblingspudding – Schokoladenpudding mit Vanillesoße.
Wahrlich, kochen und backen konnte meine Mutter!
Ich schlug mir so richtig den Bauch voll.
Und wie es der Zufall wollte, am Nachmittag kam eine Bekannte aus Mahlsdorf, um meine Eltern zu besuchen. Sie konnte natürlich nicht wissen, daß ich an diesem Tage entlassen wurde, sonst wäre sie sicher nicht gekommen. Zufällig schaute ich gerade aus meinem Zimmerfenster heraus, als ich sie kommen sah und war darüber so erfreut, das mir die Bemerkung herausrutschte: „Hallo, Gretel alte Schecke!“ Aber sie nahm es mir nicht übel, im Gegenteil sie mußte auch darüber sehr lachen.
Die lockeren Sprüche rutschten mir noch öfters über die Lippen, die ich mir im „Knastalltag“ angewöhnt hatte.
Trotz meiner Haftzeit wurde ich von allen Bekannten und Freunden weiterhin akzeptiert, dies war irgendwie meine größte Sorge. Jeder wußte ja, warum ich eingesessen hatte - im Gegenteil, ich wurde eher von allen bedauert. Das Ulbricht-Regime und seine Helfershelfer wurden im engsten Kreise wieder einmal, wie so oft, auf das schärfste angeprangert.
Schließlich gab es am Nachmittag Frankfurter Kranz, den ich so gerne aß. Meine Mutter hatte sich die größte Mühe

gegeben, um, mir einen schönen Empfang zu bereiten. Aber dies hielt leider seitens meiner Eltern nicht lange an, denn alsbald zeigten sich wieder ihre alten Erziehungsmethoden, die sicher damals auch zum Teil dazu beitrugen, mein elterliches Heim zu verlassen.
Dies aber im folgenden Kapitel, das die Zeit nach meiner Haftentlassung im Juli 68 bis zur erneuten Verhaftung im Oktober 71 durch das MfS kurz schildert.

8. Zwischenzeit

Einige Dinge hatten sich inzwischen selbstverständlich auch verändert. So zu Beispiel die Freundschaft, die ich mit Peter Deutschmann aus Bernau pflegte. Durch seine Freundin änderte sich unsere freundschaftliche Beziehung - sie sackte fast auf den Nullpunkt. Und schließlich verloren wir uns über Jahre aus den Augen. Dieser Verlust drückte mir sehr lange Zeit auf den Magen. Erst als ich in der Bundesrepublik Deutschland war, kam der Kontakt wieder zustande.
Mein Lehrbetrieb, der „VEB Verpackungsmittelwerke Berlin“ mußte sich, laut Gerichtsbeschluß verpflichten, meine Lehre zu Ende bringen zu lassen. Auf Grund meiner damals „nicht bestandenen“ praktischen Gesellenprüfung mußte ich ein halbes Jahr nachlernen. Somit betrug also meine gesamte Lehrzeit 2 ½ Jahre. Im Dezember 1968 konnte ich sie beenden.
Im Betrieb (Werkteil Treptow) hatte sich auch vieles verändert. Viel ist zu Ungunsten der Lehrlinge entstanden. Auch zahlreiche Personalveränderungen waren zu verzeichnen. Die etwas lockere Lehrzeit vor meiner Inhaftierung im Sommer 1967 war wie weggeblasen. Damals war August Bergmann noch Meister des Druckereibereiches. Er hatte aber leider keinen Einfluß, die Entscheidungen traf grundsätzlich Reinhard Jentzsch. Und

Eingang zur Strafanstalt Rummelsburg

1. Durchgang – StVA Rummelsburg

Blick in eine Station – StVA Rummelsburg

Hundelaufstreifen – StVA Rummelsburg

Luftaufnahme der StVA Rummelsburg, Gesamtansicht (1987)

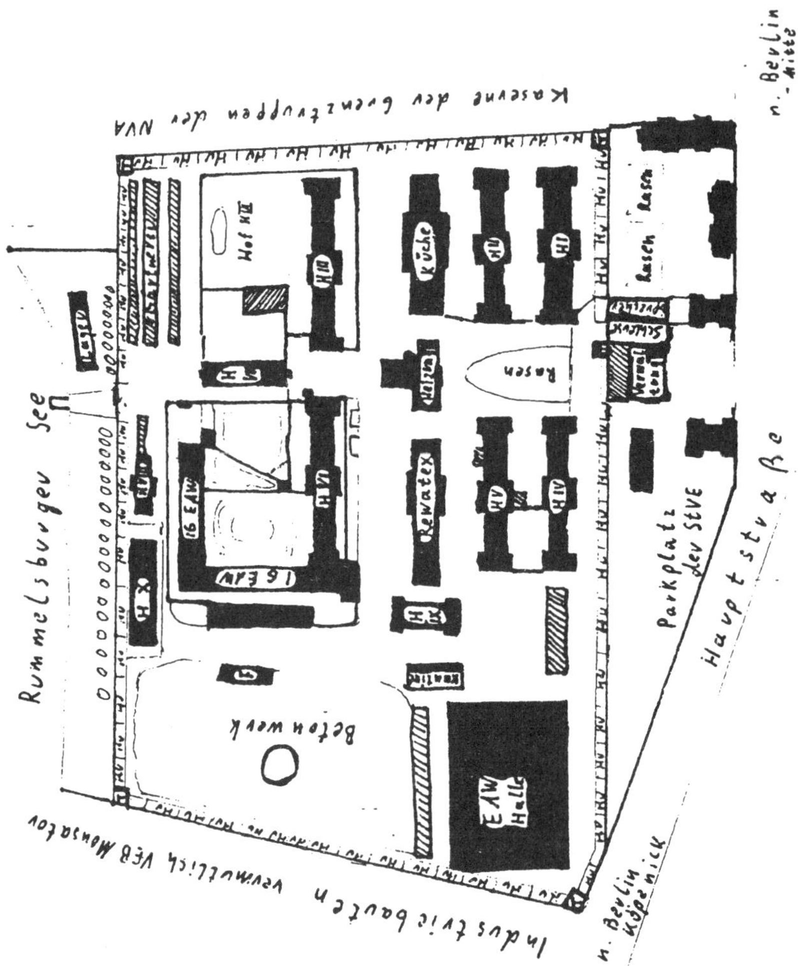

Lageplan der StVA Rummelsburg (Stand 1979)

der war ja bekanntlich treuer „SED-Patron“. August war sicher zu gut zu seinen Mitarbeitern. Er machte keine Unterschiede zwischen Gesellen und Lehrlingen. Wir haben manchmal Tränen über ihn lachen müssen, wenn er seine Lebensstorys erzählte. Er machte auch fast jeden Spaß mit. Hierzu ein Beispiel: August, Harald Tscharntke und Gerhard Trebbin spielten stundenlang in der Nachmittagsschicht Skat in der Frauengarderobe, da hätte man sie sicherlich am wenigsten vermutet. Daher suchte man sie ständig. Auf den Arbeitszetteln wurden dann die Stunden als „Druckschwierigkeiten“ deklariert. Auch waren die Kollegen früher viel freundlicher. Durch die Personalveränderungen bezweckten sie sicher, unter anderem die Zügel straffer anzuziehen.

August Bergmann, der vor dem 13. August 1961 in Westberlin arbeitete, hatte man zum Maschinenarbeiter degradiert. Harald Tscharntke rückte dafür an August seine Stelle. Reinhard Jentzsch war inzwischen zum Abteilungsleiter gekürt worden. Den Posten als Lehrmeister behielt er bei. Die Norm an den Maschinen ist inzwischen dreimal erhöht worden.

Also insgesamt hatte sich alles verschlechtert. Werner Schaller, der mit mir gelernt hatte, war allerdings auch noch da. Er hatte ebenfalls nachlernen müssen. Gegen ihn wurde während meiner Abwesenheit unter anderen ein Ermittlungsverfahren wegen Hetze geführt.

Viele ehemalige Kollegen hatten inzwischen gekündigt. Es waren aber noch ein paar „alte Hasen“ da, wie Schwammborn, Fechner, Koltermann, Trebbin u.a. Sie hatten alle vor dem 13. August 1961 „drüben“ gearbeitet. Es war erstaunlich wie sie sich verändert hatten. Sie waren inzwischen entweder „sozialistisch angepaßt oder ganz rot geworden. Sie denunzierten die Kollegen, die anderer

Meinung waren. Bestes Beispiel war der „Kollege" Heinz Schwammborn.
Er hatte vor dem 13. August 1961 ebenfalls in Westberlin gearbeitet, nun war er Mitglied der BGL und der AGL. Seit Harald Tscharntke Druckereileiter war gab es nichts mehr zu lachen. Er unterband jegliche Späße, auch solche, die er selbst einmal mitgemacht hatte. Dies alles enttäuschte und war ein Grund mehr, nach meiner Ausbildung diesen Betrieb zu verlassen.
So wechselte ich im April 1969 die Firma und ging zur Buch- und Offsetdruckerei Paul Altmann KG, einem halbstaatlichen Betrieb, in Köpenick in der Mahlsdorfer Straße.
Zwischendurch möchte ich aber auch ein wenig über die Zeit zwischen den beiden Inhaftierungen berichten, um dem Leser ein möglichst vollständiges Bild der Gründe, die zu meiner versuchten Flucht führten, transparent zu machen.
Aufgrund meines Elternhauses hatte ich bis zu diesem Zeitpunkt wenig Kontakt zu gleichaltrigen Freunden, ganz zu schweigen einer Freundin. Denn an jeder Person, die ich anbrachte, wurde herumgenörgelt. Erfahrungen diesbezüglich konnte ich schon durch meine fünf Jahre ältere Schwester sammeln. Deshalb war auch der Verlust von Peter aus Bernau so schwer, weil dies mein einziger Freund war und meine Eltern ihn auch akzeptierten. Darum verzog ich mich unter der Woche nach getaner Arbeit immer in mein Zimmer und las oder hörte klassische Musik, z.B. Richard Wagner oder Verdi. Zusätzlich entwickelte sich immer mehr mein späteres Hobby, die wissenschaftliche Geschichte, speziell, die des „Deutschen Ordens" und der Antike.
Meine Eltern waren natürlich begeistert über mein „Wissen" und prahlten damit bei Bekannten und Freunden, was ich für ein „Musterjunge" sei. Was sich eigentlich dahinter

verbarg, ahnten sie nicht oder wollten es nicht wissen. Die seelischen Konflikte waren ein Werk meiner Eltern, über dessen Tragweite ich mir zu dieser Zeit bei weitem nicht im klaren war, aber ich sollte es noch zu spüren bekommen, fünf Jahre später in der Bundesrepublik Deutschland.
Unweigerlich taucht aber nun für den Leser, der die persönlichen Konflikte nicht zu kennen vermag, die Frage auf: „Warum ist er dann nicht von zu Hause weggezogen, um sich unabhängig zu machen?" Die Frage ist natürlich berechtigt. Sicherlich hatte ich nicht das genügende Selbstbewußtsein, um einen solchen Schritt zu tun.
Dann kam die Zeit, wo ich das erste Mal am Wochenende tanzen ging. Ich war inzwischen 20 Jahre alt. Wer mich dazu brachte, dort hinzugehen, weiß ich heute nicht mehr, aber ich fühlte mich dort sehr wohl. Ich war dort unter vielen Jugendlichen und traf sogar alte Schulkameraden aus meiner Realschulzeit. Für mich brach nun eine sehr schöne Epoche heran, an die ich mich sehr gerne zurückentsinne.
Seit ich nun regelmäßig an den Wochenenden zur Disco ging, rann mir das Geld nur so durch die Finger, zum großen Ärger meiner Eltern. Sicher auf Grund meiner Schüchternheit einerseits und der Zustände, die ich in der Haft kennenlernte, hatte ich massive Schwierigkeiten dem weiblichen Geschlecht etwas näher zu kommen. Aber trotzdem ging ich gerne dorthin, weil man unter anderem viele Freunde traf. Aber auch die Musik tat ihr Übriges. Damals waren ganz populär das „Modern Soul Quintett", „Joco-dev-Sextett", die legendäre „Klaus Renft Combo" und natürlich die „Puhdys". Wobei die beiden letzten Rockbands noch immer aktiv sind.
Wie ich bereits erwähnte, hatte ich inzwischen meinen Arbeitgeber gewechselt und die Firma war alles andere als positiv zu bezeichnen. Ich durfte nur die Mistarbeit machen. Bei dem Einstellungsgespräch hatte man mir andere

Versprechungen gemacht. Ich machte meine Arbeit, wußte aber, das ich in dieser Firma nicht alt werden würde.
Dort lernte ich einen netten Kumpel kennen, Rolf Hermann. Er arbeitete nur als Aushilfe in der Firma Altmann. Wir verbrachten öfters unsere Freizeit zusammen und machten beide unsere Fahrerlaubnis.
Meine Kündigung bei der Firma Altmann Anfang 1970 brachte einen völlig neuen Lebensabschnitt mit sich.
Zum einen begann ich auf der Alexander von Humboldt Schule abends mein Abitur nachzuholen und zum anderen trat ich in die Dienste der Firma Fritz Schiedtke.
Meine Wochenenden verbrachte ich nach wie vor in der Disco. Dies waren hauptsächlich immer drei Treffpunkte: Rübezahl am Müggelsee, TRO-Kulturhaus in Oberschöneweide und das Eisenbahnerkulturhaus in Karlshorst. In den Sommermonaten kam noch die Freilichtbühne Friedrichshagen dazu. Organisiert wurde das ganze von der FDJ und Klaus Schulz. Mittlerweile kannte mich die „Ordnungstruppe“ und der Veranstalter Klaus Schulz. Irgendwie kam ich nun in diese „Ordnungsgruppe“. Zwei von ihnen traf ich später in Westberlin wieder, kurz nach meinem „Rausschmiß“ aus der DDR. Es waren Rainer Trutty, der Medizin weiter studierte und heute eine Praxis im Bezirk Neukölln unterhält. Der andere war Manfred Seefeld.
Wie ich schon an anderer Stelle erwähnte, hatte es 1970 auch im Berufsleben für mich eine positive Wende gegeben. Die Firma Schiedtke befand sich im Bezirk Friedrichshain, in der Kadinerstraße 17. Der Chef gab mir die Möglichkeit den Beruf des Schriftsetzers zu erlernen; wurde auch als solcher eingestellt und schon als Facharbeiter entlohnt. Bei der Buchdruckerei Fritz Schiedtke fand ich sehr nette Kollegen, die auch meine zweite Berufsweiterbildung sehr unterstützten. An dieser

Stelle seien einige genannt. Es waren Hermann Dunzelt, der mein Lehrmeister war. Ferner die Setzer Erwin Grothe und Karl Herrmann sowie die Drucker Paul Heinß und Heinz Focke sowie die Abnehmerin Frau Müller. Sie hatte es auch schwer, war doch ihr Sohn eingesperrt wegen versuchter Republikflucht und dieses das zweite Mal. Mit dem Chef verstand ich mich auch sehr gut, so daß er sogar meine Ausbildung finanzierte und eigentlich später noch Größeres mit mir vorhatte. Dies erfuhr ich aber erst als ich schon in der Bundesrepublik wohnte.
Trotzdem nun alles in bester Ordnung zu sein schien, fehlte etwas - dies war eben die Freiheit!
Nach etwa einem Jahr meiner Entlassung aus dem Zuchthaus Rummelsburg setzten meine Aktivitäten wieder ein so schnell wie möglich dieses Regime zu verlassen. Bestärkt wurden diese Handlungsweisen in erster Linie durch die Kommunikation des Fernsehens und Rundfunks und in zweiter Linie durch die Wochenenden in der Disco, die später immer mehr zum Ausgangspunkt für meine Überlegungen und Vorbereitungshandlungen der Flucht werden sollten.
Mir war natürlich klar, daß auch in der „sogenannten anderen Welt“ einem nicht gerade die gebratenen Tauben zuflogen. Aber durch Fleiß und kreative Ideen konnte sich jeder seine eigene Welt aufbauen. Und berechtigte und sogar unberechtigte Kritik gegenüber Staat und Gesellschaft wurde nicht gleich mit Gefängnis oder Bespitzelungen geahndet.
Zwischenzeitlich lernte ich in der Disco zwei sehr nette Jugoslawen kennen, die offensichtlich meine Meinung teilten. Es waren Filip Stojkov aus Tito-Velez und Atanas Karpusovski aus Rusinovo Berovo. Beide Ortschaften befinden sich in Mazedonien. Mit letzteren, stehe ich heute noch in Kontakt. Wir sprachen oft über die Zustände in der

DDR und verglichen diese mit anderen Staaten, speziell mit Jugoslawien, das ja ihre Heimat ist. Aber Tito beschritt eben einen eigenen Weg des Sozialismus, losgelöst von der damaligen Sowjetunion. Mit Übereinstimmung stellten wir bei unseren Diskussionen immer wieder fest, daß der Unterschied eben darin besteht, **w i e** man eine Gesellschaftsordnung gestaltet, jedenfalls nicht mit Mauer und Stacheldraht. Es war auch immer bedrückend zu wissen, daß ich nicht in andere Staaten (außer Ostblock) reisen durfte, aber meine jugoslawischen Freunde konnten es. Oft brachte ich sie abends zum „Tränenpalast" oder „Checkpoint Charlie". Wenn sie hinter den Grenzsperren aus meinem Blickfeld entschwunden waren trottete ich wieder zum S-Bahnhof Friedrichstraße. Dieser war ja der berühmte Grenzbahnhof Dort hielten die Interzonenzüge, die S-Bahnzüge fuhren in Richtung Westberlin ober- und unterirdisch und nicht zuletzt die U-Bahn. Aber für mich waren diese Wege tabu.
Ich betrat wieder den Bahnsteig, wo die Züge gen Osten fuhren. Aus den Lautsprechern röhrte eine Stimme: „Bahnhof Friedrichstraße, alles aussteigen, der Zug endet hier und fährt zurück nach Strausberg über Lichtenberg." Hinter einer hohen Stahlwand befand sich der andere Bahnsteig, wo die Züge aus Westberlin kommend, einfuhren. Kaum hörbar erscholl es aus den Lautsprechern des anderen Bahnsteiges: „Bahnhof Friedrichstraße, der eingefahrene Zug fährt zurück nach Wannsee über Zoologischen Garten." Ich träumte so vor mich hin und dachte: „in diesem Zug müßtest du drin sein!"
Dann holte mich aber jäh die Realität wieder ein. „Bahnhof Friedrichstraße, alles aussteigen, der eingefahrene Zug fährt zurück nach Erkner über Karlshorst." Traurig stieg ich in den Zug, der Richtung Osten fuhr.

Diese Erlebnisse bestärkten noch meinen Willen, diesem Regime, das sich „Deutsche Demokratische Republik" nannte, den Rücken zu kehren.
Mehrere Gebiete zog ich im Laufe der Zeit in nähere Erwägung. Unter anderen waren es die Grenzabschnitte bei Düppel-Kleinmachnow im Bezirk Potsdam, Berlin-Treptow Onken- und Harzer Str. und Stolpe-Süd. Nachdem ich die Gegend eingehend ausgekundschaftet und inspiziert hatte, fertigte ich Skizzen an, um mir dann besser die Grenzsperren einprägen zu können.
Es kam die Zeit, als ich mit Filip und Atanas über meine Fluchtabsichten sprach. Die Beiden machten mir sogar den Vorschlag über die Volksrepublik Bulgarien zu fliehen und gaben mir zu diesem Zweck folgende Verbindungsadresse. Sie lautete:

Säschka Dimitrova
ul. ------------------
Burgas
VR Bulgarien

Ich glaubte nun, daß endlich mein jahrelanger Wunsch, in die Bundesrepublik zu kommen, in Erfüllung gehen könnte. Mit Hilfe dieser Bulgarin sollte ich über die jugoslawische Grenze gebracht werden. Woher sie Säschka kannten erzählten sie mir nicht. Dort wollten mich Atanas und Filip mit dem Auto und den notwendigen Papieren abholen, um mit mir in die Bundesrepublik zu fliegen.
Aber zu diesem Schritt kam es leider nicht mehr aus zweierlei Gründen. Erstens ist Filip im April 1971 nach München gegangen, um eine bessere Anstellung anzunehmen und zweitens bekam ich von den DDR-Behörden keine Aufenthaltsgenehmigung für die VR Bulgarien.

Also blieb mir nur die andere Möglichkeit - die innerdeutsche Grenze oder die Berliner Mauer!
In der Firma Schiedtke beschäftigte ich mich in der Pause nur noch mit diesem Gedanken; wälzte immerzu den Stadtplan „Berlin in der Tasche“, den ich von einem Bundesbürger mit Namen Peter (er kam aus Salzgitter) geschenkt bekommen hatte. Er verkehrte genauso wie die anderen Ausländer und Bundesbürger an den Wochenenden bei den Tanzveranstaltungen des Klaus Schulz.
Auf der Arbeit witzelte ich auch des öfteren mit Hermann Dunzelt herum, indem ich sagte: „Na, Herr Dunzelt, wann werden wir beide am Bahnhof Steglitz Eis essen gehen. Er konnte nämlich schon nach Westberlin fahren, weil er sich schon im Rentenalter befand. Und dort aß er immer sein Eis. Er lachte dann immer verschmitzt und erwiderte: „Ja, Rainer es ist schon eine Not, diese Situation. Ich kann dich verstehen, ich würde genauso denken, wenn ich noch so jung wäre.“
Mit Paul Heinß, dem Buchdrucker hatte ich auch ein sehr gutes Verhältnis, so daß ich öfters mit ihm über die diktatorische Politik der DDR sprechen konnte. Mit ihm arbeitete ich sogar Flugblätter aus, allerdings nur handgeschrieben, die wir dann gleich verschwinden ließen. An einen Text kann ich mich noch sehr gut erinnern, denn es war gerade der 10. Jahrestag des Mauerbaus. Er lautete:

- 10 Jahre Schießbefehl, Mauer und Stacheldraht! -
- 10 Jahre Friedenspolitik der DDR? -

Es ergab sich aus verschiedenen Gründen, daß mein Vorhaben, die DDR zu verlassen, dem Grenzabschnitt Stolpe-Süd zukam. Des öfteren fuhr ich dorthin, um mir ein

Bild von den dortigen Grenzanlagen, soweit man das überhaupt beurteilen konnte, verschaffte.
Im Juli hatte ich meinen Jahresurlaub genommen. Bei den Tanzveranstaltungen lernte ich auch noch einen anderen Kumpel kennen. Er hieß Olaf Oschmann und war in Dresden beheimatet; wir verstanden uns auf Anhieb. Er lud mich nach Dresden ein. Darauf freute ich mich sehr, denn außer Ostberlin kannte ich keine größere Stadt in der DDR. Als ich den Bahnhof verließ und durch die Prager Straße ging, erblickte ich die schönen barocken Bauten dieser Stadt. Leider war noch sehr viel zerstört durch den Zweiten Weltkrieg, den die Nazis angezettelt hatten. Grundlos wurde Dresden in der Nacht vom 13. zum 14. Februar 1945 von anglo-amerikanischen Bombern zerstört. Viele Zivilisten fanden dabei den Tod. Trotzdem lernte ich in der kurzen Zeit einiges Schöne dieser Stadt und dessen Umgebung, wie zum Beispiel das Karl-May-Museum in Radebeul kennen. Es sollte mein letztes schönes Jugenderlebnis, außerhalb der politischen Wirren, in der DDR werden.
Als ich zurück nach Berlin kam, lag erneut ein Einberufungsbefehl der NVA vor. Ich sollte zu den Motschützen nach Eggesin in die Uckermark. Bei dem ersten, 1967, konnte ich mich durch die Haft entziehen. Nun stand ich erneut vor diesem Problem. Die Einberufung sollte am 1.11.71 stattfinden. De facto hatte ich bloß noch drei Monate Zeit, um meine Flucht zu realisieren. Meine Treffpunkte mit Atanas Karpusovski fanden regelmäßig jeden Sonntag im Eisenbahnerkulturhaus in Karlshorst statt. Ich berichtete ihm von meiner bevorstehenden Einberufung in die Nationale Volksarmee und bat ihn, mir bei der Flucht vor diesem Einberufungstermin zu helfen. Er versprach mir den Grenzabschnitt Heiligensee - Stolpe-Süd von Westberlin aus zu beobachten, um mir dann genaue Instruktionen geben zu können.

Am 10. Oktober 1971, als wir uns wieder trafen, fragte ich ihn: „Warst du schon in Heiligensee gewesen?“ Dies verneinte er mit der Begründung „er hätte in Westberlin eine Freundin kennengelernt und er würde jetzt nicht mehr so häufig nach Ostberlin kommen“. Betonte aber zugleich, er wolle die Beobachtung des Grenzabschnittes in Heiligensee in den nächsten Tagen noch erledigen.
Mir blieb nichts anderes übrig, als abzuwarten. Meinen letzten Treffpunkt sollte ich am 17.10.71 mit ihm haben. Es stellte sich heraus, daß er immer noch nicht an dem bewußten Ort war. Ob er selbst aus Angst nicht konnte oder wollte, wegen eventueller Repressionen, konnte zu diesem Zeitpunkt nicht geklärt werden.
Meine Flucht war auf den 24. Oktober 1971 festgelegt, was er natürlich wußte. Er meinte wir könnten uns ja am 22.1.71 im TRO-Kulturhaus in Oberschöneweide treffen und die Dinge nochmals abschließend besprechen. (Dies wäre an einem Freitag gewesen.) Somit geriet ich immer mehr unter Druck.
Für mich stand fest, so oder so, am 24. 10. versuchst Du, diesen Weg zu nehmen. Die Woche vom 18.10. - 24.10. begann wie jede andere. Jeden Morgen gegen 6.20 fuhr ich mit der S-Bahn wie gewohnt zur Arbeitsstelle in die Warschauer Str. Es waren auch immer ein paar Kumpels in der S-Bahn, die man auf dem Bahnhof Köpenick getroffen hatte. Während der Fahrt unterhielten wir uns über viele Dinge.
Aber am Donnerstag, dem 21. Oktober 1971 sollte für mich alles anders kommen. Ich konnte natürlich nicht ahnen, daß ich und meine Familie schon seit Tagen rund um die Uhr von der Abteilung VIII des MfS observiert wurde. Später nämlich, nach der Wende, konnte ich durch Akteneinsicht ersehen, wie perfekt dies alles abgewickelt wurde.

9. Erneute Verhaftung

Auch an diesem Morgen fuhr ich mit dem gewohnten S-Bahnzug und traf meine Kumpels auf dem Bahnsteig. Der Zug und meine „Begleiter“ fuhren im Bahnhof Warschauer Straße ein. Die Berufsschule meiner Kumpels befand sich ca. 500m vom S-Bahnhof in Richtung Frankfurter Tor (Berliner Glühlampenwerk NARVA). Wir verabschiedeten uns. Zu Ralf Stazullis sagte ich: „Mach’s gut Ralf, heute gibt es ja Geld, da macht das Arbeiten spaß. Und morgen wieder alte Stelle, alte Welle.“ Allein setzte ich den Weg zu meiner Arbeitsstelle fort. Da es schon 6.40 Uhr war, lief ich ziemlich flott. Nach ca. 100m Wegstrecke wurde ich von einer stämmigen Person in meinem Tempo unterbrochen. Er zog mich am Ärmel meines Anoraks und hielt mich fest. Sprach mich mit den Worten an: „Sind sie Herr Dellmuth, könnte ich mal Ihren Personalausweis haben - Kriminalpolizei.“ Irgendeine Marke blitzte mir entgegen. Ich erschrak! Weiter sagte er: „Sie können uns in einer dringenden Angelegenheit helfen. Wir benötigen Ihre Aussage zur Klärung eines Sachverhalts.“

Ich verspürte eine Trockenheit in meiner Kehle und merkte, wie ich zusehends nervöser wurde. Ich fragte den Typen: „Sagen sie mal, wie soll ich Ihnen denn helfen?“ Aber er erwiderte im unfreundlichen scharfen Ton: „Das werden Sie schon sehen, warten Se’ ab. Und übrigens kommen Se’ mal in den Hausflur, und verhalten Se’ sich ruhig. Gleich kommen noch zwei Kollegen.“ Plötzlich war ich von drei kräftigen Herren umgeben. Meine innere Unruhe wuchs ständig. Mein Hals war wie zugeschnürt. Trotzdem stammelte ich immer wieder: „Ich muß doch arbeiten, mein Chef weiß nicht Bescheid.“ Aber dies interessierte die Herren gar nicht: „Wir sagen Ihrem Chef schon Bescheid, da machen Sie sich mal keine Sorgen.“

Nervös fingerte ich eine Schachtel Zigaretten aus meinem Anorak. Im allgemeinen rauchte ich nicht so früh, aber ich war völlig fertig. Meine Hände zitterten, als ich den Glimmstengel ansteckte.
Es verging kaum Zeit und es fuhr ein Wolga vor. Einer von den Herren forderte mich auf: „Steigen sie ein, aber schnell!" Kaum war ich in dem Fahrzeug, brauste der Fahrer davon. Ich saß hinten, umgeben von zwei „Bodyguards". Schemenhaft huschten die Häuserblöcke und Straßen an mir vorbei. Zwischendurch fragte ich wieder: „Was wollen Sie eigentlich von mir?" Sie antworteten: „Dies werden Sie schon sehen."
Immer näher sah ich den Fernsehturm auf uns zukommen. Die Fahrt ging ins Polizeipräsidium in der Keibelstraße. Es war genau 7.00 Uhr, als wir eintrafen.
Der Wagen fuhr in den gleichen Hof, den ich schon einmal vor vier Jahren kennenlernen mußte. Hinter mir schlossen sich die Tore. Mein erster Gedanke war: „Ob du hier wohl wieder herauskommst?"
Die Herren befahlen: „Los, aussteigen, aber dalli!" Mit einem kurzen Blick konnte ich feststellen, daß an den Zellenfenstern sogenannte „Sichtblenden" angebracht worden waren. Also wie 1967 - herausschauen auf dem Hof ging nicht mehr. Zwei der „ehrenwerten Leute" griffen mir unter die Arme und sagten: „Nun gehen Sie!" Man brachte mich zu einem Fahrstuhl, der erst im sechsten Stockwerk zum stehen kam.
Durch verschlungene Gänge laufend, hielt man vor einem kleinen Raum, dessen Tür offenstand. Hier befahl einer: „Gehen sie rein!" In diesem Raum befand sich nur ein Tisch, zwei Stühle und eine Liege. Zwei der Herren ließen mich nicht mehr aus den Augen. Aber in meiner Naivität dachte ich immer noch nicht an eine Verhaftung.

Nun erschien auch wieder der Dritte und sagte: „Komm Se'!“ Wir liefen einen langen Gang entlang, um schließlich von einem Anderen in Empfang genommen zu werden. Inzwischen stand der Zeiger meiner Uhr auf 7.30. Nach kurzem Tuscheln entfernten sich die Herren der Abt.VIII. Der vermeintliche Polizist, der mich in Empfang genommen hatte, sagte: „Gehen Sie rein.“ Der Raum enthielt nichts weiter als einen langen Schreibtisch, einen Schrank und zwei Stühle. Ferner war noch eine andere Tür in dem Raum. Ich vermutete, daß es eine Verbindung zu einer anderen Räumlichkeit war, um meine Gespräche mitzuhören.
Hinter dem Schreibtisch nahm der, wie ich glaubte, Kriminalpolizist platz. Er war noch sehr jung - vielleicht Mitte oder Ende 20; hatte rotblondes, lockiges, kurzgeschnittenes Haar. Sein Gesicht war mit Sommersprossen durchsetzt. Er hatte eine stämmige sportliche Figur.
Nachdem er Platz genommen hatte, sagte er, ohne mich anzuschauen: „Setzen Sie sich da hinten hin.“ In einem Abstand von vier Metern mußte ich mich auf einen Stuhl setzen. Er wühlte in irgendwelchen Papieren und sagte kein Wort. Meine Nervosität stieg ins Unermeßliche. Ich fragte: „Darf ich hier rauchen?“ Langsam hob er seinen Kopf, nahm einen Aschbecher, der auf dem Tisch stand, schob ihn an den Rand des Schreibtisches und sagte: „Hier!“ Schnell holte ich mir den Aschbecher, setzte mich wieder auf den Stuhl und steckte hastig eine Zigarette an. Endlich begann er mit seinen Fragestellungen. Er eröffnete die Vernehmung mit den Worten: „Sind sie Herr Dellmuth, geboren am 20.07.48 in Berlin und wohnhaft in Berlin-Köpenick Kleinschewskystraße 50?“
Trotzig antwortete ich: „Was fragen sie mich denn da, das wissen Sie doch besser als ich.“ Er ging darauf nicht ein, sondern fuhr in seinen Fragestellungen fort.

Anfangs war mir nicht so recht klar, was er eigentlich von mir wollte und mit seiner Drohung bezweckte. Viel später klingelte es im Kopf – natürlich, mein Geständnis über die Vorbereitung und Durchführung der Flucht am 24.10.1971.
Aus diesem Grund erzählte ich ihm erst die Vorkommnisse, die sich vier Wochen zuvor in unserem Hause zugetragen hatten. Einen Mitmieter hatte ich tätlich angegriffen, weil er meinen Vater auf das übelste beleidigt hatte. Dieser rief die Volkspolizei, die den Sachverhalt aufnahm und eine Anzeige schrieb.
Als ich meine Ausführungen zu dem Tathergang geschildert hatte, antwortete er lakonisch: „Das wissen wir alles schon. Wir wollen von ihnen ganz andere Dinge hören."
Entgeistert blickte ich in sein sommersprossiges Gesicht und entgegnete: „Na, was lassen sie mich denn erst alles runterquatschen, wenn Sie so schlau sind." Auf meine Äußerungen reagierte er überhaupt nicht, sondern fragte weiter: „Was hatten sie eigentlich am 24.10. vor?"
„Soll ich Ihnen meinen Tagesablauf erzählen, oder wie denken Sie sich das? - Was soll ich da schon machen. Vormittags lerne ich für die Schule, nachmittags etwas lesen und gegen Abend dann nach Karlshorst zum Tanzen."
„Ist das alles?"
„Na, was soll ich denn noch machen, der Tag hat bloß 24 Stunden! - Oder haben Sie eine andere Zeitrechnung!"
Bis zu diesem Zeitpunkt dachte ich immer noch, es sind Kriminalpolizisten, für die sie sich ja auch zu erkennen gaben. Plötzlich ging die Tür auf und ein anderer Vernehmer kam hinzu und fragte: „Haben Sie noch einen Wohnungsschlüssel bei sich?" Dies bestätigte ich.
Dieser Mann war so um die Mitte 30, von schlanker Gestalt und hatte dunkles Haar. Er war eine gepflegte Erscheinung trug einen Seitenscheitel und sauber gekämmtes Haar,

sowie eine braune Lederjacke und dazu passend eine hellbraune, gebügelte Hose.
Spätestens jetzt war mir klar - raus kommst du hier vorläufig nicht mehr!
Nachdem sich der zweite Vernehmer meine Wohnungsschlüssel gegriffen hatte, verschwand er wieder. Nach einer kurzen Pause fuhr der am Schreibtisch sitzende Untersuchungsführer in einer anderen Tonart fort. Seine relativ, ruhige und gelassene Art, war plötzlich Vergangenheit.
Er brüllte mich an und versuchte mich einzuschüchtern: „Dellmuth, es gibt einen langen und einen kurzen Weg. Ich halte Sie für so intelligent, daß Sie den kurzen Weg einschlagen. Solche wie sie, kriegen wir allemal klein. Und damit Sie gleich klar sehen, Sie sind hier weder bei der Kripo noch im Kindergarten, Sie befinden sich hier beim „Ministerium für Staatssicherheit“. Er versprach sich mit dieser Drohung eine entscheidende Wende bei mir auszulösen - was ihm auch sichtlich gelang. Denn als ich dies hörte, rutschte ich vor Schreck gleich etwas tiefer in meinen Stuhl. Ich spürte, wie sich meine Kehle zuschnürte und das Gesicht kreidebleich war. Und ich fragte mich: „Mein Gott, was hast du denn gemacht, daß du bei denen landest?“ Im gleichen Augenblick huschte mir das Urteil meiner Nachbarn durch das Gehirn. Sie waren Österreicher und es wurde gemunkelt, daß sie angeblich Spionage für Österreich betrieben hätten. Jedenfalls hörte ich, daß sie 15 Jahre beim MfS bekommen hätten.
Bis zu diesem Zeitpunkt hatte der Vernehmer noch nichts zu Protokoll genommen. Ich war so geschockt, daß ich beschloß, nun doch mit der Wahrheit herauszurücken. Auch konnte ich mir jetzt denken, daß sie alles über mich wissen. Somit stellte ich meine „Ampel“ auf rot. Mit einer

ziemlichen Wut im Bauch begann ich mit meinen Ausführungen.
Ironisch guckte ich ihn an und sagte: „Ach, Sie meinen wohl das Ding mit Stolpe-Süd? Da mache ich Ihnen einen einfachen Vorschlag. Geben Sie mir eine Fahrkarte und lassen mich am Bahnhof Friedrichstraße durch den „Tränenpalast“ in den Westen ausreisen. Ansonsten werde ich immer Ihr Gast sein in ihren Gemäuern.“
Nun stellte er sich mit den Worten vor: „Sie haben mich mit dem Dienstrang ‘Leutnant’ anzureden, wenn Sie etwas von mir wollen.“
Dann begann er wiederholt mit den Fragen zur Person. Eine der Fragen, die er mir zum zweitenmal stellte lautete: „Wo sind Sie geboren?“ Ich entgegnete ihm: „In Ostberlin!“ Plötzlich sprang er wie von einer Tarantel gestochen von seinem Stuhl, starrte in meine Augen und schrie: „Das heißt Berlin-Hauptstadt der DDR!“ Ruhig und gelassen antwortete ich ihm: „Ich glaube, 1948 gab es noch keine DDR, oder vielleicht bei ihnen?“
Mit hochrotem Kopf und schäumend vor Wut stand er vor mir und brüllte: „Dellmuth, treiben Sie es nicht auf die Spitze.“
Nachdem er sich scheinbar wieder im Griff hatte, fuhr er mit ruhigeren Worten fort: „Nun erzählen Sie mal den Ablauf des 24.10., oder wie sie sich den Tag gedacht hätten.“
Da er es so haben wollte, machte ich meine Ausführungen so genau wie möglich. Ich erzählte ihm, daß ich nach dem Frühstück Schulaufgaben gemacht hätte, um nicht zu Hause in Verdacht zu geraten, an diesem Tage etwas anderes im Schilde zu führen. Dann hätte ich wie gewohnt mit meinen Eltern Mittag gegessen und bis zum Kaffee ferngesehen oder gelesen. Nach dem Kaffee wollte ich dann statt zum Tanzen nach Stolpe-Süd fahren, um endlich

meinen lang ersehnten Wunsch zu realisieren - der DDR den Rücken kehren.
Nun fragte der Leutnant mich: „Sagen Sie mal Herr Dellmuth, warum wollten sie schon am späten Nachmittag die DDR illegal verlassen?"
Ich begründete diesen Schritt mit den Worten: „Wissen Sie Herr Leutnant, erstens bin ich Brillenträger und kann mich im Dunkeln nicht so genau orientieren und zweitens sind am Tage mehr Nebengeräusche, die meine Entdeckung erschweren würden; deshalb mein Vorhaben am späten Nachmittag."
Diese Erklärung schien ihn zu befriedigen, denn er fragte präziser weiter: „Herr Dellmuth, beschreiben Sie nun mal genau, wo sie in Stolpe-Süd die Staatsgrenze der DDR durchbrechen wollten, um nach Berlin(West) zu gelangen?"
Ich beschrieb ihm nun genau den Ablauf der geplanten Flucht. Und so erzählte ich ihm nochmals den Werdegang.
„Nach dem gemeinsamen Kaffeetrinken wollte ich mich zum S-Bahnhof Köpenick begeben, um mit der S-Bahn bis Birkenwerder zu gelangen. Von dort aus wollte ich dann mit dem Vorortzug, der nach Albrechtshof fährt, bis Hennigsdorf-Nord fahren, um dann schließlich wieder in die S-Bahn umzusteigen (sie fuhr aufgrund des Mauerbaus nur von Velten bis Hennigsdorf), die mich nach Hennigsdorf nahe der Grenze bringen sollte. Von dort aus war es nicht mehr weit zum Ort Stolpe-Süd. Den Rest des Weges, konnte man zu Fuß erreichen."
Der Vernehmer fragte nun dazwischen: „Und wie sollte es weitergehen, Herr Dellmuth?"
„Ja, ich hätte mich bis zum Grenzgebiet zwischen dem Dorf Stolpe-Süd und den Straßen 'Am Starwinkel' sowie 'Kuckuksruf' durchgeschlagen, um letztlich dort über die Grenzsperren nach Heiligensee in den Westberliner Bezirk Reinickendorf zu gelangen."

Monoton klapperte dazwischen immer seine Schreibmaschine, um alle meine Ausführungen zu Papier zu bringen.
Nachdem er alles abgetippt hatte, machte er eine längere Pause. Plötzlich erhob er seinen Kopf vom Schreibtisch und sagte: „Herr Dellmuth, fertigen Sie doch einmal eine Skizze über dieses Grenzgebiet an, mit den dazugehörigen Grenzbefestigungsanlagen, die für sie sichtbar waren."
Meine Vermutung war, die Skizzen sollten zum einen dazu beitragen, die Richtigkeit der Beobachtungen des „sogenannten Grenzverletzers" zu bestätigen und zum anderen wollte das MfS eventuelle Lücken in diesem Grenzabschnitt schließen. Als er meine Skizzen betrachtete fragte er so nebenbei ohne mich anzuschauen: „Warum wollten sie hier eigentlich ausgerechnet die Staatsgrenze gewaltsam durchbrechen?"
Bevor ich antwortete, steckte ich mir erst mal eine Zigarette an. Dann erwiderte ich: „Wissen Sie, ich verfolgte so gut wie jede Nachricht über eine gescheiterte oder gelungene Flucht; letzteres erfreute mich übrigens immer sehr. Damit konnte man auch gleichzeitig annehmen, das Ihre ‚Organe' die Befestigungsanlagen an dieser Stelle der Demarkationslinie wesentlich verstärken würden und dies bedeutete, daß dieser Fluchtweg für mich uninteressant war. Das gleiche traf für meine anderen Fluchtvarianten zu, die ich in Erwägung gezogen hatte."
Damit meinte ich hauptsächlich die Grenzabschnitte „Onken-/Harzerstraße (Treptow/Neukölln) sowie Düppel-Kleinmachnow. Letztere Möglichkeit mußte ich auch aus taktischen Gründen aufgeben, weil kurz zuvor 3 Personen in diesem Grenzabschnitt die Flucht gelungen war. Bei der anderen Möglichkeit erschien mir das Risiko zu hoch, deshalb hatte ich diesen Gedanken schnell verworfen. Über diese beiden Fluchtmöglichkeiten wurde ich eingehend

vernommen und mußte die dazugehörigen Skizzen anfertigen.
Die Erstvernehmung im dezentralen Stützpunkt des MfS, der sich im sechsten Stockwerk des Polizeipräsidiums in der Keibelstraße befand, zog sich bis in den späten Nachmittag hin. Bis zu diesem Zeitpunkt konnten sie mir einige Vorbereitungshandlungen zum versuchten illegalen Verlassens der DDR nachweisen. Weitere versuchte Grenzdurchbrüche erfuhren sie durch spätere Vernehmungen.
Zwischendurch klingelte zweimal das Telefon.
Plötzlich, es war so gegen 16 Uhr, griff der Untersuchungsführer zum Telefon wählte ein paar Ziffern und hauchte dann in den Hörer: „Schicken sie gegen 16.30 Uhr den UvD!"
Von den zahlreichen militärischen Übungen, die man in der Schule und im Lehrbetrieb absolvieren mußte, wußte ich natürlich das UvD „Unteroffizier vom Dienst" hieß. Ich erschrak, machte ich mir schon ein Kopf, denn ich hatte ja bereits den Einberufungsbefehl für die NVA für den 1.11.71 zu Hause. Ich sollte am ersten November 1971 eingezogen werden. Plötzlich übermannte mich die Furcht, eventuell vor ein Militärgericht zu kommen. Aber ich versuchte diesen Gedanken immer wieder aus meinem Kopf zu trommeln.
Als ich in die Tasche meines Anoraks griff, um eine neue Schachtel Zigaretten herauszuholen, stellte ich fest, daß sich darin noch der Ausweis der ägyptischen Botschaft befand. Den hatte ich mir einmal vor längerer Zeit selbst ausgestellt; die Vordrucke hatte meine Druckerei, in der ich tätig war, im Auftrag für die ägyptische Botschaft hergestellt. Ich entwendete ein Exemplar und setzte die für mich bestimmenden Daten nebst Paßbild ein. Mir gelang es durch einen Trick, mich des Ausweises zu entledigen. Ich sagte: „Herr Leutnant, ich müßte einmal die Toilette

aufsuchen." Er griff zum Telefon. Kurz darauf erschien der Oberleutnant und begleitete mich auf die Toilette. Vor der Toilettentür postierte er sich. Während ich meine Notdurft verrichtete, konnte ich den Ausweis verschwinden lassen. Danach brachte er mich wieder zum Untersuchungszimmer. Es war auch höchste Zeit, denn gegen 16.30 sollte ja der UvD kommen. Und meine Uhr zeigte kurz vor 16.30. An der Tür wurde heftig geklopft und es traten drei uniformierte Gestalten der NVA, wie ich erst dachte, an mich heran, um mir die Handschellen anzulegen. Zu diesem Zeitpunkt wußte ich natürlich nicht, daß das MfS die gleichen Uniformen trug wie die Nationale Volksarmee und lediglich an kleinen Unterschieden als Stasi-Leute erkennbar waren. Die Dienstränge der drei waren ein Oberfeldwebel, ein Unteroffizier und ein Gefreiter. Da ich, wie schon bemerkt, nicht wußte, daß diese „Herren" auch Uniformen trugen, war ich zunächst, überzeugt vor ein Militärgericht zu kommen. Aber dies erwies sich als Trugschluß. Sie brachten mich denselben Weg herunter, auf dem ich vor ca. 10 Stunden heraufgeführt wurde. Als wir wieder auf dem Innenhof des Untersuchungsgefängnisses ankamen, suchte ich vergeblich nach einen Transportmittel; ich war ja eine sogenannte „Grüne Minna" gewohnt, aber diese war nirgends zu sehen. Es war lediglich ein Barkas B 1000 zu sehen, in den ich fälschlicherweise ein Lieferwagen glaubte zu erkennen. Dort konnte man nämlich die Aufschrift lesen:

„VEB Fischkombinat
Eßt mehr Fisch - frisch auf den Tisch
HO Lebensmittel"

Aber wider Erwarten sollte dies mein Transportmittel werden. Zwei der Leute des Transportkommandos zogen sich weiße Kittel über ihre Uniformen, um so den Transport

zu tarnen. Der dritte schob mich recht unsanft an die Schiebetür des Autos.
Ich erlaubte mir lediglich, die Frage an die „Begleitung" zu richten: „Wo bringen Sie mich eigentlich hin?" Sie antworteten in einem barschen Ton: „Das werden Sie schon sehen, warten Sie es ab!"
Der Oberfeldwebel öffnete die Schiebetür und ehe ich mich versah, verschwand ich in einer kleinen Einzelzelle, die wieder einmal einem Kaninchenverschlag glich (120x60x40cm). Dort drinnen war es stockdunkel; keine Sehschlitze, keine Luftzufuhr. Eine Orientierung war somit nicht möglich, daher konnte ich auch nicht feststellen wohin sie mich schleppten. Mich übermannte wahnsinnige Angst, daß sie einen Unfall haben könnten und ich dann völlig hilflos war. Nach ca. einer dreiviertel Stunde Fahrt über holprige Straßen hielt das Fahrzeug und es öffneten sich zwei oder drei elektrisch betriebene Tore. Dies war das Einzige was ich wahrnehmen konnte. Dann fuhren wir nochmals ca 50 Meter. Hinter uns schlossen sich die Schleusentore. Wir mußten uns in einem Hof befinden. Nun folgten mehrere Türen, die offenbar aufgeschlossen wurden.

10. UHA-Pankow

Nach etwa fünf Minuten wurde ich aus meiner engen Behausung befreit. Durch das grelle Lampenlicht auf dem Innenhof konnte ich kaum etwas erkennen und dazu ließ man mir auch wenig Zeit. Meinen Blick konnte ich nur einmal flüchtig im Kreis wenden. Dabei erkannte ich einige Zellenfenster und war entsetzt und zugleich erschreckt, wie klein sie waren. Soweit ich erkennen konnte, befand ich mich in einem U-förmigen Zellenbau, der aus einem Altbau- und einem Neubauteil bestand. Trotzdem konnte ich nicht feststellen, wo ich mich befand.

Man stieß mich ein paar Treppen hoch und brüllte: „Gehen 'se!“ Als erstes wurde ich in einen kleinen Raum geschafft. Dort erwartete mich der Sekretär, im Range eines Unterleutnants, und schrie mich an: „Los, alle Sachen ausziehen!“ Ich zog mich bis auf die Unterhose aus.
Er war ein untersetzter rothaariger, drahtiger, sommersprossiger Mann. Nachdem er ein Formular vorgefertigt hatte, schaute er mich an und schrie erneut: „Alles, oder sind Sie schwerhörig!“ Nun zog ich auch meine Unterhose aus. Wieder einmal mußte ich mich der Prozedur des Anschauens meiner Genitalien unterziehen lassen.
Er protokollierte meine Sachen, die ich bei mir hatte. Danach bekam ich komplette Anstaltssachen, die aus folgenden Gegenständen bestanden: 1 x Wollsocken, 1x Unterwäsche, 1 Hose, 1 Jacke (dies waren alte Uniformen der Transportpolizei oder des Strafvollzuges), die übrigens zu kurz waren. Zum Bettzeug gehörten zwei oder drei Decken, ein Laken und ein Kopfkissenbezug, aber ein Kopfkissen gab es dazu nicht. Dies mußte man sich eben vorstellen. Zur täglichen Körperpflege gab man uns ein Stück Kernseife, sowie ein einfaches Handtuch und Zahnputzzeug. Dies war alles!
Der Aufenthalt bei den Effekten dauerte etwa eine halbe Stunde, dann sollte ich in meine Zelle geführt werden. Als ich von einem „Läufer“ (So wurde der bezeichnet, der einen Gefangenen in den „Verwahrraum“ oder aus seiner Zelle zu einem bestimmten Ort zu bringen hatte.) aus dem Raum geführt wurde, mußte ich erst einmal mein Bündel ablegen. Im militärischen Befehlston hieß es plötzlich: „Hände auf dem Rücken!“ - „Kopf zur Wand!“ Dies, so wurde mir erklärt, habe ich an jeder Ecke zu wiederholen bis das Kommando: „Gehn 'se weiter!“ erfolgt. Somit gelangte ich nach mehreren Unterbrechungen, es waren noch drei Ecken zu bewältigen, in meine Zelle. Sie hatte die

Nummer 27 und war parterre gelegen. Der Läufer schloß die Zellentür auf und befahl: „Gehen ‘se rein!“ Er drückte mir noch einen Schlüssel in die Hand, befahl, mein Bett zu richten und es „hochzuschließen“. Sprach’s und schloß die Zelle wieder zu. - Schritte entfernten sich.
Ich dachte ich befinde mich in einem Traum; als Wirklichkeit wollte ich dieses erlebte Geschehen noch nicht begreifen. - Aber es war bitterer Ernst.
Das Einzige was sie mir gelassen hatten, waren die Frühstücksbrote, welche meine Mutter noch am gleichen Morgen zurechtgemacht hatte.
Meine „Schlafstätte“, ein Holzkasten in dem sich eine Matratze befand, machte ich etwas später fertig, wie eigentlich befohlen. Erst einmal schaute ich mich gründlich in „meiner neuen Behausung“ um. Als sich mein Kopf in Richtung Fenster bewegte, glaubte ich zu träumen. Dies waren keine Fenster, sondern zusammengemauerte Glasbausteine, in denen sich lediglich ein Luftschacht befand. Die Gitter waren zusätzlich vor den Glasbausteinen angebracht. Als ich dies wahrnahm war ich wie vor dem Kopf gestoßen, so etwas hatte ich in der Tat nicht erwartet. Für so unmenschlich hielt ich dieses SED-Regime nun doch wieder nicht. Ich versuchte, mich mit dem Gedanken zu trösten, daß ich ja in der gewohnten Freistunde einen Teil meiner Mithäftlinge sehen würde. Aber dies war, wie sich später herausstellen sollte, ein Trugschluß. Durch die Glasbausteine war die Zelle vom Tageslicht spärlich beleuchtet. Wenn draußen schlechtes Wetter war, drang noch weniger Tageslicht ins innere des „Verwahrraumes“. Schließlich blieb mein Blick an der Zellentür haften. Dort entdeckte ich in halber Höhe der Zellentür, die übrigens einen Durchmesser von circa 10 cm hatte, eine Luke, so wie sie an Zellentüren, die man schon im Fernsehen des öfteren gesehen hatte, üblich war. Auch hier hatte ich erst

optimistische Gedankengänge. Ich nahm an, dies seien „Überbleibsel“ aus der Nazizeit; die werden uns doch so nicht behandeln. Vor allem kannte ich das auch nicht von meiner ersten Untersuchungshaft und der Haft im Strafvollzug. Mein Optimismus war also eigentlich ganz logisch. Die Klärung dieser Frage sollte auch nicht länger auf sich warten lassen. Plötzlich ging nämlich die Luke auf und ein Posten steckte seinen Kopf durch die Klappe. Er hatte ein typisches Merkmal - Froschaugen (Basedow-Krankheit). Deshalb hatte er bei den U-Gefangenen den Spitznamen „Karpfen“ (Ofw Feig)

Nun wurde mir schlagartig klar, die Luken sind noch im Gebrauch. Das Regime widerte mich immer mehr an. Ich verfolgte nur noch ein Ziel, bloß weg, mit allen Mitteln, die mir zur Verfügung standen. Zum Zelleninventar: außer zwei Holzkästen als „Schlafstätte“, die am Tage an die Zellenwand geschlossen wurden, befanden sich zwei Holzhocker, eine Spültoilette und ein Waschbecken in dem „Verwahrraum“. Als Tisch diente ein unterhalb des Holzkastens angebrachtes Brett, das man ausklappen konnte. Ferner war noch ein kleiner Hängeschrank mit drin. Dort kam eben alles herein was man an persönlichen Dingen hatte. Also Seifenartikel neben Lebensmitteln und Privatsachen.

Verzweifelt starrte ich auf meine Frühstücksbrote, die auf dem Klapptisch lagen. Meine Gedanken kreisten um mein Zuhause.

Langsam begann ich, meine „Schlafstätte“ zu richten. Als ich meinen Bettenbau fertiggestellt hatte, brach ich weinend auf meiner Pritsche zusammen. Es war niemand da, der mir in dieser schwierigen Zeit hätte helfen können, denn ich befand mich in Einzelhaft. Mein Nervenkostüm war nach der langen Vernehmung am Ende.

Es dauerte auch nicht lange und ein Posten steckte den Kopf durch die Luke und fragte in einem zynischen Ton: „Was heulen 'se denn?" Im weinerlichen Ton antwortete ich: „Ich habe nichts verbrochen." Hochnäsig sagte er: „Ja, ja, das erzählen die alle hier, und im übrigen, wir haben Sie nicht gerufen." Danach schloß er die Luke und es tat sich in der nächsten halben Stunde nichts.
Nachdem ich meine Pritsche an die Wand geschlossen hatte, holte der Posten den Schlüssel. Durch die Luke raunte eine Stimme: „Geben Sie den Schlüssel, links."
Nachdem die Luke wider geschlossen war, begab ich mich auf die Toilette, um meine Notdurft zu verrichten.
Wie ich bemerkte, befand sich an der Toilette auch das entsprechende Papier nicht. Dies wurde uns täglich zugeteilt. - Einen Durchfall durfte man nicht haben!
Nach etwa einstündigen Aufenthalt in meiner Zelle, schloß es und der „Läufer" holte mich ab. „Links, Jacke anziehen - kommen se." Ich trat aus meiner Zelle. „Hände auf den Rücken!" - Kopf an die Wand!" Der Läufer schloß die Zelle 27 wieder zu. Prompt folgte das Kommando: „Umdrehen, gehen se weiter!" Ich setzte mich in Bewegung - bis zur nächsten Ecke, dann wieder das gleiche Spiel.
So makaber es klingt, für mich war jeder Schritt in diesem Gebäude interessant. Konnte ich wenigstens so minimal die MfS-Untersuchungshaftanstalt von innen betrachten. Der Läufer war, als ich eingeliefert wurde, im Range eines Oberfeldwebels. Von meiner Zelle aus ging er mit mir zu einer Tür, die ca. 5m entfernt war. Er klopfte mit seinem Schlüssel am Gitter, bevor er diese Tür öffnete. Dann ging es links um die Ecke. Daraus konnte ich schließen, daß das Gebäude zumindest eine U-Form hatte. Denn von der anderen Seite hatte man mich hereingebracht. Dort ging er dann mit mir zwei Etagen höher. Wir kamen zu einer Abzweigung, wo zwei Gänge zu sehen waren. Er bog mit

mir in die linke Abzweigung ein. Nach ein paar Schritten klopfte er an eine der Türen. Kurz danach betrat er den Raum. Ich mußte, wie üblich, wieder mit dem Kopf zur Wand stehen und die Hände auf den Rücken haltend, warten. Im Flüsterton verständigten sich die Beiden, dann erst durfte ich nach Aufforderung das Zimmer betreten. Es war schlicht und einfach eingerichtet. Nur zwei Schreibtische, drei Stühle, ein Panzerschrank und ein Hocker hinter der Tür, auf dem ich Platz nehmen durfte. An der Wand hing ein Bild des Staatsratsvorsitzenden Walter Ulbricht, sowie ein Bild des Feliks Dzierzynski, des Begründers der Tscheka, des russischen Geheimdienstes. An dem einen Tisch saß der Haftrichter und an dem anderen seine Sekretärin. Er verlas mir den Haftbefehl:
„Der Schriftsetzer Rainer Dellmuth, geb. am 20. 07. 48 in Berlin, wohnhaft: 117 Berlin, Kleinschewskystr. 50, ist in Untersuchungshaft zu nehmen.
Er wird beschuldigt seit dem Jahre 1968 Vorbereitungshandlungen zum ungesetzlichen Grenzübertritt im besonders schweren Fall unternommen zu haben. Der Beschuldigte befaßt sich bereits seit dem Jahre 1963 mit dem Gedanken zum ungesetzlichen Grenzübertritt.
Nach seiner am 4. 12. 67 wegen versuchten ungesetzlichen Grenzübertritts erfolgten gerichtlichen Verurteilung zu einem Jahr Freiheitsentzug, gab er sein Vorhaben nicht auf, sondern verfestigte seinen Entschluß zum ungesetzlichen Grenzübertritt. Seit dem Sommer 1969 erkundete er Möglichkeiten an der Staatsgrenze der DDR nach Westberlin bei Kleinmachnow zur Verwirklichung seines beabsichtigten ungesetzlichen Verlassens der DDR. Des weiteren nahm er zu ausländischen Staatsbürgern mit dem Ziel, Unterstützung für sein Vorhaben zu erhalten, Verbindung auf und beauftragte sie mit der

Grenzerkundung auf Westberliner Seite. Im Sommer 1971 beantragte er mit dem Ziel der Nichtrückkehr in die DDR eine Genehmigung zur Ausreise in die Volksrepublik Bulgarien. Um sich seiner bevorstehenden Einberufung zur NVA zu entziehen, hatte er geplant, am 24. 10. 71 bei Stolpe-Süd die Staatsgrenze der DDR nach Westberlin zu überwinden.
Vergehen gem. § 213 (1) (2) 4 (3) StGB/DDR. Er ist dieser Straftat dringend verdächtigt.
Der Beschuldigte ist einschlägig vorbestraft. Die gesetzlichen Voraussetzungen für einen Haftbefehl liegen somit vor."

Völlger

Richter

Nun wurde ich nochmals vom Haftrichter befragt ob die Beschuldigungen zuträfen. - Dies bejahte ich. Dann mußte ich das dazugeschriebene Protokoll unterschreiben.
Mit Abschluß dieses Vorgangs, war für mich, das zweite Mal in meinem Leben, meine persönliche Freiheit für eine geraume Zeit nicht mehr vorhanden. Dieses „Theater" dauerte etwa eine Stunde. Jedenfalls ging der Haftrichter an das Telefon und ließ mich wieder abholen. Es dauerte auch nicht lange und der Läufer erschien. Er brachte mich zu meiner großen Verwunderung nicht in meine Zelle zurück, sondern ging mit mir noch eine Etage höher. Dort bog er auch wieder in die linke Abzweigung und hielt schließlich vor einer Tür, die die Ziffer 409 trug. Sämtliche Türen waren übrigens mit Zahlen versehen. Auch hier mußte ich erst wieder mit den Händen auf dem Rücken und dem Kopf zur Wand in Wartestellung verweilen, bis der Läufer mir den Hinweis gab. „Gehen Sie rein!"

Als ich eintrat, war ich überrascht, nicht meinen Vernehmer vorzufinden, sondern den Vernehmer, der in der Keibelstraße nur kurz in Erscheinung trat. Ich vermutete, daß er mehr zu sagen hatte, denn er war im Range eines Oberleutnants. (Diese Vermutung sollte sich nach der Wende bestätigen, als ich Kontakt zu ihm bekam. Er war damals Referatsleiter.)
Er bat mich, Platz zu nehmen und erkundigte sich als erstes nach meinem Befinden. In meiner Lage eigentlich eine lächerliche Frage. Ich versuchte krampfhaft, Haltung zu bewahren. Aber mir kullerten die Tränen nur so aus den Augenwinkeln. Trotzig antwortete ich: „Danke, ich wußte gar nicht, wie gut es mir in ihren Räumlichkeiten geht."
Meine erste Frage an ihn lautete: „Herr Oberleutnant, wissen meine Eltern das ich in U-Haft bei der Staatssicherheit bin?" Auf meine Frage antwortete er nur zum Teil: „Ich habe Ihre Grüße vom Vormittag ausgerichtet und soll sie herzlich wieder grüßen."
In meinem tiefsten Inneren war ich ihm dankbar, daß er dies bestellt hatte. Auch sonst war er immer freundlich und nett, was ich von seinem Kollegen nicht gerade sagen konnte. Der war meistens aggressiv und brüllte rum.
(Wie ich hier auch nach der Wende erfahren konnte, war er zum stellv. Leiter der UHA-Pankow aufgestiegen und war zuständig für die „ungeklärten Zwischenfälle" an der sogenannten Staatsgrenze im Range eines Oberst. Er ist damals über das Wachregiment „Feliks Dzierzynski" zur Abteilung IX des MfS gelangt.)
Nun aber zurück zu den Geschehnissen im Vernehmerzimmer 409.
Ich bat ihn, mich doch auf eine Gemeinschaftszelle zu verlegen. Ich sagte ihm, in Einzelhaft würde ich kaputtgehen. Er versprach sofort die notwendigen Schritte einzuleiten und fragte mich, ob ich sonst noch etwas zu

sagen hätte. Ich bat ihn um eine Sprecherlaubnis mit, meiner Mutter. Dieses Anliegen müsse er ablehnen. Er sagte zu mir: „Erst müssen Sie mal einige Zeit hier sein und die Ermittlungen müssen abgeschlossen sein. Und zweitens müssen wir sehen, wie Sie sich hier führen.“ Dann ging er an das Telefon, griff zum Hörer, wählte ein paar Zahlen und sagte: „Die 409 bitte abholen.“ Es dauerte auch hier nicht lange und ein Posten holte mich ab. Der erste „Läufer“ mußte offenbar schon Feierabend haben, denn es kam ein anderer. Der Oberleutnant wechselte mit dem Posten vor der Tür ein paar Worte. Dann befahl er: „Komm 'se!“ - „Hände auf 'n Rücken!“ - „Geh'n 'se!“ Zunächst brachte er mich zurück in meine Zelle und befahl in einem barschen Ton: „Packen Sie ihre Sachen!“
Ich war erstaunt, daß so schnell meiner Bitte entsprochen wurde. Hastig packte ich mein Zeug zu einem Bündel zusammen und wartete auf den Aufschluß, der auch bald danach erfolgte.
Irgendwie war ich froh, aus meiner Einzelhaft zu sein. Nun war ich gespannt wo er mich hinbrachte und vor allem mit wem. Mein neuer Aufenthaltsort sollte die Zelle 21 im Erdgeschoß werden. Nachdem der Wachposten die Zellentür hinter mir wieder geschlossen hatte warf ich erst einmal mein Bündel auf die Holzpritsche und sagte meinem Mithäftling guten Tag. Der war aber über mein Erscheinen nicht sehr erfreut und klopfte an die Zellentür. Kurz darauf ging die Luke auf und ein Posten fragte: „Was wollen Sie denn?“ Mein Mitgefangener sagte: „Ich wollte doch in Einzelhaft bleiben - ich möchte sofort meinen Vernehmer sprechen.“ Darauf erwiderte der Posten: „Jetzt so spät nicht mehr, das hat Zeit bis morgen. Und Sie 'Links' machen ihr Bett.“ Der Posten gab mir den Bettschlüssel und schloß daraufhin wieder die Zellenluke.

In der UHA-Pankow wurden sämtliche Holzpritschen an die Wand geschlossen. Dies hatte den Zweck, daß man am Tage nicht auf die Idee kam, sich auf der Pritsche auszuruhen und zu schlafen. Unter den Pritschen war der Klapptisch angeschraubt auf dem man seine Nahrung einnehmen durfte. Aber laut Zellenordnung durfte man auch am Tage nicht den Kopf auf der Tischplatte haben. Wenn man es trotzdem tat, ging die Luke auf und es wurde in die Zelle gebrüllt: „Kopf hoch!" Man sollte nur am Tage auf dem Hocker sitzen.
Nun, wie gesagt, machte ich erst einmal mein Bett und beachtete den anderen gar nicht. Nach einer geraumen Zeit sprach mich mein Mithäftling an: „Wie heißt du eigentlich?" „Rainer", sagte ich, ohne dabei meinen Bettenbau zu unterbrechen. Ich war froh, daß sich nun doch offenbar eine Kommunikation entwickelte.
Inzwischen hatte auch der Posten den Bettschlüssel wieder angefordert.
Der Zellenkamerad fragte nach den Grund meiner Inhaftierung, den ich bereitwillig erzählte. Als ich meine Ausführungen beendet hatte, schüttelte er den Kopf und erzählte nun seinerseits sein Schicksal. Dabei stellte sich heraus, daß er ein Westberliner war.
Er hieß Horst Krause und wohnte, seinen Erzählungen zufolge, in Berlin-Neukölln, Wissmannstraße 37. Ihn hatte man wegen eines, wie er es bezeichnete, Scherzes verhaftet. Er berichtete, daß er bei der Firma „Schindler-Aufzüge" beschäftigt war und er, sowie einige Kollegen, in der Harzerstraße in einer Kneipe einige Bierchen getrunken hatten wobei er eine Wette mit ihnen abgeschlossen hatte. Die Wette lautete: „Ich klettere jetzt über die Mauer und schaue mir in Ostberlin den Fernsehturm an." Dafür sollte er von seinen Kollegen, nach Rückkehr, einen Kasten Bier erhalten. Sicherlich wird ihn die Nähe der Grenze dazu

inspiriert haben. Denn gleich an der Harzerstraße befand sich die Mauer. Er kletterte dann auch über die Mauer, sicher um seine Wette einzulösen, wurde dann aber im Mauerbereich festgenommen.
Als er seine Ausführungen beendet hatte, mußte ich ein wenig schmunzeln über die Art der sogenannten Straftat.
Nebenbei erfuhr ich, daß er in Westberlin auch schon ein reichliches Vorstrafenregister aufzuweisen hatte. Dies erzählte er mir alles auch unverblümt. Aber dies störte mich in meiner Situation, in der ich mich befand, nicht im geringsten. Er hatte wohl seinen Angaben zufolge einige Einbrüche in Warenhäusern getätigt, die ihn immer wieder mit der Polizei und der Justiz in Konflikte brachte. Ansonsten war ein sehr ruhiger Typ.
Zunächst war ich sehr verwundert, warum sie mich mit einem Westberliner zusammenlegten. Später aber erfuhr ich, anderen ging es nicht anders. Schon der kleinste Anlaß führte zu „nervenaufreibenden Grübeleien“. In der Konsequenz erhoffte man sich immer eine Ausweisung in die Bundesrepublik Deutschland. Und jede geringste Kleinigkeit oder Veränderung wurde dazu benützt, daß man seine Gedanken automatisch in eine positive Richtung lenkte. Natürlich war ich interessiert, möglichst viel von Westberlin zu erfahren. Mit großer Spannung hörte ich den Ausführungen von Horst zu. Seine Erzählungen umfaßten alle Bereiche. Hauptsächlich aber den musikalisch-kulturellen Bereich. Dabei war ich manchmal ganz schön geschockt, was sich da im anderen Teil der Stadt zutrug. Speziell als er einige Filmtitel nannte, die zu dieser Zeit über die Leinwand flimmerten. So zum Beispiel: „Graf Porno und die lüsternen Mädchen“ oder „Blutrünstige Bestien“ u.ä. Ich kam immer mehr ins Staunen. Gewiß, einiges hatte ich ja schon im Fernsehen gehört und gesehen, aber nun berichtete man mir noch tollere Sachen. Immer mehr

merkte ich wie die DDR hinter dem Mond lebte. Er sagte: „Rainer, wenn du es schaffen solltest, erkennst du Westberlin nicht wieder. Es hat sich seit dem Mauerbau viel verändert.“ Er sprach mir auch immer Mut und Zuversicht zu. „Laß mal, die lassen dich schon rüber, Rainer. Wart's mal ab.“

Horst war Nichtraucher, somit war meine Hoffnung auf eine Zigarette auch schnell wie der Rauch verflogen.

Durch seine Erzählungen war der erste Abend im Nu schnell herum. Gegen 21.45 gab es immer durch die Luke die Bettschlüssel, dann machte man so schnell wie möglich die Pritsche fertig, um seine Glieder ausstrecken zu können. Bei 16 Stunden, die man in der Regel auf dem Hocker zu sitzen hatte, tat der Hintern schon ganz schön weh. Ob man es glaubt oder nicht, selbst die Holzpritsche war in dieser Situation wie eine Erholung. Für die Nachtruhe hatte man uns undefinierbare Wäschestücke gegeben, es sollten Nachthemden darstellen.

Um 22.00 Uhr war dann schließlich Nachtruhe. Manchmal dachte ich dabei wehmütig an meine erste Haftzeit zurück, damals konnte man unter Umständen schon um 19.30 Uhr in die „Falle“ gehen, allerdings während der Strafhaft. Und die Betten wurden nicht hochgeschlossen.

Auch gab es jetzt eine besondere Liegeordnung. Die sah folgendermaßen aus: Mit dem Gesicht Richtung Zellentür, ständig auf dem Rücken liegend und die Hände hatten stets auf der Bettdecke zu sein. Allerdings hatte ich diese Liegeordnung kurz in der UHA-Gera kennenlernen müssen Wer eine andere Schlafposition einnahm, und dies passierte in der Nacht des öfteren, wurde von den Wachposten ermahnt. Meistens wurde gegen die Tür geklopft, daß Licht angeschaltet und durch die Luke starrte ein Kopf und blökte: „Rechts, legen se' sich richtig hin. Sie wissen doch, wie Sie zu liegen haben." Eine durchgehende Nachtruhe war selten gewährleistet

Horst war bald darauf eingeschlafen, aber für mich wurde die erste Nacht zur Hölle. Abgesehen von der sogenannten Liegeordnung konnte ich selbst kein Auge schließen. Der erste Tag ging noch einmal wie ein Film an mir vorüber. Dann dachte ich wieder darüber nach, was wohl die Büttel des MfS getan hätten, wenn ich denen entwischt wäre. Sicher ein irrwitziger Gedanke. Aber auch solche Dinge rauschten einen durch dem Kopf. Und so gingen die Nachtstunden an mir vorbei, bis der Morgen graute und ich immer noch wach auf meiner Pritsche lag. Mal starrte ich an die Decke, mal starrte ich auf die Glasbausteine, die jeglichen Blick nach draußen verwehrten. Dabei entdeckte ich durch das schimmernde Morgenlicht die dreifache Sicherung. Sie bestand aus a) dem eigentlichen Zellenfenster, b) aus den Glasbausteinen mit eingelassenem Luftschacht und c) der zusätzlichen Vergitterung vor den Glasbausteinen. Recht martialisch dachte ich so bei mir, und dies im 20. Jahrhundert.

Um 6.00 Uhr erfolgte immer das allgemeine Wecken. Es war nicht wie ich es kannte über Lautsprecher, sondern die Posten schlugen an jede der 10 cm starken Stahltüren mit ihren Schlüsseln und riefen: „Aufstehen!"

Horst sagte zu mir: „Steh schnell auf, wenn die das zweite mal durchgehen und du liegst noch auf der Pritsche gibt es höllischen Ärger." Ich befolgte natürlich seinen Rat. Er wird schon seinen Grund gehabt haben, daß er mich warnte. Auch hatte man draußen schon einige Storys über das Ministerium für Staatssicherheit gehört und da war es besser, man befolgte strikt ihre Anweisungen. Darum richtete ich schnell mein Bett und klappte es hoch. Kurz darauf erfolgte die „Morgentoilette". Um 6.30 Uhr gab es dann das Frühstück. Es bestand aus drei Scheiben Brot

und Margarine (natürlich die billigste: Marina). Alle drei Tage gab es auf einen Kompottteller Marmelade und einmal in der Woche einen Automatenbecher voll Zucker. Damit mußten zwei Leute auskommen. Als Getränk, Malzkaffee. Ich würgte das Frühstück runter. Dann warteten wir auf die Dinge, die da kommen sollten.
Horst hatte sich nicht mehr zum Vernehmer wegen einer Verlegung gemeldet. Zu lesen hatten wir auch nichts. Büchertausch war immer Montags und Horst hatte man an einem Dienstag verhaftet. Da ich an einem Donnerstag nach Pankow gebracht wurde, hatten wir also noch drei Tage, bis der Büchertausch erfolgte. Unsere Langeweile vertrieben wir mit ein paar abgebrannten Streichhölzern, die der Vorgänger uns hinterlassen hatte. Damit konnten wir wenigstens knobeln. Dies war laut „Haus- und Verwahrraumordnung" allerdings verboten, also mußten wir sehr aufpassen.
Vormittags wurde gewöhnlich die Freistunde abgehalten. Aber manchmal hatten die Posten offenbar keine Lust. Wenn man sich deswegen beschwerte sagten die Wachposten oder der OvD: „Wann Sie Freistunde haben, bestimmen wir!" Eine andere Schikane die sie häufig praktizierten war, wenn sich draußen schlechtes Wetter abzeichnete, ließ man uns raus. Bei schönem Wetter ließ man uns schon öfter mal drin. Verantwortlich war dafür die Abt. XIV des MfS. Diese war zuständig für die innere und äußere Sicherheit der Haftanstalt.
An diesem Tag hatten wir aber unsere Freistunde. Unsere Zelle wurde aufgeschlossen. Ein Wachposten sagte: „Komm se', gehen se' bis zur Ecke, Hände auf den Rücken, Kopf zur Wand." Um weitergehen zu dürfen, wurde von einem weiteren Wachposten, der an der Ecke stand, ein Schalter betätigt. Diese Lampe gab Blinkzeichen und hatte die Funktion, den Wachposten die Ankunft eines nächsten

Gefangenen anzukündigen. Man durfte auch hier erst weitergehen, wenn offenbar die Luft rein war. Es war schon ein sehr gut ausgetüfteltes Sicherheitssystem. Nach diesen beschriebenen Hindernissen betraten wir schließlich den Hof.

Ich machte immer neue miserable Entdeckungen. Vor allem war ich entsetzt über die Art der Freistunde - wie sie durchgeführt wurde. Es waren einzelne Zellenboxen, in die wir hineingehen mußten. Die Größe der Boxen entsprach in etwa der einer Innenzelle; sie waren vielleicht etwas länger. Über den Zellen befand sich eine sogenannte „Brücke" auf der der Wachposten lief. Laut Hausordnung durfte man nicht singen, pfeifen, jodeln oder überhaupt Geräusche jeglicher Art verursachen. Und nur innerhalb des roten Begrenzungsstreifen durfte man sich bewegen. Wer sich nicht an die Spielregeln hielt wurde zunächst ermahnt, danach ging es mit anderen Strafmaßnahmen zur Sache. Selbstverständlich wurden alle Einzelzellen hinter uns wieder verschlossen. Also auch hier sah man keinen anderen Mitgefangenen. Mir war das alles unbegreiflich, daß man Menschen so behandelt, bloß weil sie eine andere politische Ansicht vertraten oder in den anderen Teil Deutschlands wollten. Die Palette der vermeintlichen „politischen Straftaten" wurde immer mehr unter der Honecker-Ära erweitert.

Wenn es draußen sehr kalt war, durfte man sich lediglich eine Decke umhängen.

Die „Freistunde" betrug vom Zeitgefühl her nicht mal ganz eine halbe Stunde. Dann wurden wir mit den gleichen Hindernissen, mit denen wir zur Freistunde gebracht wurden, in unsere Zellen zurückgebracht.

Der Freitag brachte für mich nichts Neues mehr. Jetzt hieß es, die schlimmste Hürde zu überwinden, das Wochenende. Da ich ja nun meistens am Wochenende auf

Achse war, fiel mir diese erzwungene Stille besonders schwer. Draußen auf dem Gang rührte sich auch nichts, außer wenn Essenausgabe war und die Freistunde erfolgte. Ansonsten war es wie in einem „Totenhaus“. Bei dieser Stille saß man auf seinem Hocker und grübelte vor sich hin. Wie ich schon an anderer Stelle bereits erwähnte, war es grundsätzlich verboten, den Kopf auf dem Tisch zu legen. Wenn es von einem Wachposten bemerkt wurde, ging die Luke auf und es hieß: „Kopf hoch - Sie wissen doch wie sie zu sitzen haben!“
Wir wußten ja auch, daß sich am Wochenende in Sachen einer Vernehmung sehr selten etwas tat. Ich kam sehr ins Nachdenken über mich, über meine Arbeitsstelle und meine Eltern. Durch die Grübelei steigerte ich mich so hinein, daß ich später in einer Ecke saß und bitterlich weinte. In diesen Stunden schien ich die gesamte Welt vergessen zu wollen. Solche Zustände traten noch während der Haft beim MfS in gesteigerten Umfang auf, bis hin zum Selbstmordversuch, aber davon später. Mein Zelleninsasse war da eine härtere Natur, war ja auch schon in der Übung mit seinen 13 Vorstrafen. Er sagte immer zu mir: „Reiß dich zusammen, ändern kannst du sowieso nichts.“
Und gerade wenn man sich in solch einer Phase befand, verging die Zeit überhaupt nicht. Wir warteten sehnsüchtig auf den Montag, denn dann rechnete man immer, daß es irgendwie weitergeht. Auch sonst war in der Woche mehr Betrieb auf den Gängen. Wie ich schon erwähnte war montags Büchertausch, worauf ich mich sehr freute, denn es lenkte doch etwas ab. Mit viel Glück erwischte man ein Buch, das die Zeit und den Ort schnell vergessen ließ. Die Person, die den Büchertausch vornahm, war eine etwas korpulente, vollbusige Frau im Rang eines Leutnants (Spitzname: „Busenelli“).

Dienstags war duschen und Wäschetausch. Aber dann fiel dafür meistens die Freistunde flach.
Und ehe man sich versah, war der Mittwoch da. Wenn man Glück hatte, war zwischendurch noch eine Vernehmung.
Alle zwei Tage durfte man sich rasieren. Die Luke ging auf und „Knitterbacke“ - ein alter Unterleutnant - gab uns den elektrischen Rasierer, es war mehr ein „Rasenmäher“. Der Scherkopf war sehr stumpf.
Bei mir ereignete sich in der Woche gar nichts. So allmählich hatte ich mich an den „Trott“ gewöhnt. Eine Woche später hieß es auf einmal: „Rechts, packen sie ihre Sachen!“ Wir beide schauten uns an und fanden dafür keine Erklärung. Erst viel später begriffen wir als U-Gefangene beim MfS, daß dies mit zu ihrer Taktik gehörte. Erstens sollten sich die Gefangenen nicht zu sehr aneinander gewöhnen und verstehen. Zweitens konnten sie auf diesem Wege ihre ZI (Zelleninformanten) einschleusen.
Ich war aufgeregt wie noch nie, glaubte ich doch insgeheim entlassen zu werden, da ich ja nicht an der Mauer war. Aber so etwas gab es beim MfS nicht. Wer erst einmal in dessen Fängen war, den ließen sie auch nicht mehr los.
Es dauerte nicht lange und der Wachposten holte mich ab. Ich konnte Horst noch schnell auf Wiedersehen sagen, dann knallte die Tür wieder zu. Der Wachposten brachte mich in Richtung Ausgang und meine Hoffnung auf Entlassung stieg immer mehr. Plötzlich hielt er an der ersten Zellentür, die sich, wie gesagt, ziemlich am Ausgang befand, und schloß auf. Es war eine Drei-Mann-Zelle.
Der Posten sagte: „Gehen Sie rein. Packen sie ihre Sachen ordnungsgemäß in den Schrank und machen Sie ihr Bett“.
In dieser Zelle wurden die Betten nicht an die Wand geschlossen, sondern es waren normale Holzpritschen.
Meine Hoffnung, entlassen zu werden, war wie weggeblasen. Das Einzige was ich bei diesen

Verlegungsaktionen als vorteilhaft ansah, war die Tatsache man sah neue Gesichter und hörte neue Fälle. Schon nach kurzer Zeit, während ich dabei war, meine Pritsche herzurichten, schloß es wieder auf und der erste Neue trat in den „Verwahrraum“. Allem Anschein nach war er ein sehr netter Typ. Und etwa fünf Minuten später trudelte der letzte ein - auch er war in Ordnung. Der Name des einen war Frank Voigtländer, genannt „Seifenschoner“. An den Namen des anderen Mithäftlings kann ich mich leider nicht mehr erinnern.

Ich möchte kurz an dieser Stelle auf ihre Fluchtversuche eingehen. Zunächst im Falle des Frank Voigtländer. Er ist gebürtig aus Plauen im Vogtland. Er wohnte mit seiner Familie in Berlin-Buch. Beruflich war er Angehöriger der Wasserschutzpolizei und hatte den Grenzabschnitt zwischen Schillingbrücke und Oberbaumbrücke zu bewachen. Nach langjähriger Ausarbeitung seines Fluchtplans, so erzählte er mir, wollte er mit seiner Familie und seinem Bruder nach Westberlin flüchten. Aber seinen Bruder hatte das MfS schon in Karl-Marx-Stadt wegen „staatsfeindlicher Hetze“ (§ 106 StGB/DDR) in Haft genommen und in ihre UHA genommen. Durch das Geständnis seines Bruders über die vorgesehene Flucht ist er in Berlin auf seiner Dienststelle von Angehörigen der Abt. VIII des MfS festgenommen worden. Seinen Erzählungen zufolge, wollte er seinen Kollegen im Boot mit Äther betäuben, so daß dieser „kampfunfähig“ war, um so seine Flucht mit der Familie und seinen Bruder realisieren zu können. Sein späteres Urteil lautete 4 Jahre und 6 Monate Haft!

Einen ganz anderen Fluchtplan hatte da der andere Mithäftling entwickelt. Er buchte eine Reise nach der Volksrepublik Rumänien, natürlich über das staatliche Reisebüro der DDR, die er auch genehmigt bekam. Privat

war es sehr schwer, eine Einreiseerlaubnis in dieses Land zu erhalten. Das Reiseziel befand sich in der Nähe der jugoslawischen Grenze. Der Ort hieß Turnu-Severin. Er erzählte, durch seine nicht vorhandenen Ortskenntnisse, konnte er recht schnell von den rumänischen Grenzsoldaten gestellt werden. Er verbrachte vier Wochen in einem rumänischen Gefängnis und wartete auf die Auslieferung in die DDR, die dann mit einem Flugzeug der Interflug in Begleitung von MfS-Angehörigen, erfolgte. Er schilderte die Zustände, die dort herrschten, als noch schlimmer, als das, was er hier in der DDR erleben mußte.
Wir verstanden uns in den drei Wochen, die wir zusammen verbrachten, sehr gut. Leider sind wir dann wieder auseinandergelegt worden. So langsam war auch dem letzten U-Häftling klar, warum die ständigen Verlegungen erfolgten.
Nach dieser Verlegung verblieb ich in der untersten Etage und wurde in die Zelle 16 eingeschlossen. Auch hier war ich wieder der erste drin. Als nach kurzer Zeit mein Mitinsasse eingeschlossen wurde, war ich verblüfft, als dieser mich fragte: „Kennen wir uns nicht?“ - Ich schaute ihn fragend an: „Woher denn?“ Er erwiderte: „Na, warst du mal in Rummelsburg?“ -
„Ja, 1967-68, wieso!“
So erklärte sich seine Frage: Er lag 1967 in Rummelsburg, Haus 3 (U-Haft) auf der Station C I, genauer - in meiner Nachbarzelle. Jetzt erkannte ich ihn auch wieder - es war Peter Kaiser. War damals drin wegen des Vorwurfs der „versuchten Republikflucht“. Na, das war vielleicht eine Freude. Wir unterhielten uns den ersten Abend bis spät in die Nacht herein, als ob wir etwas versäumen könnten. Er erzählte mir, daß er aus einer bizarren Situation heraus verhaftet wurde.

Peter hatte an einem Sonntagnachmittag Streit mit seiner Frau gehabt. Deshalb ging er aus dem Hause und kehrte im Ratskeller Pankow ein, um eine Forelle zu essen. Dort trank er auch einige Bierchen. An seinem Tisch saß noch ein Angehöriger der NVA-Grenztruppen. Diesen fragte er in angeheitertem scherzhaften Ton: „Ob es denn noch Stellen gäbe, wo man rüber kommt?“ - Dies schien dem NVA-Angehörigen schon für einen geplanten Fluchtversuch zu reichen, denn er meldete diesen Vorfall seiner Dienststelle. Drei Tage später wurde Peter Kaiser gegen Morgen vom MfS festgenommen. Sie stellten sich aber als Leute von der ABI (Arbeiter- und Bauerninspektion) vor. Auf diesem Wege war auch Peter in die Fänge des MfS gelangt.
Am nächsten Morgen setzten wir unsere Unterhaltung fort. Jeder erzählte nun, was er in den vergangenen Jahren in der sogenannten Freiheit der DDR erlebt hatte. Im beruflichen Leben hat sich bei Peter nichts geändert. Er war nach wie vor als Fliesenleger auf dem Bau tätig. Im privaten Bereich hatte er einige Neuigkeiten aufzuweisen. Peter hatte geheiratet und ist in eine Neubauwohnung nach Pankow gezogen. Kurz vor seiner Verhaftung kauften sie sich noch einige neue Gegenstände zum Hausstand, wie zum Beispiel eine Waschmaschine. Bei seinen Vernehmungen beteuerte er immer wieder, daß er gar nicht abhauen wollte, sondern nur aus „Jux“ gefragt habe. Der Vernehmer nahm ihm diese Geschichte natürlich nicht ab, im Gegenteil. Er behauptete sogar, die neuen gekauften Gegenstände seien nur zur Tarnung da, um die Flucht zu verschleiern. Sicher kam seine Vorstrafe noch dazu, daß man ihm nicht glaubte.
Nun aber zurück zu meinen Vernehmungen, die jetzt sehr intensiv stattfanden. In der nächsten Zeit wurde ich zu allen Tageszeiten vom „Läufer“ zur Vernehmung aus meiner Zelle geholt. Bei den Vernehmungen konnte ich feststellen,

daß sie akribisch genau mein bisheriges Leben ermittelt hatten. Ich wurde nach Dingen befragt, die soweit zurücklagen, daß ich im Kindergarten hätte anfangen müssen. Natürlich war ich immer wieder von neuem überrascht, woher sie die Informationen hatten, denn es waren ja viele Jahre ins Land gezogen. Nun war mir auch klar, warum alle hier solange in der U-Haft bei der Staatssicherheit einsaßen.
Schließlich wurde ich auch zu Fragen meiner Eltern befragt. Warum sie mich so und nicht zum loyalen DDR-Staatsbürger erzogen hatten. Eine gravierende Frage war: „Herr D., warum war Ihr Stiefvater in der NSDAP und was hatte er für eine besondere Funktion darin?"
Ich war sehr erregt darüber, wie man versuchte, mit vernehmerischer Methodik die ganze Familie hineinzuziehen und anzuklagen.
Daraufhin fragte ich meinen Vernehmer: „Wollen Sie eine 'Sippenverhaftung' eventuell vornehmen, auch das hatten wir in der Deutschen Geschichte?"
Er sagte: „Antworten Sie auf meine Fragen - was wir für richtig halten oder nicht, bestimmen wir - merken Sie sich das!"
Nun gut, dachte ich, dann sagst du zu dieser Sache eben nichts. Nach einer Weile des Schweigens fragte er mich erneut: „Ich glaube ihnen nicht, daß Sie über ihren Vater nichts aussagen können, eher wollen sie nichts sagen. Also Dellmuth, wie Sie sich sicher denken können, haben wir noch andere Mittel und Methoden Sie zum Reden zu bringen. Ich hoffe, Sie entscheiden sich für den einfacheren Weg. Also nun erzählen Sie mal."
Ich beteuerte immer wieder, ich wisse nichts. Aber dies hielt ihn nicht davon ab, mit weiteren Fragen zu bohren. Nun wurde er zusehends aggressiver und fragte: „ War nicht Ihr Stiefvater Blockwart bei den Nazis?" Ich merkte, wie mir

das Blut in den Kopf schoß, da ich es ja wußte. Aber ich behielt hier die Nerven und sagte: „Tut mir leid, ich weiß es nicht. Da wissen Sie scheinbar mehr."
Als nächstes wurde ich zu meinem Schwager befragt. Der Vernehmer äußerte sich ziemlich suggestiv: „Sagen Sie mal, wie schafft es Ihr Schwager eigentlich, einen solchen Lebenswandel zu führen? Einen Polski Fiat zu fahren, dann drei Kinder nebst Frau zu ernähren, da muß man doch schon ganz schön Geld verdienen, Herr D.? Oder wie erklären Sie sich das? Schließlich ist er ja alleiniger Geldverdiener."
Insgeheim mußte ich ihm ja Recht geben. Jeder kannte die Verhältnisse in der DDR. Ich erklärte mir das nur mit seiner Arbeitsstätte im Transitbereich des Flughafens Schönefeld, wo er als Kellner tätig war.
Trotzdem antwortete ich: „Fragen Sie ihn doch selber."
So gingen die Tage und Wochen ins Land. Der Monat November war auch vorüber. Jetzt saß ich mittlerweile sechs Wochen bei der Staatssicherheit in Pankow.
Im Laufe der Zeit lernte ich, auch mit den Nachbarzellen zu kommunizieren. Dies geschah zum einen durch das Klopfen durch die Zellenwand und zum anderen durch das Sprechen durch die Toilettenanlage. In der StVA-Rummelsburg hatte ich schon so etwas mitbekommen, aber in unserer Zelle ist dies damals nicht praktiziert worden. Somit war es für mich eine völlig neue Erfahrung.
Dies funktionierte folgendermaßen: Entweder wir benutzten die „Lissy" (Klobürste) zum Leerpumpen des Geruchsverschlusses, der sich im „Leo" (Toilette) befand, um so das Rohrleitungssystem freizubekommen oder wir benutzten einen leeren Plastikbecher, den wir zweimal in der Woche erhielten. Dieser war dann immer mit Zucker gefüllt. Die andere Möglichkeit, wie gesagt, war das Klopfen durch die Zellenwand. Entweder man konnte das

Morsealphabet oder es wurde nach Buchstaben gezählt. Es war natürlich ein sehr hohes Risiko, was man da einging. Wenn jemand dabei erwischt wurde, ging es meistens zunächst zum Vernehmer, der einen verwarnte. Beim zweiten Mal gab es in der Regel Arrest. Übrigens konnten die Wachposten, nachdem sie sich vor der Zelle ihre Notizen gemacht haben, das sogenannte „Haustelefon“ mit einer angebrachten Außenspülung unterbrechen.
Bei Peter ging es auch in der gleichen Zeit hoch her, was die Vernehmungen anbelangte. Aber bei ihm kamen sie nicht weiter. Denn Peter konnte ja nicht etwas zugeben was er nicht wollte. Das MfS warf ihm konkret vor, er wolle mit einer Gruppe im Grenzgebiet Berlin-Schönholz die Staatsgrenze nach Westberlin gewaltsam durchbrechen.
Peter war für mich das bezeichnendste Beispiel für das skrupellose Verhalten des SED-Regimes und seiner Helfershelfer. Wer einmal als „Staatsfeind“ gebrandmarkt war, der kam nicht mehr auf die Beine.
Im Laufe unserer gemeinsamen Haft erzählte er mir seine ganze Lebensgeschichte, die ich mit wenigen Sätzen versuche wiederzugeben.
Als Jugendlicher von 18 Jahren wurde er vom CIC der USA geworben und arbeitete für diesen Geheimdienst. Schließlich bildeten sie Peter im Camp Oberursel im Taunus aus. Ein halbes Jahr vor dem Mauerbau fuhr er unvorsichtigerweise mit dem Zug durch die DDR. Sonst hatte er immer das Flugzeug genommen. Auf der Strecke des Interzonenzuges Frankfurt-Berlin wurde er vom Staatssicherheitsdienst festgenommen. Von dort in die UHA der HV (Hauptverwaltung) in die Magdalenenstraße (Lichtenberg) gebracht.
Peter beschrieb mir die dortigen Zustände und die Größe der Zellen, die dort wesentlich kleiner waren. Ich muß sagen, da war offenbar das MfS-Gefängnis in Pankow

vergleichsweise ein „Sanatorium“. Nun unterstand dies in Pankow (Kissingenstraße) der Bezirksverwaltung Berlin. Vielleicht gab es da Unterschiede. Auch waren die Bestimmungen dort härter. Es gab dort nur Einzelhaft. Den Aussagen von Peter zufolge hing dies mit der Schwere der Fälle zusammen, die dort einsaßen. Ebenso die ZUHA (Zentrale Untersuchungshaftanstalt des MfS) in Hohenschönhausen, die auch der HV unterstand.
Dort mußte Peter einige Zeit verbringen, bis er nach Rostock gebracht wurde. Angeblich hatte er dort die Straftaten begangen. Er wurde wegen Spionage an militärischen Objekten zu 4 ½ Jahren Zuchthaus verurteilt. 1965 wurde er entlassen; zwischenzeitlich wurde ja die Mauer errichtet. Somit entließ man ihn auch nicht mehr in die Bundesrepublik. Deshalb unternahm Peter 1967 einen Fluchtversuch, der jedoch scheiterte. In Rummelsburg trafen wir uns daraufhin das erste Mal. Damals wurde er zu 1 Jahr und 10 Monate verurteilt. Seine Strafe mußte er beim MfS in Dresden absitzen. Nun war er wieder in den Fängen der Staatssicherheit geraten, die kannten den Namen Peter Kaiser schon allzu gut.
Durch die gesamten Erlebnisse verachtete ich das Ulbricht-Regime und dessen Zwangsherrschaft immer mehr.
So verging Stunde um Stunde, Tag um Tag in dieser kleinen Zelle. Wir lasen sehr viel oder spielten Schach.
Inzwischen stand der Heilige Abend vor der Tür. An diesem Tag war ganz schön was los im Gefängnis. Die Gefangenen riefen sich, aus den verbliebenen Luftschächten an den mit Glasbausteinen zugemauerten Fenstern, Grüße zu. Sicher diente es zur gemeinsamen Verbundenheit und Stärkung in dieser schweren Zeit. Mir lief buchstäblich eine Gänsehaut den Rücken herunter, als ich manche Sprüche hörte. Dabei konnte man feststellen,

daß eine ganze Reihe Westberliner inhaftiert sein mußten. Einige Sprüche lauteten:

„Schöneberg grüßt Charlottenburg"
oder
„Spandau grüßt Neukölln"

Besonders toll fand ich die Sätze:

„Wenn die Welt auch bricht,
Westberlin bekommen sie nicht"

oder

„Nieder mit Mauer und Stacheldraht,
Freiheit für alle Deutschen"

Aber wehe dem, der dabei erwischt wurde. Derjenige konnte bis maximal 21 Tage Arrest bekommen.

Lediglich am Essen konnte man feststellen, daß es Weihnachten war. Ansonsten herrschte Totenstille auf den Gängen. Für die notwendige Begleitmusik sorgte, die ständig laufende Kreissäge. Während meiner gesamten Haftzeit lief fast täglich diese Säge. Soviel Holz oder anderes Material konnte man gar nicht durchsägen. Sicher war es eine der vielfältigen und bizarren Maschen des MfS, um die Nerven der U-Gefangenen zu strapazieren.

Das Jahr 1971 neigte sich dem Ende entgegen; ich hoffte, das das Jahr 1972 mir mehr Glück bringen würde.

Eines Tages spielten wir Schach mit unserer rechten Nachbarzelle. Natürlich durch das „Morsen" zwischen den Wänden. Wir hatten etwa die Hälfte des Spieles bewältigt, als uns der Wachposten erwischte. Die Zelle wurde aufgeschlossen, das Schachspiel sofort weggenommen. Nach erfolgter Meldung beim Vernehmer mußte jeder 3 Tage Arrest über sich ergehen lassen. Da wir schon einmal verwarnt wurden, konnte es nur diese „Bestrafung" sein. Es dauerte auch nicht lange und ich mußte als erster in Arrest.

Durch mehrere Gänge gelangten wir schließlich in den Keller. Dort befand sich ein kleiner Raum ohne Fenster. Es drang kein Tageslicht in diesen Verschlag. Entweder konnten die Posten Licht einschalten oder sie ließen es. Es war schon doll wie ich diese drei Tage verbringen mußte. Außerdem gingen dort auch die Heizungsrohre entlang. Die Innentemperatur schätzte ich auf ca. 30 ° C. Luft bekam ich durch ein Loch, das wie eine Dunstklappe, die in einer Küche installiert ist, aussieht. Als „Mobiliar" befand sich eine Holzpritsche und ein Kübel für die Notdurft in dem Raum. Die Luft war einfach stickig und eklig. Ich wußte nicht wann Tag oder Nacht war. Kreuzschmerzen bei dieser „exquisiten Holzpritsche" verstehen sich von selbst.
Aber auch die drei Arresttage gingen vorbei. Ich wurde vom Posten wieder in meine alte Zelle gebracht. Nun mußte Peter seine Tage abreißen. Während seiner Abwesenheit wurde ich erneut verlegt.
Ich kam zum ersten Mal in den ersten Stock und wurde mit einem älteren Mann zusammengelegt. Auch hier war der Aufenthalt nicht von langer Dauer. Es hing in erster Linie damit zusammen, daß „Staubsauger", so nannten sie ihn, in ein HKA (Haftkrankenhaus) verlegt wurde. Trotzdem konnten wir uns während dieser Zeit ganz gut verständigen. Dabei erzählte er mir, warum er sich in Haft befand.
„Staubi" war auch ein Dauergast in den dortigen Haftanstalten. Sein letztes Delikt, weswegen er einsaß, beging er mit noch zwei Typen. Die Geschichte war recht außergewöhnlich.
Alle drei saßen schon einige Zeit in der StVA-Rummelsburg. Dort brüteten sie diese Straftat aus und wurden denunziert. Daraufhin brachte man sie in die MfS-Untersuchungshaftanstalt nach Pankow. Sie wollten den russischen Botschafter entführen, 300000 Dollar Lösegeld fordern und sämtliche politischen Häftlinge von

Rummelsburg freipressen. Diese drei erhielten auch später hohe Zuchthausstrafen. „Staubi“ erhielt 12 Jahre, Ulli Thom 10 Jahre und Jürgen Schuldt 8 Jahre „Nachschlag“. Diese Urteile waren auch die höchsten, die ich in Pankow hörte. Der Schnitt lag bei 3 - 4 Jahren.
„Staubsauger“ erzählte mir unter anderem, er wäre im Dritten Reich „SS-Unterscharführer“ gewesen. Seiner Art und seinem Benehmen zufolge, mußte man ihm Glauben schenken.
Als man „Staubi“ weggeschafft hatte war ich eine Woche alleine. Während dieser Zeit drehte ich nervlich völlig durch. Ich versank immer tiefer in Depressionen. Auch der Hoffnungsanker, eventuell in die Bundesrepublik zu kommen, schwand von Stunde zu Stunde in der Einsamkeit der Einzelhaft. Schließlich verweigerte ich das Essen. Daraufhin wurde ich zum Chefvernehmer gebracht. Der sagte: „Herr D., was soll denn das, damit erreichen Sie doch auch nichts. Ich werde Sie verlegen lassen.“
Seltsamerweise kam ich immer zu diesem Vernehmer, wenn irgendwelche Besonderheiten zu regeln waren. Auch im Dienstrang war er ja Oberleutnant. Der Vernehmer, der die Befragungen in der Regel durchführte, war im Rang eines Leutnants.
Also konnte man daraus schließen, daß der Oberleutnant mehr zu sagen hatte. (Wie ich schon an anderer Stelle erwähnte, war er zu dieser Zeit Referatsleiter.)
Tatsächlich durfte ich am nächsten Tag meine Sachen packen und kam wieder in eine andere Zelle. Durch einen Zufall sollten für mich die schönsten zwei Wochen kommen. Die Zelle 51 wurde aufgeschlossen und ich traute meinen Augen nicht, als ich Bernd Lüdicke da drin vorfand. Ich kannte ihn von den Tanzveranstaltungen her. Er war 17 Jahre alt. Ich fragte erstaunt: „Was hast du denn gemacht, daß du hier gelandet bist?“

Da erzählte er mir folgendes:
Bernd und noch zwei Typen (Harry Sebekow, Helmut Küther) lernten zusammen im Ratskeller des Roten Rathauses Koch. Dort entstand auch der Plan, Flugblätter anzufertigen. Dies war ja in der DDR immer ein schwieriges Unterfangen, an derartige Materialien heranzukommen. Aber irgendwie schafften sie es. Vom obersten Stockwerk des Centrum-Warenhauses am Alexanderplatz ließen sie ein paar Flugblätter fallen und verteilten es auf der Straße. Kurz darauf sind sie von der Staatssicherheit festgenommen worden.
Der Text lautete:

„Zehn Jahre Ulbricht-Regime"
"Zehn Jahre Mord und Terror"

Die Urteile für die drei waren recht unterschiedlich. Die Hauptverhandlung fand auch nicht in Pankow statt, sondern vor dem Stadtgericht in der Littenstraße. Bernd stempelte man zum Rädelsführer und Initiator der ganzen Aktion, deshalb bekam er auch 3 ½ Jahre Jugendstrafe. Harry Sebekow kam mit 2 Jahren und 2 Monaten davon. Der dritte im Bunde, Helmut Küther, ist mit 1 Jahr und 8 Monaten davongekommen.
In den vierzehn Tagen, bekam ich wie Bernd Jugendverpflegung. Ich war sehr froh darüber. Es waren schon belegte Brote, dazu gab es meistens etwas Obst. Morgens bekam man einen halben Liter Milch.
Das Essen war bei der Staatssicherheit im allgemeinen besser als in den anderen Haftanstalten der DDR. Besonders freuten wir uns immer, wenn es „tote Oma" gab. Dies war Blutwurst, Sauerkraut und Kartoffeln. An drei Tagen in der Woche gab es Eintopf. Entweder „Fußlappen"

(Weisskohl), „Kälberzähne“ (Graupen) oder „Wruken“ (Kohlrüben).
Beim Abendessen wurden uns die Brote zugeteilt. In der Regel bekam jeder Häftling nicht mehr als vier Scheiben Brot. Dazu etwas Margarine, meistens zwei Scheiben Wurst - „schlimme Augenwurst“ - Thüringer Rotwurst war damit gemeint. Glücklich waren wir immer wenn es „Kilometerwurst“ (feine Teewurst) oder rote Grützwurst gab, denn dann konnte man alle Brote belegen.
Leider wurden wir wieder auseinandergelegt. Später sollte ich ihn aber wieder treffen - im Zuchthaus Cottbus. Meine Vernehmungen waren inzwischen fast abgeschlossen worden - ich wartete nur noch auf meinen Prozeß.
Inzwischen war es empfindlich kalt geworden. Wenn es zur Freistunde ging durfte man wenigstens eine Decke mitnehmen und sich umhängen. Die durchdringende Kälte, die durch sämtliche Glieder zog, hielt die Decke auch nicht ab.
Seit Bernd die Zelle verlassen hatte, trat der gleiche Zustand ein, wie ich ihn schon einmal beschrieben hatte. Es traten wieder Suizidgedanken auf. Diesmal zerstörte ich meine Brille und wollte mir die Pulsadern aufschneiden. Dazu kam es nicht, weil mich ein Posten beobachtet hatte. Die Zelle wurde aufgeschlossen und meine Brille oder besser, das was von ihr übrig war, wurde mir weggenommen. Sofort wurde ich zum Oberleutnant gebracht.
Eingehend redete er noch einmal mit mir und sagte: „ Herr D., Sie wollen doch rüber. Das können Sie aber nicht wenn Sie tot sind.“ Seine Worte beeindruckten mich überhaupt nicht. Ich erwiderte: „Am besten, man hängt sich auf.“ Er warf mir einen Strick hin und sagte: „Nun hängen Sie sich auf, ich weiß genau, das Sie dieses nicht tun werden.“ Als ich mit dem Läufer im Zellentrakt ankam, hatte ich schon

wieder feuchte Augen. Zwei Tage später wurde ich nochmals verlegt, es war die Zelle 60. In dieser verblieb ich bis zum Transport nach Rummelsburg.
Meine Ermittlungen waren ja größtenteils abgeschlossen und ich konnte jetzt meinen Rechtsanwalt empfangen, den mir meine Eltern auf meinen Wunsch hin besorgten. Wenn er mich in Pankow aufsuchte, brachte er immer Grüße meiner Eltern mit. Außerdem konnte man während des Besuches „fürstlich" speisen. Meistens brachte er ein „Goldbroiler" (Brathühnchen) mit. Seitdem wußten erst meine Eltern, daß ich bei der Staatssicherheit inhaftiert war und mich in Pankow befand. Seit meiner Inhaftierung, es sind seitdem etwa vier Monate vergangen, hatte ich keine Sprecherlaubnis mit meinen Angehörigen. Anfang März bekam ich meine erste Sprecherlaubnis genehmigt.
Eines Morgens wurde ich aus meiner Zelle geholt und wurde vom Läufer in einen leeren Raum gebracht, in dem ich warten mußte. Kurz darauf wurde wieder aufgeschlossen und ich mußte meine Privatsachen anziehen. - Dann wieder endloses warten. Schließlich klapperten wieder die Schlüssel, es wurde erneut aufgeschlossen und der Läufer brachte mich in den Besucherraum, in dem meine Mutter mit verweintem Gesicht mich erwartete. Die ersten Minuten, der sowieso knappen Zeit, waren einfach furchtbar. Mir kullerten die Tränen nur so das Gesicht herunter als ich meine Mutter sah. Endlich stammelte ich ein paar Worte hervor. „Na, Mutti, wie geht es dir?" - Was machen die anderen?" Meine Mutter berichtete kurz über das neueste in der Familie. Die Zeit verging wie im Fluge. Was sind auch schon 30 Minuten Sprecherlaubnis. Vieles vergaß ich auch zu fragen. Erst viel später, durch die Aufregung, fiel einem so manches ein.

Nach der Verabschiedung begann das gleiche Spiel. In dem leeren Raum mußte ich wieder die Anstaltssachen anziehen. Dann ging es in meine Zelle zurück.
Mein Mitinsasse in Zelle 60, hieß Bernd Konrad - wegen angeblichen staatsfeindlichen Menschenhandels (§106) in Haft. Zu seinem „Mittäterkreis“ zählten noch 11 Personen.
Mit Bernd verstand ich mich sehr gut. Durch Klopfzeichen und das sogenannte „Haustelefon“ versuchte ich festzustellen, wer eigentlich unsere Nachbarn rechts und links von uns waren.
Zu unserer Linken waren Harry Sebekow und Jörg Hoffmann und zu unserer Rechten ein gewisser Günther und ein Karl-Heinz.
Harry Sebekow kannte ich ja nun schon aus den Erzählungen von Bernd Lüdicke. Deshalb hatten wir auch relativ schnell Kontakt zueinander gefunden. Ihn interessierte in erster Linie eine Berichterstattung über Bernd.
Fast jeden Tag unterhielten wir uns einige Zeit durch die Toilette. Wir sprachen auch viel mit Jörg Hoffmann (16), der sehr wunderlich war. Aber wir mußten immer auf der Hut sein, denn sonst gab es unter Garantie eine Arreststrafe, wenn man erwischt wurde. Dies betraf genauso das Klopfen durch die Wände. Ebenso das Hinausrufen oder sich zurufen durch den Luftschacht. Alles diente zur Nachichtenübermittlung
Übrigens Bernd Konrad, mein Mitinsasse, rief immer ‘Gute Nacht Grüße’: „Gute Nacht, Izzi, Doro, Micha, Lothar, Judy, Manni, Danny und Ernst!“
Über diesen Weg erfuhren wir auch die verschiedensten Urteile.
Die folgenden Tage verbrachten wir durch lesen, Schach spielen, erzählen oder raten von irgendwelchen Persönlichkeiten in der Welt, sei es in der Politik, Kunst

oder Wissenschaft. Es kam natürlich immer auf unsere jeweilige Stimmung an. Meistens entwickelte sich daraus ein reges Gespräch. Dadurch verging die Zeit auch sehr schnell.
Wir schrieben mittlerweile den Monat April. Ein halbes Jahr saß ich nun schon in Pankow in Untersuchungshaft. Und es sollten noch zwei weitere Monate folgen.
Inzwischen hatte Frank Voigtländer, „Staubi", Jörg Hoffmann und die drei Kochlehrlinge ihre Hauptverhandlungen mit den Urteilsverkündungen hinter sich. Ich hatte noch nicht einmal meine Anklageschrift.
Zwischenzeitlich mußte ich im Januar zum Oberleutnant, um meinen Antrag für eine eventuelle Ausweisung bzw. Übersiedlung in die Bundesrepublik schriftlich niederzulegen. Das MfS verlangte eine ausführliche Begründung, dies war die Voraussetzung für eine eventuelle Genehmigung. (Die schriftliche Begründung, siehe Anhang)
Ende April bekam ich nun endlich meine Anklageschrift zu lesen. Zu diesem Zweck wurde ich in einen Raum gebracht, wo ich in Begleitung eines Wachpostens dieses Schriftstück lesen und unterschreiben mußte. Dann wurde mir die Anklageschrift sofort wieder entzogen. Angeklagt war ich des „Versuchten schweren Grenzdurchbruchs" § 213 (1) (2) 4 (3) StGB/DDR. Auch „ungesetzliche Verbindungsaufnahme" (§ 219) zum ZDF (Zweites Deutsches Fernsehen) wurde mir untergejubelt, bloß weil ich mit den Zwillingen Manuel und Angelo Kanseas brieflichen Kontakt pflegte. (Fernsehserie: „Doppelgänger", gesendet 1971).
Gleichzeitig wurde die Hauptverhandlung für den 16. Mai 1972 festgesetzt.
Wie ich schon an anderer Stelle erwähnte, hatten meine Eltern mir diesmal einen Rechtsanwalt zur Seite gestellt,

der mir mit Rat und Tat half. Es war, wie gesagt, der Berliner Anwalt Gerhard Bötzel.
Mir verblieben also noch drei geheimnisvolle Wochen, dann sollte ich wissen, wie lange ich noch in DDR-Gefängnissen verbringen mußte.
Meine Eltern durften zum Zwecke der Hauptverhandlung mir neue und gute Sachen in die Untersuchungshaftanstalt schicken.
Die Häftlinge stellten immer vorher irgendwelche Prognosen, womit man rechnen könnte. Ich selbst rechnete mit dem Schlimmsten, war ich doch für die Staatssicherheit ein „Wiederholungstäter".
Natürlich war ich sehr aufgeregt an diesem Tage, aber durch meine Erfahrungen im Jahre 1967, war ich nicht mehr so überrascht. Die Hauptverhandlung war zu 9.00 Uhr anberaumt. Trotzdem holten sie mich schon um 7.30 Uhr aus meiner Zelle 60. „Conni" wünschte mir viel Glück.
Der Wachposten brachte mich in eine andere Zelle, in der schon meine Zivilsachen lagen.. Beim Umziehen ließ ich mir viel Zeit, denn ich glaubte, noch lange warten zu müssen, ehe ich rausgeholt wurde.
Die Wartezeit bis zum Abholen zog sich für mich in die Länge. Es waren endlose Minuten, die mein Gehirn zermarterten. Ich fühlte wie mein Blut in den Schläfen pochte. Dann endlich, es muß so gegen 8.45 gewesen sein, wurde ich aus der Zelle geholt. Drei Posten begleiteten mich zum Ausgang. Wir benutzten den gleichen Weg, den wir gehen mußten, wenn wir Freistunde hatten. Mit gesenkten Kopf mußte ich zum Fahrzeug schreiten. Außerdem hatte ich natürlich meine Handschellen in den Gelenken. Das Fahrzeug war wieder ein Barkas B 1000. Erneut mußte ich in einer kleinen Einzelzelle, wie ein Kaninchen in Hockstellung, Platz nehmen. Wie ich schon berichtete, die Größe der Zelle betrug 120 x 60 x 40 cm

und es herrschte völlige Dunkelheit – es gab kein Luftloch. In Begleitung von einem Offizier und zwei Unteroffizieren setzte sich das Fahrzeug in Bewegung. Diesmal war die Fahrt relativ schnell vorbei. Daraus konnte ich schließen, daß das Gefängnis nicht weit vom Stadtbezirksgericht Pankow entfernt sein konnte.
Mit einer Knebelkette, inzwischen hatte man mir die Handschellen abgenommen, wurde ich in den Gerichtssaal gebracht. Dort dachte ich wenigstens meine Mutter sehen zu dürfen, aber dies erwies sich als Trugschluß. Der Prozeß wurde unter Ausschluß der Öffentlichkeit geführt. Ein merkwürdiges Gefühl überkam mich schon als ich in den Gerichtssaal geführt wurde. Ich merkte, wie meine Kehle immer trockener wurde.
Zwischen zwei Angehörigen des Ministeriums für Staatssicherheit mußte ich auf der Anklagebank Platz nehmen.
Zu meiner Linken befand sich Rechtsanwalt Gerhard Bötzel, zu meiner Rechten, der Vertreter der Anklage, Staatsanwältin Margot Jahnke. Sie ist während ihrer Laufbahn zu zweifelhaften Ruhm gelangt. Weit und breit kannte sie jeder, wer schon irgendwie mit den Sicherheitsorganen in der DDR zu tun hatte, als „zweite rote Hilde". (gemeint ist damit Hilde Benjamin, 1. Justizministerin der DDR) Der Richter hieß Marienfeld; rechts und links saß ein Schöffe.
Pünktlich um 9.00 Uhr begann die Hauptverhandlung. Nach Fragen zur Person erfolgte die sogenannte „Beweisaufnahme". Danach folgten die Plädoyers der Staatsanwaltschaft und meines Anwalts.
Die Staatsanwältin führte unter anderem folgendes aus:
„Hohes Gericht, der Angeklagte steht zum zweitenmal wegen eines Vergehens vor Gericht, das unseren sozialistischen Staat und deren Gesellschaft gefährden

sollte. Daraus können wir ersehen, daß er die Erziehungsmaßnahmen, die ihn die Gesellschaft damals im Jahre 1967 auferlegte scheinbar falsch begriffen hat, sonst würden wir zu dieser Stunde nicht wieder uns mit dem Angeklagten beschäftigen müssen. Auch hat er die Chancen, die unsere sozialistische Gesellschaft ihm bot, nicht genutzt. Und alle Versuche des Kollektivs ihn auf die richtige Bahn zu bringen, hat er in den Wind geschlagen. Als erschwerend kommt hinzu, daß der Angeklagte überhaupt keine Reue zeigt und in einer intensiven Art und Weise danach mehrere Vorbereitungshandlungen begangen hat.
Hohes Gericht, der Angeklagte hat nur insofern Glück, daß seine Vorstrafe nicht mehr hinzugezogen werden kann. Bei dieser hohen Intensität kommt es einem Verrat an der Deutschen Demokratischen Republik gleich. Sonst hätte ich für den Angeklagten das Höchstmaß, das der § 213 StGB/DDR Absatz (2) 4 vorsieht, nämlich 5 Jahre, beantragt. So finden bei den Angeklagten nur die Absätze (1) + (3) Anwendung.
Deshalb beantrage ich hier das erforderliche Höchstmaß von 2 Jahren.“
Jetzt erhob sich mein Anwalt. Hier einige Auszüge:
„Hohes Gericht, verehrte Staatsanwaltschaft über die Tat selbst gibt es keine Zweifel, dies hat mein Mandant auch mir gegenüber nie bestritten, insofern ist Ihre Anklage, § 213 (1) + (3) nicht anfechtbar. Aber die Staatsanwaltschaft und das hohe Gericht haben während der gesamten Verhandlung nicht einmal nach den Umständen gefragt, die dazu führten. Es ist vielmehr auf die Erziehung im Elternhaus zurückzuführen, daß mein Mandant solche, im Sinne der Anklage, strafbaren Handlungen beging. Bei der Urteilsfindung bitte ich Sie, nicht nur die Tat selbst, sondern

auch die Umstände, die dazu geführt haben, zu berücksichtigen.
Ich halte deshalb eine Strafe, die höher ist als 1 Jahr für nicht gerechtfertigt."
Nachdem die Ausführungen meine Anwaltes beendet waren, erteilte
das Gericht mir das letzte Wort.
Eins wußte ich von vornherein, diesmal gibt es kein Wort der Reue. Ich sagte:
„Hohes Gericht, meinen Sie denn, daß Sie Jugendliche oder junge Menschen mit solchen Urteilen von Ihrem Sozialismus überzeugen. Oder Sie Frau Staatsanwältin mit Ihrem Zynismus, indem Sie Urteile aus Haß heraus gegenüber Andersdenkenden fällen, weil Sie eine andere politische Einstellung vertreten. Und wenn Sie hohes Gericht meinen, dies kommt nicht heraus, weil Sie diese Hauptverhandlung unter Ausschluß der Öffentlichkeit durchführen, dann irren Sie sich gewaltig. Es wird mehr an die Öffentlichkeit gelangen, als sie es für möglich halten. Es ist alles eine Frage der Zeit."
Zwischen den beiden MfS-Wachposten nahm ich wieder Platz.
Die Urteilsverkündung war für 13.00 Uhr vorgesehen. Das Gericht zog sich zurück. Mich brachte man wieder in die Untersuchungshaftanstalt zurück. Entgegen meinem Erwarten brachte man mich für diese Zwischenzeit nicht in meine Zelle 60, sondern in eine, die parterre gelegen war. Dort brachte man mir auch das Mittagessen. Gegen 12.45 wurde ich wieder auf dem gleichen Wege zum Gericht gebracht.
Um 13.00 Uhr wurde nun das Urteil verkündet. Das Gericht trat ein, wir mußten uns alle von den Sitzen erheben.

IM NAMEN DES VOLKES
ergeht folgendes Urteil

„Der Angeklagte Rainer Dellmuth erhält einen unbedingten Freiheitsentzug von z w e i Jahren unter Anrechnung der Untersuchungshaft."

Begründung: (siehe Anhang)

Die Verhandlung dauerte mit Urteilsverkündung 1 Stunde und 15 Minuten. Man bedenke 1 Stunde = 2 Jahre! Und wofür eigentlich?

Gegen 14.00 Uhr wurde ich wieder auf meine Zelle gebracht. Conni war sichtlich über mein Strafmaß überrascht. Daraus versuchte er für seinen Fall Maßstäbe zu setzen. Er rechnete mit vier Jahren.

Es dauerte nicht lange und es wurde wieder aufgeschlossen. „Rechts, kommen sie!" Der Läufer brachte mich zum Oberleutnant.

Der sah mich recht unfreundlich an. Plötzlich schoß es aus ihm heraus: „Dellmuth, was haben Sie sich eigentlich dabei gedacht sich so vor dem Gericht aufzuführen?"

„Wieso, ich habe lediglich meine Meinung geäußert."

„So werden sie bestimmt nichts erreichen, Herr Dellmuth. Und wenn ich mich nicht irre, wollten sie ja irgendwann rüber."

Er ging an das Telefon und ließ mich wieder abholen.

Fünf Wochen vergingen, dann erhielt ich die Bestätigung meines Urteils.

Mir war recht komisch zumute, wenn ich daran dachte, wie lange ich noch zu „brummen" habe. Neun Monate seit meiner Inhaftierung waren erst vergangen. In welchen Strafvollzugsanstalten ich meine Strafe absitzen sollte war ja auch noch eine offene Frage. Es gab da in der DDR genügend Möglichkeiten. Insgeheim hoffte ich wieder nach Rummelsburg zu kommen. Aber auch die Möglichkeit in das

berüchtigte „Lager X“ in der Genslerstraße (Hohenschönhausen) zu kommen, bestand. Es unterstand dem MfS. Ich ließ mich eben überraschen.
Meine Stimmung war in der darauffolgenden Zeit auch nicht die beste. Konzentrationsmangel, innerliche Unruhe und Aggression waren die Erscheinungsbilder. Mein Mithäftling hatte auch unter diesen Bedingungen zu leiden. Wir stritten uns jetzt häufiger. Mein gesamtes Verhalten zeigte sich trotzig und gleichgültig. Noch häufiger unterhielt ich mich mit Jörg und Harry über das „Haustelefon“.
Zwischenzeitlich gesellten sich noch zwei Mädchen zu unseren Gesprächen dazu. Sie lagen direkt über uns. Die beiden brachten uns auch das Sprechen durch das Waschbecken bei. Erstens hatten wir eine bessere Verständigung und zweitens konnten die Wachposten von draußen nicht die Spülung betätigen. das Abflußrohr wurde dabei als „Sprachrohr“ benutzt. Das eine Mädchen kannte ich von draußen. Sie hieß Waltraut Herrmann und wohnte in 102 Berlin, Fischerinsel 9. Mit ihr war ich des öfteren bei den Tanzveranstaltungen, die im Bezirk Köpenick stattfanden, zusammen. Sie wollte mit ihrer Freundin von der CSSR aus in die Bundesrepublik flüchten.
Manchmal stellten wir so dämliche Fragen ihnen gegenüber, daß man erst im nachhinein sich darüber Gedanken machte, was wir da von uns gegeben haben. Eine Frage lautete: „Habt ihr eigentlich einen BH um, oder ist es euch verboten einen zu tragen?“
Bei einer dieser „Kontaktaufnahmen“ wurde ich wieder mal erwischt. Mir war klar, daß darauf eine Arreststrafe folgte, noch zumal ich schon drei Tage „Erfahrung“ hatte.
Zwei Tage später wurde ich auch prompt zum Oberleutnant geführt. Er empfing mich mit den Worten: Na, wie war denn der Damenbesuch am Wochenende?“ - Herr Dellmuth, was soll denn das, die sehen Sie doch nicht wieder.“

Sicher muß ich ihn sehr verdutzt angeschaut haben.
„Von einer Arreststrafe will ich noch einmal absehen, aber ich hoffe Sie haben meine Ermahnung verstanden." Er rief den Läufer, der brachte mich wieder auf meine Zelle. Diese Bemerkung gab Anlaß zu einer stundenlangen Grübelei. Auch Conni brachte seine Ansicht in die Waagschale. Verwundert war ich schon, noch einmal mit einem blauen Auge davongekommen zu sein. Es hielt mich aber nicht davon ab, mit dem „Klopfen" und auch mit dem „Haustelefon" völlig aufzuhören.
Ansonsten verhielten wir uns in der Zelle von Zeit zu Zeit immer merkwürdiger. Wenn wir zum Beispiel unsere Zeitung morgens bekamen, dann blätterten wir erst einmal alle Seiten durch, um über die Typen, die auf den Abbildungen waren, herzhaft zu lachen. eigentlich lachten wir über alles. Wir hatten das Gefühl, jetzt drehen wir durch!
Der 14. Juni 1972 brachte dann für mich die erste Wende im „Gefängnisleben".
Von der Freistunde wurde ich wieder plötzlich in meine Zelle zurückgebracht.
„Rechts, packen Sie ihre Sachen!"
Schnell raffte ich meine „sieben Sachen" zusammen. Mich bewegte bloß ein Gedanke - nur schnell weg von diesem Ort. Ich sagte mir, schlimmer kann es nicht mehr werden.

11. Transport in die StVA-Rummelsburg (Haus 4)

Waltraut informierte ich schnell, daß ich verlegt werde und sagte ein letztes „Lebewohl". Von Conni konnte ich mich natürlich nicht mehr verabschieden, denn der befand sich ja in der Freistundenzelle.
Von dem Wachposten wurde ich zur Aufnahme gebracht. Dort bekam ich meine Privatsachen wieder, die ich anziehen durfte. Dann wurde ich auf den Hof geführt, in

Begleitung von drei Wachposten. Wieder bestieg ich den Barkas B 1000, diesmal neutrales Grau, keine bizarre Reklameaufschrift. Wo die Fahrt hinging wußte ich natürlich nicht. Es war wieder eine Fahrt ins Ungewisse. Aber zu meiner großen Befriedigung landeten wir in der StVA Rummelsburg. Es klingt zwar etwas komisch, aber ich war froh, hierher gebracht worden zu sein. Mir war dieser Komplex ja schon von 1967-68 bekannt.
Mit mir wurden noch zwei Gefangene nach Rummelsburg transportiert. Der eine davon hieß mit dem Vornamen Manfred und war wegen versuchter RF (Republikflucht) in Haft.
Wir wurden gleich auf das Haus 4 gebracht. Dies war das sogenannte „Transporterhaus“. Dort befanden sich im ersten Stock die Effekten. Parterre waren die Zellen für Neuzugänge sowie die Transportzellen. Hier hatten wir schon einen Vorgeschmack von „Platzfreiheit“, was dann im „Grotewohl-Express“ noch „räumlicher“ für fünf Gefangene wurde.
Der erste Tag ging relativ schnell vorüber, durch Um- und Einkleidung in die Strafgefangenenkluft. Ferner fand eine medizinische Untersuchung statt. Dann wurden wir auf die Zugangszellen gelegt. Es stand also alles noch offen, wo man hingeraten könnte. Diese Zellen waren noch kleiner als die beim MfS. Die Station lautete Berta II. Diese Zellen mußten sich immer drei Häftlinge teilen. Dementsprechend waren die Lebensbedingungen in diesem beengten Raum unzumutbar. Das Essen war auch eine einzige Katastrophe. Die beiden Mithäftlinge, die mit mir die Tage im engen Raum fristeten, sind mir namentlich nicht mehr bekannt. Der Ältere verblieb in Rummelsburg, der Jüngere kam nach dem Zementwerk Rüdersdorf. Ferner befand sich ein Bekannter, den ich auch zur Zeit der Tanzveranstaltungen kennenlernte, auf der Station. Sein Name Achim Schüler.

Auch erkundigte ich mich gleich bei einem Jugendlichen namens Fischer nach dem Verbleib von Jörg Hoffmann. Der war nämlich einige Tage vor mir von Pankow weggebracht worden. Er erzählte mir, daß er ihn kenne, aber über dessen Verbleib nichts wisse. Er meinte, vielleicht in Gräfentonna oder Ichtershausen. (berüchtigte Jugendhaftanstalten in der ehemaligen DDR)
Zwischenzeitlich erfuhr ich von anderen Mithäftlingen, daß wir nicht in Berlin bleiben.
Ich hoffte, bloß nicht so weit weg von Berlin. Es ging das Gerücht herum, die „Politischen" kämen nach dem Zuchthaus Cottbus. Nach einwöchigen Aufenthalt wurden einige intern verlegt. Ich hatte wieder das Vergnügen einmal umziehen zu dürfen. In der neuen Zelle waren wir wieder zu dritt.
Es wurden sicherlich immer dann Verlegungen vorgenommen, wenn neue Transporte zusammengestellt wurden. Durch das ständige Hin und Her der Transporte, intern wie extern, verging natürlich die Zeit relativ schnell. Trotzdem, die Enge in den Zellen war unerträglich. Und jeder hoffte möglichst schnell aus dieser Situation zu entfliehen.
Nebenbei möchte ich bemerken, daß selten einer in Rummelsburg verblieb, da die StVA inzwischen der „Kategorie I" (schwerster Vollzug) angehörte. Dies betraf in der Regel meistens die „Langstrafer". Dort befanden sich außerdem im Haus 2 die Ausländer, Westdeutschen und Westberliner.
Auf der neuen Zelle blieb ich auch nur drei Tage, dann erfolgte eine erneute Verlegung. Diesmal ging es in die sogenannte „Transporterzelle". Diese war ja nun schon etwas größer, aber dafür gleich mit 15 Mann belegt. Die Mitgefangenen waren aus allen Altersklassen und waren wegen verschiedener Delikte hier.

12. Mit dem „Grotewohl-Express“ in die StVA-Cottbus

An einem Mittwochabend war es dann soweit. Die Abenddämmerung hatte schon eingesetzt, als geschlossen wurde.

„Alles raustreten!“

Es ging wieder zu den Effekten im ersten Stock. Wir gaben unsere „Klamotten“ ab, die jeder für die Zeit des „gastfreundlichen Aufenthaltes“ in der StVA Rummelsburg erhalten hatte. Außer die Kleidung für Strafgefangene mit den obligatorischen gelben Streifen, die behielten wir. Gegen 22.30 bestiegen wir einen GTW-WL 50, der uns zum Ostgüterbahnhof brachte. Wir wurden natürlich wieder mit dem „Grotewohl-Express“ durch die Lande gefahren. Gott sei Dank war es diesmal nachts, so daß man die Hitze nicht so spürte. Es war ja wieder Hochsommer. 1967 stand ich bei 30°C Außentemperatur auf dem Abstellgleis. Es waren unerträgliche Zustände, die mir noch sehr erinnerlich waren.

Wir standen erst einmal zu zweit aneinander gefesselt ¼ Stunde auf dem Bahnsteig. Zum Glück war es nicht der Bahnsteig für „normale Reisende“. Ich war froh, und sicher die anderen auch, daß uns niemand sah. Dann durften wir endlich einsteigen. Im Waggon wurden uns die Handschellen abgenommen und wir wurden auf die einzelnen Zellen verteilt. Ich wurde mit dem schon erwähnten Manfred, der mich seit der UHA-Pankow begleitete, und zwei Jugendlichen in eine Zelle gesteckt.

Über die Größe einer solchen Zelle, berichtete ich schon an vorangegangener Stelle. (1 m x 1,34 m)

Ich unterhielt mich bis Frankfurt/Oder, erster Haltepunkt nach Berlin, viel mit den beiden Jugendlichen. Dort wurden wir alle wieder umgesetzt. Auch während der Fahrt wurden

Untersuchungshaftanstalt Pankow
„Zelleninventar 1971 – 72 in meiner Haftzeit"

Untersuchungshaftanstalt des MfS – Pankow „Innenansicht“

Untersuchungshaftanstalt des MfS – Pankow „Meine Arrestzelle kurz nach Auszug des MfS 1990“

Untersuchungshaftanstalt des MfS – Pankow „Innenansicht"

Ehemalige Stasi-Stammkneipe, in der die MfS-Mitarbeiter der UHA-Pankow verkehrten (gegenüber der UHA, Kissingen – Ecke Arkonastr., seit 1990 neue Bewirtschaftung)

UHA-Eingang für MfS-Mitarbeiter (mit dem Schild „Parken für Gäste“, Frühjahr 1990)

Schleußeneingang der UHA (bei Autoeinfahrten zeigten die MfS-Insassen dem innen rechts postierten UvD/ Unteroffizier vom Dienst ihre Dienstausweise

Meine ehemalige MfS-Zelle 60 im 1. Stock
(Zelleneinrichtung 1989, Foto: 9. 4. 1992)

MfS-Untersuchungshaftanstalt der Bezirksverwaltung Berlin des MfS Pankow/
Kissingenstr. – Haupteingang (Neubau)

MfS-Untersuchungshaftanstalt der Bezirksverwaltung Berlin des MfS Pankow/ Kissingenstr. – Altbauteil

MfS-Untersuchungshaftanstalt der Bezirksverwaltung Berlin des MfS Pankow/ Kissingenstr. – Seiten- u. Hinterfront (Neubau)

Neues Stasi-Gebäude. Das rechte Metalltor ist die Einfahrt zur Schleuse UHA MfS Pankow

Flur im Parterre – UHA MfS Pankow

Vernehmungszimmer – UHA MfS Pankow

Ausgang vom Gebäude zu den Rundgangzellen UHA MfS Pankow

Wendeltreppe zur Bücke. Ganz unten die Fenster zu den Arrestzellen UHA MfS Pankow

Beobachtungsbrücke – UHA MfS Pankow

schon die Gefangenen zusammengestellt, die dann in ein gleiches Zuchthaus kamen.
In der jetzigen Zelle, kam ich wieder mit dem bewußten „Manfred“ zusammen. Später gesellte sich noch ein Dritter hinzu. Er begrüßte uns mit „Servus“. Ich dachte erst, er wäre ein Österreicher, aber durch die darauffolgende Unterhaltung stellte sich heraus, das er ein Westberliner war. Sein Name war Uwe Napiray. Er erzählte uns seine ganze Geschichte, dadurch verging auch die Fahrt sehr schnell. Denn, man sage und schreibe, von Berlin bis nach Cottbus waren wir ca. 9 Stunden unterwegs.
Zunächst möchte ich den Weg von Uwe in das Gefängnis schildern. Er und noch zwei Freunde, wohnhaft vor der Flucht in Nauen/bei Berlin, flüchteten 1970 über die Moorlake nach Westberlin. Uwe war in der Gastronomie tätig und hatte eine sehr gute Arbeitsstelle im „Arosa-Hotel“. Unter anderen arbeitete er auch als Barceeper in der „Spitze“, dem Karikaturistenlokal in der Lietzenburger Straße. Bis er 1972 auf die Idee kam, auf dem S-Bahnhof Friedrichstraße im Intershop Zigaretten zu kaufen. Dort wurde er bei einer Kontrolle festgenommen und in die UHA des MfS nach Potsdam gebracht. Die Stadt Nauen gehörte zu DDR-Zeiten zum Bezirk Potsdam. Die BV (Bezirksverwaltung des MfS) hatte ihren Sitz in Potsdam in der Otto-Nuschke-Str. (Lindenstraße). Dort befand sich die UHA des MfS, das sogenannte „Lindenhotel“. Vom Kreisgericht Nauen wurde er für seine durchgeführte Flucht nachträglich zu 1 Jahr und 10 Monaten Freiheitsentzug verurteilt. Jetzt befand er sich auch auf dem Weg nach Cottbus, um seine Strafe abzusitzen.
Gegen 9.30 morgens kamen wir schließlich auf dem Bahnhof Cottbus an. Wie überall bei diesen Transporten war wieder die Bewachung sehr martialisch. Wir stiegen in den GTW (Gefangenentransportwagen) um. Der WL 50

setzte sich in Richtung Strafvollzugsanstalt Cottbus in Bewegung. Mit mir sind noch 13 Gefangene in den Lkw gestiegen. Das Fahrzeug rumpelte durch die Stadt Cottbus, bis wir schließlich am Gefängnistor hielten. Nach Passierung der Schleuse, fuhren wir noch ein Stück auf dem Gelände, bis wir an einem Hof ankamen. Die Tür wurde geöffnet. Einer rief: „Alles raustreten!"

13. StVA-Cottbus

14 müde Körper stiegen aus der „Grünen Minna". Wieder brüllte einer: „Alle in einem Block antreten!" Schon erfolgte das nächste Kommando. „Im Gleichschritt Marsch!" - Es ging zum Aufnahmehaus.

Dort wurden wir in einer Zelle, die parterre lag, eingeschlossen. In der Zelle wimmelte es schon von Häftlingen. Mit den „Neuankömmlingen" waren wir ca. 50 bis 60 Menschen, die diesen Raum nutzen mußten. Es waren menschenunwürdige Zustände, die dort herrschten. In dieser Zelle blieb man mitunter ein bis zwei Wochen.

Was sich dort abspielte, da ich selbst „Gast" sein durfte, möchte ich ausführlich schildern, um jedem über die Haftzustände in der DDR die Augen zu öffnen.

Die Quadratmeterzahl des Raumes belief sich nach meinen Schätzungen auf 50. An den Tischen saßen sie wie die Fliegen. Und da nicht ausreichend Sitzgelegenheiten zur Verfügung standen, benutzte man die alten Eßkübel vom Vortage oder wir ließen uns auf dem Fußboden nieder. Wo man hinschaute Gefangene. Einige drückten sich, an dem einzigsten Fenster, daß die Zelle enthielt, die Nasen platt. Es war ein buntgewürfeltes Völkchen, das da vor sich hindöste. Meistens saßen immer kleine Grüppchen zusammen, die sich intensiv unterhielten. Gesprächsthema Nummer 1 war natürlich die eventuelle Ausweisung in die

Bundesrepublik. Jeder spekulierte und hatte ein Fünkchen Hoffnung.
Die Ausnahme bildeten nur die Jugendlichen unter den Häftlingen. Sie warteten auf ihren Weitertransport in das Jugendgefängnis Luckau.
Am schlimmsten war der Zustand der Toilette. Dort roch es sehr penetrant. Da die Toilette sich im gleichen Raum befand, verteilte sich die schlechte Luft schön gleichmäßig. Übrigens glaubten die Bediensteten, eine Toilette für 50-60 Menschen reiche völlig aus. Die Intimssphäre wurde hier in keinster Weise gewahrt. Jeder konnte zuschauen wenn man auf dem „Örtchen" war. Es war auch immer ein Glücksspiel, wenn man mal mußte. Meistens saß einer drauf. Aber es gab noch Steigerungsstufen. Das Schlimmste sollte noch kommen - die Nachtruhe!
Für alle Gefangenen hatten sie nicht genügend Schlafmöglichkeiten. Gegenüber unserer Zelle befand sich der sogenannte Schlafraum. Dort paßten aber bloß 30 Gefangene rein. Wohin nun mit der anderen Hälfte? Da machten sich die Herren von der Justiz gar keine Gedanken. Für sie war die einfachste Lösung, ein paar Matratzen auf den Fußboden des Tagesraums zu legen. Und wenn der erforderliche Platz dennoch nicht ausreichte, wurde auf den Tischen und Bänken geschlafen. Es waren unfaßbare Zustände, die in Cottbus herrschten.
Ich hatte das große Glück, die erste Nacht im Schlafraum verbringen zu dürfen. Dieses Bett hatte mir mein jugendlicher Freund, den ich erst dort kennenlernte, besorgt. Die anderen „Neuen" mußten im Tagesraum verbleiben. Sie hatten kein Bett mehr bekommen. Das Bettzeug mußte offenbar auch schon mehrere Wochen nicht gewechselt worden sein, denn deren Aussehen war grauenvoll. Aber man konnte überhaupt froh sein, ein Bett bekommen zu haben

Winfried Müller, so hieß der Kumpel, er kam aus Torgelow in Mecklenburg, setzte sich zu mir auf das Bett und wir unterhielten uns noch bis spät in die Nacht hinein. Er war 17 Jahre und wegen versuchter RF (Republikflucht) in Haft. Leider kam er schon am nächsten Tag mit den anderen Jugendlichen nach Luckau.
Ich mußte es in dieser Zelle noch eineinhalb Wochen aushalten. Tag für Tag die gleichen grauenvollen Bilder in diesem Milieu. Wobei die Gefangenen recht nette Leute waren. Ich merkte gleich, dies waren keine „Kriminellen“, denn die legten meistens ein anderes Verhalten an den Tag. Sicher, aggressiv waren wir alle ein wenig durch die Umstände. Trotzdem, es war doch ein merklicher Unterschied zwischen „Kriminellen“ und „Politischen“.
Nach 14 Tagen konnten einige endlich den Ort des Grauens hinter sich lassen. Wir wurden zur eigentlichen Aufnahmestation gebracht. Die „Massenzelle“ war nur ein „Notbehelf“, weil kein Platz in der Aufnahmestation vorhanden war. Es war ein ständiges Nachrücken.
Die A-Station war total isoliert von den übrigen Gebäuden und Stationen des Gefängnisses. Sie bestand aus sechs Zellen. In dieser Station wurden nun auch wieder Unterschiede zwischen den Häftlingen gemacht. Drei der Zellen waren unmenschlich hergerichtet. Sie enthielten unter anderem Blenden an den Fenstern. Und dann waren sie überbelegt - zehn Personen in einer Zelle. Normalerweise hätten nur sechs Personen Platz gehabt. Dort kamen alle die hin, die noch über zwei Jahre zu brummen hatten. Darunter befand sich auch ein gewisser Ulrich Theden. Ihn hatte ich auch erst in der „Massenzelle“, den sogenannten Katakomben, kennengelernt. Er kam aus der Dresdener UHA des Ministeriums für Staatssicherheit in der Bautzener Str., da er dort bis zu seiner Inhaftierung

studiert und gewohnt hat. Gebürtig ist er aus Rathenow. Seine Haftzeit betrug noch knapp vier Jahre.
Da das Gefängnis nicht mehr alle Gefangenen fassen konnte, gingen zwei Transporte in andere Haftanstalten. Der eine Transport ging nach Brandenburg, dies betraf hauptsächlich die „Langstrafer". Auch die „Kurzstrafer" waren im Überfluß - sie kamen in das Haftarbeitslager „Schwarze Pumpe".
Ich hatte das maßlose Glück in Cottbus zu verbleiben und in die „besseren" Zellen der A-Station zu kommen. Dieses Verbleiben spielte psychologisch eine gewichtige Rolle, denn dadurch glaubte ich jetzt erst recht zu den „Auserwählten" zu gehören, die bald in den Westen kommen könnten.
Wir waren 12 Personen, aber die Größe der Zelle ließ die Zahl zu. Wir waren untereinander gute Kameraden.
Einige möchte ich an dieser Stelle nennen, soweit sie mir noch namentlich erinnerlich sind. Zum Teil sind sie auch in die Bundesrepublik entlassen worden. Es waren Uwe Napiray, Rainer Boden, Günther Schwarz, Winfried Keller. Ein gewisser Walther aus dem Ruhrgebiet, sowie Jürgen aus Magdeburg.
Unser Tagesablauf spielte sich ähnlich ab, wie der in Rummelsburg 1967/68 in U-Haft. Psychisch fiel mir aber insgesamt die zweite Haftzeit sehr viel schwerer. Ich hatte viel mehr Depressionen und Suizidgedanken. Mich hielt nur der Gedanke einer eventuellen Ausweisung aufrecht. Wir spielten Skat oder es wurde geklammert (dies ist auch ein Kartenspiel). Natürlich waren es verbotene Spiele. Aufpassen mußten wir schon.
Die schärfste Sache war immer, wenn wir Fußball spielten. Mehrere Strümpfe wurden immer zu einem Knäuel zusammengeknotet und dann ging es los. Kurz vor unserer Verlegung in die „Entgraterei" bekam ich solch einen „Ball"

genau aufs Auge. Natürlich war meine Brille gleich entzwei. Sicher hätte es schlimmer ausgehen können, aber für mich war dieser Zwischenfall eine große Freude, brauchte ich doch noch nicht in der „Entgraterei“ zu arbeiten.

Selbstverständlich konnten wir auch schon zur Arbeit herangezogen werden. Dies bestimmte unser Stationsleiter, Polizeimeister Nestroy. Das spielte sich meistens folgendermaßen ab: Während der Freistunde suchte er sich einige Gefangene heraus, die dann meistens in der Küche arbeiten mußten. Meistens Kartoffeln schälen. Aus verständlichen Gründen, wollte jeder in die Küche, denn da gab es ja genug zu essen. Im Gegenteil, auf der Station gab es nur die „Nichtarbeiterverpflegung“ und die war recht mager. Auch ich konnte mehrere Male in der Küche arbeiten. Dort aßen wir uns satt, bis die Bäuche platzten.

Aber zu anderen Arbeiten konnten wir auch herangezogen werden. Die Wäscherei gehörte dazu, genauso wie den Hof zu säubern.

Aber auch diese Zeit ging vorbei, dann hieß es wieder: „Sachen packen!“ Dies sollte eigentlich mein letzter Umzug bis zur Entlassung werden, aber wie vieles im Leben, kam es ganz anders.

Ich hatte noch 13 Monate abzusitzen. Die acht Wochen auf der A-Station waren nun auch vorüber.

Wie ich schon erwähnte kam ich auf das Kommando der „Entgraterei“. Mit mir zusammen kam noch Winfried Keller. Er stammte übrigens aus Leipzig. Wir wurden auch zusammen auf eine Zelle gelegt. Es war immer ganz gut, denn wir hatten uns schon aneinander gewöhnt. Die anderen Zelleninsassen waren gerade auf der Arbeit. Uns hatte man gleich nach dem Mittagessen umquartiert. Es dauerte aber nicht mehr lange und das Kommando rückte ein.

Vier Betten waren noch zu haben im neuen Quartier. Ich hatte Glück, parterre liegen zu dürfen. Wir hatten um die Schlafstätten geknobelt, wer unten oder wer oben liegt. Schon einen Tag später wurde das vorletzte Bett belegt.
Der „Neue" war aus Dresden und hieß Frank Springer. Er war 21 Jahre alt. Seine Delikte: „versuchte Republikflucht und Widerstand gegen die Staatsgewalt". Seine Gesamtstrafe betrug 1 Jahr und 10 Monate.
Aufgrund meiner kaputten Brille konnte ich noch vier Wochen auf der Zelle bleiben. Dies brachte Frank Springer auf die Idee auch seine Brille kaputt zu machen, um nicht arbeiten gehen zu müssen. Dies hatte aber einen unangenehmen Nebeneffekt. Wir wurden von den anderen Mithäftlingen beschuldigt, Eßwaren gestohlen zu haben.
Sexuell hatte sich in den 14 Tagen einiges abgespielt. Mindestens zweimal am Tag masturbierten wir uns gegenseitig. Sicher wollte man damit auch etwas seine Aggressionen beseitigen. Und unter diesen Umständen machte es eben mehr Spaß sich zu befriedigen. Frauen gab es ja auch leider nicht.
Nach den vierzehn Tagen war alles wieder beim Alten, denn Frank mußte wieder zur Arbeit rausrücken. Seine Brille war wieder repariert worden. Einige Tage später mußte ich in die Ambulanz und ich glaubte meine Brille abholen zu können. Aber sie informierten mich lediglich, daß sie für dieses Gestell keine Gläser herstellen könnten. Somit bekam ich einige Tage später eine Kassenbrille.
Jetzt mußte ich auch zur Arbeit rausrücken. Durch meine Mitgefangenen wußte ich schon was auf mich zu kam, es waren fürchterliche Zustände und Arbeitsbedingungen. Es wurde, wie ich schon erwähnte, Schicht gearbeitet. Diese sogenannte „Entgraterei" war eine Außenabteilung des „VEB Pentacon Dresden". Dieses Werk ist bekannt für seine optischen Geräte, hauptsächlich Fotoapparate. Wir

hatten die Aufgabe, die gußeisernen Rohlinge zu entgraten. Das war eine Arbeit, die wohl draußen keiner machen wollte. Natürlich hatten wir auch eine Norm zu erfüllen. Und ein sogenannter Wettbewerb bestand auch zwischen den beiden Kommandos. Wer den Plan übererfüllte oder besondere Leistungen nachweisen konnte, bekam dann solche Auszeichnungen wie Sondereinkauf, Sondersprecherlaubnis u.ä.

Jedes Kommando wurde von einem Brigadier geleitet, der auch ein Strafgefangener war. Den sah man aber lieber gehen wie kommen, denn meistens waren es „Arschkriecher der Justiz".

Die Aggressionen untereinander im Kommando und auf den Zellen nahmen ständig zu. Man konnte es teilweise verstehen, denn erstens befriedigte die Arbeit wohl keinen und zweitens immer die Ungewißheit eines eventuellen „Rüberkommens".

Da wurde sich zum Beispiel über Preußen und Sachsen gestritten, bis es zu tätlichen Auseinandersetzungen kam.

Im allgemeinen waren die Justizbediensteten nicht sehr freundlich uns gegenüber. Vielleicht hatten sie auch die Anweisungen von höherer Stelle, uns, die „Politischen", eben härter zu behandeln. Unser Stationsleiter, Polizeimeister Kalauke, schien da einer der wenigen zu sein, die da eine Ausnahme machten.

Zu erwähnen wäre noch, daß in diesem Gefängnis jeden Sonntag Gottesdienst, für beide Konfessionen getrennt, stattfand. Es war ein guter Ort, um neue Nachrichten und Kontakte auszutauschen. Die Nachrichten waren aber meistens über Informationen eventueller Transporte nach Karl-Marx-Stadt, denn dies war die letzte Hürde, die man nehmen mußte, um in die Bundesrepublik zu gelangen. Dies war uns inzwischen durch die Nachrichtenübermittlung anderer Gefangener bekannt.

Inzwischen war es September geworden und ich bekam überraschend eine Sprecherlaubnis mit meiner Mutter. Es war die erste nach meinem Aufenthalt im MfS-Untersuchungsgefängnis in Berlin-Pankow. Mit mir hatte auch Frank Springer eine Sprecherlaubnis erhalten. Natürlich waren wir aufgeregt und freuten uns riesig auf die Begegnungen.

Als ich den Besuchsraum betrat, sah ich meine Mutter, wie fast jedesmal, mit verweintem Gesicht da sitzen. Aber als ich bei ihr war, hielt ich mich diesmal standhaft und machte meiner Mutter Mut und Hoffnung. Ich flüsterte ihr zu, daß dies der Weg in Richtung Westen wäre. Dieser Gedanke beruhigte sie ein wenig. Auch so machte sie sich sehr viel Sorgen. An Geschenken brachte sie wieder mehr mit, als es erlaubt war. Aber unser Stationsleiter, Herr Kalauke, ließ alles genehmigen. Darüber freute ich mich sehr.

Frank tat mir leid, seine Mutter hatte in der Eile und sicher in der Aufregung vergessen, ihrem Sohn etwas mitzubringen. Nachdem wir wieder in unserer Zelle waren, gab ich ihm etwas von meinen Sachen ab. Dies war in solcher Situation immer selbstverständlich, daß sich die Gefangenen untereinander halfen.

Bei der Verabschiedung sagte ich noch scherzhaft zu meiner Mutter: „Na, vielleicht ist es unser letzter Sprecher hier.“ - Dies sollte sich tatsächlich bewahrheiten.

Zeitlich bewegten wir uns auf den Monat Oktober zu. Und dies war immer ein Anlaß die „Gerüchteküche“ in Gang zu setzen, denn der 7. Oktober war der Jahrestag der DDR. Jedes Jahr glaubte man immer an eine eventuelle Amnestie, aber meistens blieben es nur Hoffnungen.

Allerdings standen im Jahre 1972 die Chancen äußerst günstig, es war nämlich das Jahr, in dem Walter Ulbricht zurücktreten mußte. Dies wurde natürlich offiziell „aus gesundheitlichen Gründen“ deklariert. Gleichzeitig fand die

Wahl Erich Honeckers zum neuen Machthaber des SED-Regimes statt. Darüber hinaus fand im August ein Deutschlandtreffen der Jugend statt. Außerdem war dies das Jahr des Grundlagenvertrages zwischen der Bundesrepublik Deutschland einschließlich Berlin (West) und der ehemaligen DDR.
Und tatsächlich: am 7. Oktober 1972, wurden wir alle kommandoweise aus unseren Zellen geholt und es wurde eine Amnestie mit folgenden Wortlaut verkündet:
„Auf Beschluß des Staatsrates, des Ministerrates und der Volkskammer der Deutschen Demokratischen Republik wird eine Amnestie für alle Häftlinge erlassen, die noch eine Strafe bis zu fünf Jahren zu verbüßen haben. Die Amnestie erfolgt in dem Zeitraum vom 15.10.72 - 31.01.73".
Die Entlassungen sollten schubweise erfolgen. Jeder hoffte nur so schnell wie möglich aus diesem Elend herauszukommen. Von den Inhaftierten glaubte keiner noch in die Bundesrepublik entlassen zu werden. Wir waren froh überhaupt entlassen zu werden. Auch ich dachte nicht im Geringsten an eine Entlassung in die Bundesrepublik.
Von dem Tage an, wo uns Strafgefangenen bekannt war, daß wir in Kürze entlassen werden sollten, wurden die Zügel noch mehr angezogen. Ob wir auf der Arbeit waren oder auf den Stationen uns befanden, überall herrschte der gleiche rüde Ton. So wurden die letzten Tage zur Ewigkeit. Die Unruhe unter den Gefangenen wurde immer größer, denn wir hatten inzwischen den Monat November erreicht und noch keiner ist entlassen worden.

14. Transport in die MfS-UHA Karl-Marx-Stadt

Im Morgengrauen des 5.11.1972 war es dann plötzlich soweit. Um ca. 3.30 Uhr wurde unsere Zelle aufgeschlossen und ein Wachmeister sagte: „Linke und

Dellmuth, packen Sie ihre Sachen und beeilen Sie sich, in ein paar Minuten bin ich wieder da." Die Tür flog wieder zu. Wir sprangen aus den Pritschen. Erst glaubten wir, es war ein Traum, aber das Licht in der Zelle sprach dagegen. Wir packten so schnell wie möglich unser Bündel zusammen. Zeit zum Waschen blieb uns auch nicht. Wir waren ungeheuer nervös und so war es unausbleiblich, daß man doch einige Sachen vergaß.
Durch unser Treiben und dem Licht waren inzwischen auch die anderen Mithäftlinge wach geworden.
Es dauerte nicht lange und es wurde wieder aufgeschlossen: „Raustreten!"
„Wir sind noch nicht ganz fertig."
„Komm se, komm, se, daß können die anderen machen. Treten sie auf den Gang."
Dort befanden sich schon fünf andere Gefangene unseres Kommandos, die entlassen werden sollten. Wir sieben wurden dann geschlossen zu den Effekten geführt, wo alles abgegeben werden mußte, bis auf die Strafgefangenenkleidung, dies verwunderte uns sehr. Wir hatten ja eine Entlassung erwartet, aber es sollte alles anders kommen. Nachdem alle sieben bei den Effekten fertig waren erfolgte der übliche Spruch: „Komm, se, komm, se". Die Bediensteten liefen mit uns in Richtung U-Gefangenen-Bau. Dort angekommen, wurden wir gleich wieder unter Verschluß gesetzt. Das Verhalten der Schließer erschien uns auch recht merkwürdig. Die neue Situation kostete viel Nerven.
Auf den Gängen vor den Zellen war ein reges Treiben festzustellen. Schließlich ging auch bei uns wieder die Zellentür auf. Wir mußten einzeln heraustreten und unsere Transportverpflegung in Empfang nehmen. Nachdem die Zellen verschlossen waren, gingen unter den Gefangenen die Diskussionen wieder los. Die Verpflegungsart und die

Verpackung bildeten die Grundlage dafür. Es war nämlich so, Transporte, die innerhalb der DDR stattfanden, haben eine andere Verpflegung gehabt, als die, die nach Karl-Marx-Stadt gingen. Wir bekamen alle fertiggemachte Beutel mit belegten Broten, Bonbons und Schokolade.
Nun stand für uns immer mehr fest, daß wir in eine „andere Richtung" transportiert werden sollten.
Es war gegen 6.30 Uhr, als wir mit den anderen Gefangenen antreten mußten. Wir standen in einer Kolonne zu vier Mann hintereinander. Der ganze Trupp hatte etwa eine Zahl von 100-120 Gefangenen. Ich freute mich sehr, denn zum ersten Mal konnte ich sehen, wer noch alles auf diesen Transport ging. Jedem stand eine gewisse Freude ins Gesicht geschrieben.
Für uns standen zwei GTW-H3A (Lkw-Typ) bereit, die uns zu einem „unbekannten" Ziel bringen sollten. Wir wurden einzeln aufgerufen und mußten dann in die Gefangenenautos einsteigen. Nach circa einer halben Stunde waren alle Gefangenen in den Lkw's. Es war ein unbeschreibliches Gefühl, als sich die Tore des Gefängnisses Cottbus öffneten und wir durch die Stadt fuhren. Wir konnten durch ein kleines Fenster sehen, wo wir lang fuhren und gaben es den Anderen weiter, die hinten saßen und nichts sehen konnten. Wir fuhren auf die Autobahn in Richtung Karl-Marx-Stadt (jetzt Chemnitz). Wir waren alle wie aus dem Häuschen. Nun wußten wir es - der Weg ging offenbar für uns in die Bundesrepublik Deutschland.
In Karl-Marx-Stadt angekommen, wurden wir gleich wieder unter Verschluß gesetzt. Während dieser Zeit war ein reges Treiben auf den Gängen. Es wurde ständig auf- und zugeschlossen. Wir mußten unsere letzten „Aluchips" (DDR-Geld), die wir im Gefängnis erarbeitet hatten, von unserem Konto abkaufen. Die meisten hatten sich dafür

StVA Cottbus von innen – 2002 kurz nach der Schließung

StVA Cottbus von innen – 2002 kurz nach der Schließung

StVA Cottbus von innen – 2002 kurz nach der Schließung

StVA Cottbus von innen – 2002 kurz nach der Schließung

StVA Cottbus von innen – 2002 kurz nach der Schließung

Wachturm, Außenmauer der StVA Cottbus von innen gesehen

StVA-Cottbus „Außenansicht"

StVA-Cottbus „Außenansicht/Außenmauer"

StVA-Cottbus „Außenansicht"

StVA-Cottbus „Außenansicht"

Zigaretten geleistet. Dann wurde wieder geschlossen, jeder bekam jetzt seine Privatsachen, die er bei sich hatte am Tag der Verhaftung wieder zurück. Es war ein tolles Gefühl, endlich seine eigenen Sachen wieder am Körper zu tragen. Letztlich wurden wir nochmals von einem hohen Offizier des MfS befragt: „Herr Dellmuth, sie wollen also in die BRD entlassen werden." „Ja.," antwortete ich. Er nahm einen Stift und strich irgend eine Akte durch und sagte zu mir: „Sie können gehen." Ein Posten brachte mich wieder auf meine Zelle. Nun hieß es wieder warten.
Nach zweitägigen Aufenthalt in der UHA des Bezirkes Karl-Marx-Stadt des MfS auf dem Kaßberg, hieß es am frühen Morgen des 7.11.1972 zum letzten Mal: „Komm, se!" Wir waren alle sehr aufgeregt.
Auf dem Hof erwarteten uns zwei Reisebusse mit Ostberliner Kfz-Kennzeichen und drei BMW der 7er Reihe, in denen sich natürlich Mitarbeiter des MfS befanden. Sie begleiteten den Konvoi bis zur Grenze. Nachdem wir alle in den Bussen waren, setzte sich der Konvoi in Bewegung. Im schnellen Tempo ging es Richtung Westen. Bei einem kurzen Stop stiegen die Anwälte Vogel und Stange zu und erklärten uns, daß wir nun in die Bundesrepublik entlassen werden. In den Bussen brach ein Jubel aus. Wir konnten es alle nicht mehr erwarten, endlich in der Freiheit zu sein. In dem zweiten Bus waren die Frauen, die man aus dem Zuchthaus „Hoheneck" nach Karl-Marx-Stadt entlassen hatte.

15. Ankunft in der Bundesrepublik Deutschland

Die Busse fuhren in Richtung Wartha/Herleshausen: dort war der thüringisch-hessische Grenzübergang in die Bundesrepublik. Kurz vor der Grenze fuhren die Busse in einen seitlichen Waldweg. Dort mußten wir kurz warten, bis zwei Reisebusse eines hessischen Busunternehmens uns in Empfang nahmen. Mit „Reichert's Reisen“ ging es dann über die Grenze. Plötzlich waren wir am eigentlichen Grenzübergang. Dort stiegen wir alle wieder aus und wurden vom Bundesgrenzschutz in Empfang genommen. Mit unserem Entlassungsschein, dem einzigen Identitätsnachweis, den wir aus dem „Arbeiter- und Bauernparadies“ mitbekommen hatten, konnten uns die Behörden registrieren. Es waren unbeschreibliche Szenen, die sich abspielten, als wir nun in der langersehnten Freiheit waren. Wir lagen uns in den Armen und heulten. Der damalige hessische Ministerpräsident Oswald begrüßte uns. Auch das Deutsche Fernsehen hatte uns begrüßt. Das Deutsche Rote Kreuz verteilte Bananen und Süßigkeiten und bot jegliche medizinische Hilfe an. Nach einen etwa einstündigen Aufenthalt fuhren die Busse ins hessische Notaufnahmelager Gießen.

16. Abkürzungsverzeichnis

ABI	Arbeiter- und Bauerninspektion
AGL	Arbeitsgewerkschaftsleitung
Abt. M	Postkontrolle der Staatssicherheit
BGL	Betriebsgewerkschaftsleitung
BV	Bezirksverwaltung des MfS
EAW	Elektro-Apparatewerke Treptow
FDGB	Freier Deutscher Gewerkschaftsbund
FDJ	Freie deutsche Jugend
GREPO	Grenzpolizei
GTW-WL50	Gefangenentransportwagen Typ WL 50
GTW-H3A	Gefangenentransportwagen Typ H3A
HO	Handelsorganisation
HV	Hauptverwaltung des MfS
IM	Inoffizieller Mitarbeiter des MfS
LKA	Landeskriminalamt
MfS	Ministerium für Staatssicherheit
NDPD	Nationaldemokratische Partei Deutschlands
NVA	Nationale Volksarmee
Ofw	Oberfeldwebel
OvD	Offizier vom Dienst
PdVP	Präsidium der Volkspolizei
SED	Sozialistische Einheitspartei Deutschlands
StGB	Strafgesetzbuch
TSC	Turn- und Sportclub Berlin
UHA	Untersuchungshaftanstalt
UvD	Unteroffizier vom Dienst
VEB	Volkseigener Betrieb
ZI	Zelleninformant

Anhang

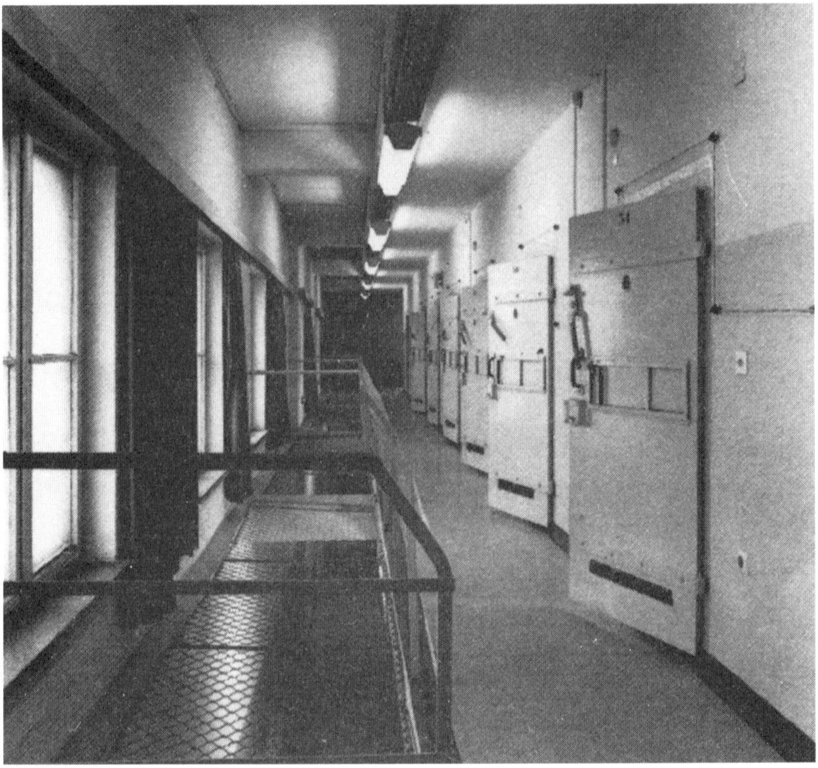

Untersuchungshaftanstalt Pankow
Zellentrakt im 1. Obergeschoß:
Zelle 51 mein zeitweiliger Aufenthalt

Untersuchungshaftanstalt Pankow
Hof mit dem berücksichtigten „Barkas B1000“

Untersuchungshaftanstalt Pankow
Zugangsweg für Rechtsanwälte von der Lohmestraße

Untersuchungshaftanstalt Pankow
Kfz-Schleuse Arkonastraße (Blick nach innen)

Untersuchungshaftanstalt Pankow
Blick in den Freistundenhof nach der Wende.
Der Hof war vorher in Boxen abgeteilt.

Untersuchungshaftanstalt Pankow
Kfz-Schleuse Arkonastraße 56 (Blick nach außen)

Untersuchungshaftanstalt Pankow von der Borkumstraße (links)
Ecke Lohmestraße gesehen

Untersuchungshaftanstalt Pankow
Zwischentür zu Station I

Untersuchungshaftanstalt Pankow
Zelleninventar nach der Wende

Untersuchungshaftanstalt Pankow
Alarmdraht mit Sol-Bruch-Stelle (sogenannte Reißleinenanlage)

Untersuchungshaftanstalt Pankow
Zellentrakt, Optisch-Akustischer Alarmgeber

Untersuchungshaftanstalt Pankow
Erdgeschoss, Flurbereich

GSTW Typ Halberstadt, Bj. 1981, Gegenstand der Expertise

Einsatzort DDR

Einsatzzeitraum 1981 bis 1990

Quelle: JVA Magdeburg

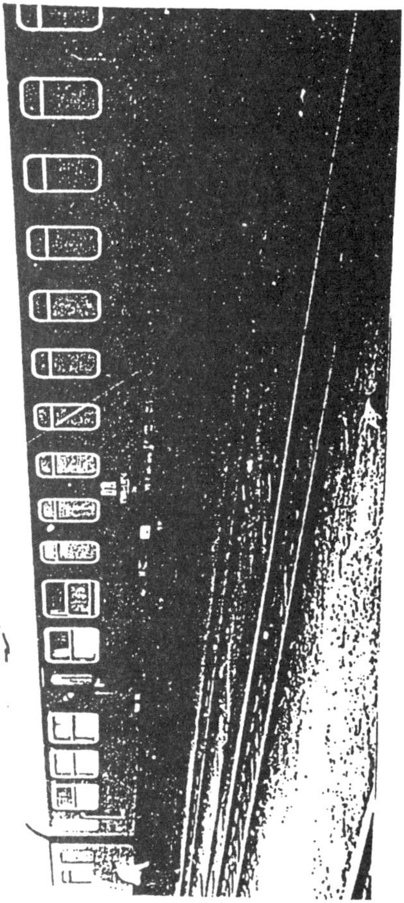

Zellenwagen Typ Z-28 (Bj. 1928) [illegible] SMAD beschlagnahmt
Einsatzort SBZ/DDR
Einsatzzeitraum 1945 bis Mitte der [illegible] Jahre
Quelle: Wolfgang Diener, Reinheim

Zellenwagen Typ Z-36 (Bj. 1936)

Einsatzort SBZ/DDR

Einsatzzeitraum 1945 bis Ende der 70er Jahre

Quelle: Kursbuch für die Gefangenenwagen, Mainz 1979 (Reprint)

GSTW Typ Halberstadt, Bj. 1981, Gegenstand der Expertise

Quelle: Deutsche Bahn AG Werk Delitzsch

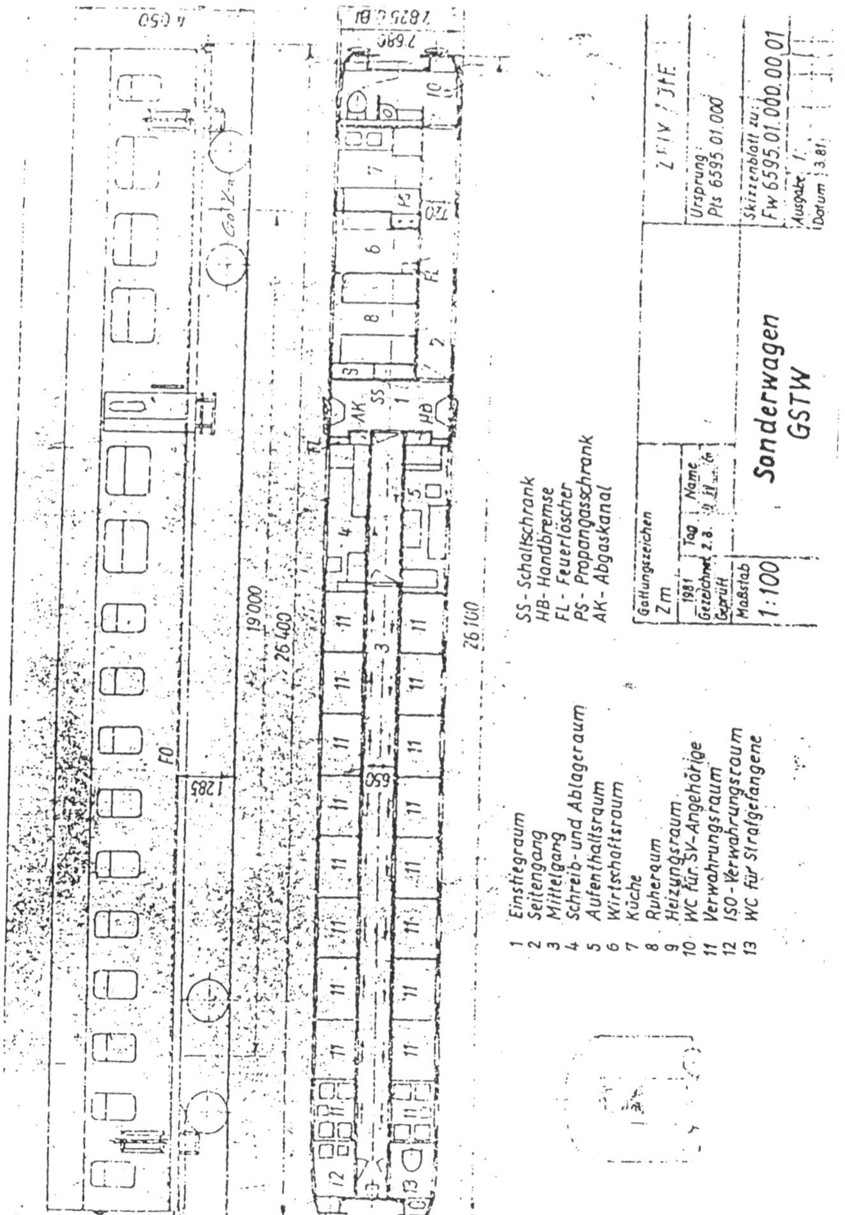

BStU
000002

1[illegible] Juli 1967

Ministerium für Staatssicherheit

Bezirk Groß-Berlin

Diensteinheit KD - Friedrichshain

Mitarbeiter Zimmermann

Vertrauliche Dienstsache!

Berlin, den 18.07.1967

Reg.-Nr. XV/2369/67

Beschluß

für das Anlegen/~~Einstellen~~ eines Vorlaufes - Operativ
(Vorgangsart angeben)

Auszufüllen bei IM-Vorlaufakte

1. Vorgesehene Kategorie ....
2. Wohnadresse ....

(Bei Operativ-Vorlaufakte werden **k e i n e** Angaben benötigt.)

Auszufüllen bei IM-Vorgang

1. Kategorie ....
2. Wohnadresse ....
3. Deckname ....
4. Reg.-Nr. .... der Vorlaufakte.

Auszufüllen bei Operativ-~~Vorgang~~ Vorlauf (bzw. Untersuchungsvorgang ohne Haft)

1. Deckname ....
2. Reg.-Nr. .... der Vorlaufakte.
3. ~~Delikt~~ Tatbestand 3 (Hetze)
   Tatobjekt 3 (Objekt der industriellen Produktion)

Auszufüllen bei Objekt-Vorgang

1. Bezeichnung des Objekts ....

Auszufüllen bei Kontroll-Vorgang

1. Zum ....-Vorgang, Reg.-Nr. ....

Anmerkung: Die Gründe für das Anlegen/Einstellen umseitig angeben.

Gründe für das Anlegen/~~[illegible]~~

Die Person wurde durch hetzerische Äußerungen bekannt. Zumanderem traf sie Vorbereitungshandlungen zum illegalen verlassen der DDR.

Mitarbeiter ....

Leiter der Diensteinheit ....

Bestätigt am .... von ....
(Unterschrift)

KD - Friedrichshain

Berlin, den 23.1o.1967
Zim.

S c h l u ß b e r i c h t

Operativ - Vorlauf XV/2369/67

Am 18.o7.1967 wurde der Operativ - Vorlauf gegen den

D e l l m u t h, Rainer
geb. am 2o.o7.1948
wft. 117 Berlin Kleinschewskystr. 5o

wegen hetzerischen Äußerungen und Treffen von Vorbereitungshandlungen zum illegalen Verlassen der DDR angelegt. Durch den Parteisekretär des VEB Berliner Verpackungsmittelwerkes in 1o17 Mühlenstrasse wurde bekannt, daß der Genannte durch seine negative Haltung zu unserem Staat und seine offen gegen undere Politik gerichteten Äußerungen in Schule und Betrieb mehrmals unangenehm aufgefallen ist.

Im Zuge operativer Ermittlungen konnte herausgearbeitet werden, daß der D. eine negative Haltung zu unserem Staat einnimmt und sich mit dem Gedanken trägt, die DDR illegal zu verlassen. Um dieses zu verwirklichen verließ er am 17.o7.1967 die elterliche Wohnung mit dem Ziel, seinen im Jugendwerkhof H u m m e l s h a i n (Jena) befindlichen Freund aufzusuchen und mit ihm gemeinsam die DDR illegal zu verlassen.
Nach Absprache mit dem Stellv. Operativ Gen. E r h a r d wurde über die Abt. VII/ 2 veranlaßt, daß der D. nach eintreffen in Jena festgenommen wird und das vorhandene Material zur weiteren Bearbeitung abgedeckt an das Dez. II des PdVP übergeben wird.
Wie aus dem Sachstandsbericht vom 18.o7.1967 zu ersehen ist (Blatt 36 - 38 d. Vorlaufakte), wurde am 18.o7.1967 durch die Staatsanwaltschaft des Stadtbezirksgerichtes Bln.-Mitte Haftbefehl erlassen. Die weitere Bearbeitung erfolgte durch PdVP, Dez. II .

Durch die Vernehmung konnte herausgearbeitet werden, daß der D. schuldig und geständig ist.

Gegen den im Zuge der Ermittlungen bekanntgewordenen Freund des D.

[redacted] , [redacted]

geb. am [redacted]

wh. [redacted]

der zur Tatzeit im [redacted] war, wurde von der zuständigen Dienststelle der VP in J e n a ein EV wegen Vorbereitungshandlungen zum illegalen Verlassen der DDR eingeleitet.

Der D e l l m u t h ist seit dem 19.09.1967 in U-Haft (StVA I)

Zimmermann
Unterleutnant

24.10./67

264

5.

Entlassungsschein

Herr ~~Frau~~ ~~Fräulein~~ Dellmuth, Rainer geb. am 20. Juli 1948

in Berlin wurde am 16. Juli 1968

aus der StVA Berlin I

nach Berlin-Köpenick, Kleinschewskystr. 50 entlassen.

Dieser Entlassungsschein gilt bis 18.07.68 als Legitimation.

Gebühren zur Aufrechterhaltung der Rentenanwartschaft wurden in der Zeit vom 17.07.67 bis 16.07.68 durch die Verwaltung Strafvollzug entrichtet.

Pfändungs- und Überweisungsbeschluß liegt — nicht — vor.

Eigengeld, Arbeitsbelohnung sowie ~~Reisegeld~~ in Höhe von 249.27 MDN und ~~Fahrkarte~~ erhalten.

Personalausweis am 11.12.67 an VPKA VPI Köpenick gesandt.

Folgende orthopädische Hilfsmittel ausgegeben:

.... am ....

.... am ....

Impfung am .... Serum ....

Impfung am .... Serum ....

Röntgen bzw. Schirmbildaufnahme der Brustorgane am 15.7.68

Leiter d. StVA

(Stempel: DDR – Berlin – Dienststelle)

Groß-Berlin
Rat des Stadtbezirks Köpenick
Abt. Innere Angelegenheiten
Ordnung und Sicherheit

Abt. Innere Angelegenheiten beim Rat des Kreises gemeldet am

Polizeilich gemeldet am .... in ....

(Entlassungsschein sorgfältig aufbewahren, bei Verlust kein Ersatz)

BStU
000011

6

Bezirk Groß-Berlin
Diensteinheit VII/2
Mitarbeiter Kreyß

Berlin, den 28.9.71

Reg.-Nr. XV/2727/71 – [handwritten initial]

Verw. Groß-Berlin

Beschluß

für das Anlegen/~~XXXXXXX~~ eines Op-Vorlaufes
(Vorgangsart angeben)

IM-Vorlaufakte

1. Vorgesehene Kategorie
2. Wohnadresse

IM-Vorgang

1. Kategorie
2. Deckname
3. Wohnadresse
4. Reg.-Nr. der Vorlaufakte

Operativ-Vorlaufakte

1. Deckname (Wenn als notwendig erachtet) "Lehrling"
2. Tatbestand Verdacht der Verletzung des § 213 StGB
3. Tatobjekt Staatsgrenze der DDR zu Westberlin

Operativ-Vorgang

1. Deckname "Lehrling" Umregistrierung a. [handwritten initial]
2. Tatbestand Vorbereitung zum ungesetzlichen Verlassen der DDR
3. Tatobjekt Staatsgrenze der DDR
4. Reg.-Nr. der Vorlaufakte XV 2727/71

Untersuchungsvorgang
nur bei Ermittlungsverfahren ohne U-Haft/gegen Unbekannt/bei Übernahme von anderen Organen

1. Tatbestand

Objekt-Vorgang

1. Bezeichnung des Objektes

Kontroll-Vorgang

1. Zum ....-Vorgang Reg.-Nr.

Anmerkung: Die Gründe für das Anlegen/Einstellen umseitig angeben.

RK erfaßt
Bln. Abt. / KD

70.0 Form 1

000012

Gründe für das Anlegen/~~Einstellen~~

Der D. erwähnt in Briefen an westberliner Adressen, daß er 24.1o71 einen Grenzdurchbruch an der Staatsgrenze Berlin pe-Süd nach Westberlin durchführen will.

Bei Einstellung eines Operativ-Vorganges bzw. einer Operativ-Vorlaufakte ausfüllen!

Zusammenfassung des **Ergebnisses der Bearbeitung** der im Vorgang registrierten **Personen** in Übereinstimmung mit dem Personenindex Form 2 und den Angaben im Schlußbericht.

Anzahl der im Vorgang registrierten **Personen**	....
Davon:	
Ermittlungsverfahren (U/V)	....
In Fahndung gestellt	....
Geworben	....
Vorbeugende, erzieherische u. and. operat. Maßnahmen	....
Übergeben (an and. DE, Org.)	....
Nicht vorhandene Möglichkeit der Weiterbearbeitung	....
Geringfügigkeit	....
Krankheit/Tod	....
Unschuld erwiesen	....
Nichtbestätigung	....

Mitarbeiter .... [Unterschrift] Kreyß/Feldw

Leiter der Diensteinheit .... i. V. [Unterschrift] Friedrich/M

Bestätigt am 2?.10.71 von ....
(Unterschrift)

Nur bei Veränderung einer Vorlaufakte zum Vorgang
Die Vorlaufakte ist zum ~~Teilvorg. bzw.~~ Operativ-Vorgang erhoben
Bestätigt [Unterschrift] Datum 2?.10.7?

Verwaltung für Staatssicherheit
Groß-Berlin
Abteilung VII

Berlin, den 18.10.1971
Krey
VII/2/ /71

Ministerium für Staatssicherheit
Abteilung 32

B e r l i n

Schriftenvergleich und Fertigung eines offiziellen Gutachtens

Es wird gebeten, einen Schriftenvergleich des beiliegenden Materials zu erarbeiten und darüber ein offizielles Gutachten für die Vorlage beim Gericht zu fertigen.

Um dringende Erledigung wird gebeten, da sich aus dem erarbeiteten Ergebnis weitere op. Maßnahmen ergeben.

Stellvertreter Operativ

Ehrhardt
Oberstleutnant

Leiter der Abteilung VII

Friedrich
Major

Anlage
1 Briefe
1 Lebenslauf
1 Schriftstück an das Stadtbezirksgericht Berlin-Köpenick

90

Verwaltung Groß-Berlin
Abteilung VII/2

Berlin, den 8.1o.71

BStU
000127

V e r m e r k

Laut Auskunft vom heutigen Tag beim Kommisariat VII des PdVP (Tel.8oo1) wurde festgestellt, daß der D e l l m u t h, Rainer in der Jugendkartei des Kommissariates VII erfaßt ist.
Bei der Erfassung handelt es sich um die Straftat „versuchtes ungesetzliches Verlassen der DDR" im Jahre 1967. Vermerkt ist auch noch die Freiheitsstrafe von 1 Jahr, die D. damals erhielt.

K r e y ß
Oberfeldwebel

- Abschrift / Kri -

Besondere Bemerkungen:

1. Zum Verhalten des Beschuldigten D e l l m u t h während der Zeit der Untersuchung seiner Straftat muß eingeschätzt werden, daß er nicht bereit war, von selbst mitzuhelfen, seine Straftat aufzuklären. Erst nach mehreren Aussprachen ließ er sich überzeugen, wahrheitsgemäße Aussagen zu machen.

86

Verwaltung Groß-Berlin
Abteilung VII/2

Berlin, den 1.1o.71

V e r m e r k

Laut Auskunft des Gen. Winkler, Abt. XX liegt der

D e l l m u t h, Rainer

in der Jugendkartei der Abt. XX ein. Es ist dabei jedoch lediglich vermerkt, daß D. am 17.7.67 versuchte, das Gebiet der DDR ungesetzlich zu verlassen.
Gen. Winkler machte den Mitarbeiter darauf aufmerksam, daß die Jugendkartei nicht auf dem Laufenden ist und auch nicht mehr ergänzt wird.

Gen. Winkler (Tel. 221)

K r e y ß
Feldwebel

104

Verwaltung für Staatssicherheit
Groß-Berlin
Abteilung VII

Berlin, den 5.10.1971
Krey
VII/2/ 5089 /71

Ministerium für Staatssicherheit
Abteilung - M -
Gen. Z i m m e r m a n n
B e r l i n

Abstempelung eines Briefes

Aus operativen Gründen wird gebeten, den beiliegenden Brief mit einem westberliner Poststempel zu versehen.
(Dieser Auftrag wurde gemäß unserer Absprache am 5.10.71 bereits erledigt.)

Stellvertreter Operativ

Ehrhardt
Oberstleutnant

Leiter der Abteilung VII

Friedrich
Major

rwaltung für Staatssicherheit		Berlin, den 15. Oktober 1971
oß-Berlin		Krey/Kri
teilung VII

S a c h s t a n d s b e r i c h t

um Operativ-Vorlauf-Vorgang "Lehrling", Reg.-Nr. XV/2727/71

Am 28.9.1971 wurde aus 3 von der Abteilung M konfiszierten Briefen, die durch die HA XX an uns übersandt wurden, bekannt, daß der

D e l l m u t h, Rainer
geb. 20.07.1948 in Berlin
wohnh.: 1017 Berlin-Köpenick
Kleinschewskystraße 50
Beruf: Schriftsetzer
Arbeitsstelle: Buchdruckerei
Fritz Schietke
1034 Berlin,
Kadiner Straße 17
ledig
keine Kinder
vorbestraft 1967 wegen versuchten ungesetzlichen Verlassens der DDR
(1 Jahr Freiheitsentzug)

am 24.10.1971 im Bezirk Potsdam Raum Stolpe Süd einen Grenzdurchbruch nach Westberlin durchführen will.
In den 3 Briefen an 2 Westberliner und eine Westdeutsche Adresse teilt er jeweils sein Vorhaben mit, so daß ernsthaft anzunehmen ist, daß D. seinen Plan in die Tat umsetzen will.
Als Absender verwandte D. in einem Fall seine richtige Anschrift, die auch übereinstimmt mit dem Stempelaufdruck auf den Briefbogen aller 3 Briefe. In den anderen beiden Fällen gab D. fingierte Absender an.

Zur Verhinderung des geplanten Grenzdurchbruches wurden bisher eine Reihe Aufklärungs- und Überprüfungsmaßnahmen eingeleitet und unter Ausnutzung inoffizieller und offizieller Mittel ein von der Abteilung M zurückgehaltener Brief legalisiert. Die Ermittlungsergebnisse über D. und die geplante Durchbruchsstelle ergaben bisher im wesentlichen folgendes:

D. entstammt einer Arbeiterfamilie und wurde gemeinsam mit seiner Schwester im elterlichen Haushalt erzogen. Seinen leiblichen Vater kennt er nicht, da dieser seit 1951 in Westberlin wohnhaft ist. Seine Mutter ging vor 10 Jahren die Ehe mit dem Rohrleger

MINISTERRAT
DER DEUTSCHEN DEMOKRATISCHEN REPUBLIK
Ministerium für Staatssicherheit

Geheim!

BStU
000164

~~Hauptabteilung~~/Abteilung VIII
Bezirksverwaltung Groß-Berlin
Sachbearbeiter Mayn
Zimmer ...... Telefon 298

MfS/GB.
-35-
11 NOV 1971
Tgb. Nr. 4176
Weiter an: Heyß

~~Hauptabteilung~~/Abteilung VII
Bezirksverwaltung Groß-Berlin
Kreisdienststelle Heyß
des Ministeriums für Staatssicherheit

Beobachtungsbericht

Betr. D e l l m u t h, Rainer geb. 2o.7.1948 in Berlin

Wohnhaft 117 Berlin, Kleinschewskystraße Nr.5o bei [redacted]

Decknamen "S e t z e r" Reg.-Nr. des Auftrages

Für die Zeit vom 18.1o.-21.1o.1971 ~~bis~~ von 15.oo Uhr-o6.48 Uhr

18.1o.1971

15.oo Uhr wurde die Beobachtung an der Arbeitsstelle des Objektes in der Kadiner Straße begonnen.

16.31 Uhr verließ "S e t z e r" seine Arbeitsstelle und lief, eine Aktentasche bei sich tragend, durch die Kadiner Straße, Grünberger Straße sowie Warschauer Straße zum S-Bahnhof gleichen Namens.
Er begab sich auf den Bahnsteig und stieg

16.46 Uhr in eine Bahn Richtung Erkner ein.
Mit dieser fuhr er bis zum Bahnhof Köpenick und stieg dort

17.o8 Uhr aus.
Nach dem Verlassen des Bahnhofes begab er sich zur Straßenbahnhaltestelle in der Mahlsdorfer Straße und fuhr

17.14 Uhr mit einer Bahn der Linie 83 Richtung Mahlsdorf bis zur Ecke Mahlsdorfer Straße/Eitelsdorfer Straße.
Dort stieg das Objekt

17.17 Uhr aus den Verkehrsmittel aus und ging anschließend durch die Eitelsdorfer Straße, Güldenauer Weg zu seinem Wohnhaus, welches es

17.2o Uhr betrat.

22.4o Uhr wurde das Licht in der Objektwohnung ausgeschaltet.

0734 1167 20.0

Bis zu diesem Zeitpunkt hatte "S e t z e r" sein Wohnhaus nicht verlassen.

.1971

0 Uhr wurde das Licht in der Objektwohnung eingeschaltet.

8 Uhr verließ "S e t z e r" sein Wohnhaus und lief, seine Tasche bei sich tragend, durch den Güldenauer Weg, Eitelsdorfer Straße zur Straßenbahnhaltestelle Ecke Mahlsdorfer Straße/Wongrowitzer Steig.
Dort traf er sich mit zwei männlichen Personen im Alter von 16–18 Jahren.

3 Uhr stiegen sie gemeinsam in eine Bahn der Linie 82 in Richtung Ostkreuz ein und fuhren bis zum Bahnhof Köpenick.
Alle Personen begaben sich zum Bahnsteig des genannten Bahnhofes, ließen eine S-Bahn Richtung Friedrichstraße fahren und stiegen
1 Uhr in eine Bahn Richtung Ostbahnhof ein.
Das Objekt fuhr mit den erwähnten Personen bis zur Warschauer Straße, wo sie
4 Uhr ausstiegen.
Während sich eine männliche Person unmittelbar nach Verlassen des Bahnhofes verabschiedete und in Richtung Stralauer Allee lief, gingen "S et z e r" sowie die andere männliche Person durch die Warschauer Straße in Richtung Kal-Marx-Allee.
Vor dem Haus Warschauer Straße Nr.80 verabschiedete sich die männliche Person vom Objekt.

"S e t z e r" ging weiter durch die Warschauer Straße sowie Grünberger Straße zu seiner Arbeitsstelle und betrat diese
58 Uhr

0 Uhr kam das Objekt dort heraus und lief durch die Kadiner Straße, Karl-Marx-Allee zur Buchhandlung gleichen Namens, die er
5 Uhr betrat.

0 Uhr verließ "S e t z e r" die Buchhandlung, lief weiter durch die Kal-Marx-Allee sowie Lichtenberger Straße zur Michaelkirchstraße und betrat
5 Uhr die Betriebsberufsschule "Rudi Arndt" im Haus Michaelkirchstraße Nr.17.

0 Uhr verließ "S e t z e r" in Begleitung einer gleichaltrigen männlichen Person die Berufsschule. Beide gingen durch die Michaelkirchstraße und Holzmarktstraße zum S-Bahnhof Jannowitzbrücke.
Sie begaben sich auf den Bahnsteig und verabschiedeten sich
8 Uhr durch Handschlag.
Während die männliche Person mit einem Zug Richtung Zentralflughafen Schönefeld davonfuhr, stieg das Objekt
2 Uhr in eine S-Bahn Richtung Erkner ein.
Mit dieser fuhr "S e t z e r" bis Köpenick und verließ das Verkehrsmittel
0 Uhr

Anschließend begab er sich zur Haltestelle in der Mahlsdorfer Straße und fuhr
5 Uhr mit einer Straßenbahn der Linie 83E Richtung Mahlsdorf bis zur Haltestelle Ecke Mahlsdorfer Straße/ Eitelsdorfer Straße.

Nach Verlassen der Bahn
2 Uhr lief er auf direktem Wege zu seinem Wohnhaus, welches er
7 Uhr betrat.

0 Uhr wurde das Licht in der Wohnung von "S e t z e r" ausgeschaltet.

Bis zu diesem Zeitpunkt hatte er sein Wohnhaus nicht mehr verlassen.

1o.1971

1o Uhr erschien das Objekt in Begleitung einer männlichen Person an der Straßenbahnhaltestelle der Linie 83 an der Ecke Mahlsdorfer Straße / Wongrowitzer Steig. Beide Personen kamen aus Richtung Eitelsdorfer Straße. Wann " S e t z e r " sein Wohnhaus verlassen hatte, wurde nicht gesehen. Das Objekt unterhielt sich mit der männlichen Person über dessen Studienerfolge.

13 Uhr stiegen beide in eine Straßenbahn der Linie 86 in Richtung Schmöckwitz, die sie

16 Uhr an der Haltestelle am S - Bahnhof Köpenick verließen. Sie liefen zum Bahnhof und betraten den Bahnsteig der Züge in Richtung Friedrichstraße, wo sie mehrere 17 - 18jährige Jugendliche begrüßten. Einen kurze Zeit später einfahrender Zug in Richtung Friedrichstraße wurde von ihnen nicht benutzt.

25 Uhr stiegen sie in eine S - Bahn in Richtung Ostbahnhof, den sie auf dem Bahnhof Warschauer Straße

15 Uhr verließen. Alle zusammen liefen sie durch die Warschauer Straße zur Betriebsberufsschule des Kombinats NARVA, wo sich das Objekt von den anderen verabschiedete. " S e t z e r " lief anschließend durch die Warschauer Straße, Grünberger Straße und Kadiner Straße zu seiner Arbeitsstelle, die er

55 Uhr betrat.

29 Uhr verließ das Objekt seine Arbeitsstelle und lief durch die Kadiner Straße, Grünberger Straße und Warschauer Straße zum S - Bahnhof Warschauer Straße, wo es

45 Uhr in eine S - Bahn in Richtung Erkner stieg.

o4 Uhr verließ " S e t z e r " die S - Bahn auf dem Bahnhof Köpenick und begab sich zur Straßenbahnhaltestelle der Linie 83 in Richtung Mahlsdorf.

o8 Uhr fuhr das Objekt mit einer Straßenbahn der Linie 82 bis zur Haltestelle Eitelsdorfer Straße, wo es

13 Uhr die Straßenbahn verließ. Anschließend lief es auf direktem Wege zu seinem Wohnhaus, das es

17 Uhr betrat.

32 Uhr verließ das Objekt in Begleitung einer älteren weiblichen Person sein Wohnhaus, wobei es eine schwarze Einkaufstasche bei sich hatte. Beide liefen durch die Kleinschewskystraße und Kaulsdorfer Straße zum Obst - und Gemüsegeschäft in der Kaulsdorfer Straße Nr. 151, das sie

41 Uhr betraten.

43 Uhr verließen sie dieses Geschäft und betraten eine Minute später ein im Nachbarhaus befindliches Lebensmittelgeschäft. Dort kauften sie Lebensmittel und zwei Flaschen Wein, wofür sie insgesamt 43,o5 M bezahlten. Nach Verlassen des Lebensmittelgeschäftes begaben sie sich zur Bäckerei in der Kaulsdorfer Straße Ecke Bahrendorfer Straße, die sie

58 Uhr betraten.

oo Uhr verließen " S e t z e r " und die weibliche Person die Bäckerei überquerten die Kaulsdorfer Straße und liefen durch die Kleinschewskistraße zu ihrem Wohnhaus zurück, das sie

o9 Uhr betraten.

27 Uhr wurde das Licht in der Objektwohnung ausgeschaltet. Bis zu diesem Zeitpunkt hatte das Objekt sein Wohnhaus nicht mehr verlassen.

21.10.1971

o5.o2 Uhr wurde das Licht in der Küche der Objektwohnung eingeschaltet.
o5.4o Uhr wurde das Licht im Zimmer von " S e t z e r " eingeschaltet.
o6.o6 Uhr verließ das Objekt sein Wohnhaus. Nach Verlassen des Wohnhauses begrüßte es eine männliche Person, mit der es zur Straßenbahnhaltestelle der Linien 82 und 83 in der Mahlsdorfer Straße Ecke Wongrowitzer Steig lief.
o6.1o Uhr fuhren beide mit einer Straßenbahn der Linie 82 bis zum S - Bahnhof Köpenick, wo sie
o6.18 Uhr die Straßenbahn verließen. Sie begaben sich anschließend zum S - Bahnhof und fuhren
o6.26 Uhr mit einer S - Bahn in Richtung Ostbahnhof.
o6.38 Uhr verließen sie die S - Bahn auf dem Bahnhof Warschauer Straße und liefen durch die Warschauer Straße zur Betriebsberufsschule des Kombinats NARVA in der Warschauer Straße Nr. 8o. Dort verabschiedete sich " S e t z e r " von zwei männlichen Personen, die die BBS anschließend betraten.
o6.48 Uhr wurde das Objekt zur Festnahme an das Referat 3 der Abteilung VIII übergeben.
Daraufhin wurde die Beobachung auftragsgemäß abgebrochen.

Personenbeschreibung von " S e t z e r " :

Geschlecht	:	männlich
Alter	:	2o - 25 Jahre
Größe	:	1,78 - 1,83 m
Gestalt	:	schlank
Kopfform	:	oval
Nase	:	Rücken : gerade Basis : waagerecht
Lippen	:	schmal
Haare	:	Farbe : dunkelblond Frisur : Eckschnitt, links gescheitelt
Bekleidung	:	blauer Anorak, braune Hose, schwarze Socken, braune Halbschuhe.
Anmerkung	:	Das Objekt trug eine Brille mit schmalem Goldrand.

Leiter der Abteilung VIII

Schulz
Major

Referatsleiter

i.V. [signature]

Mayn
Oberleutnant .

Meldung Nr. 355/71

Berlin, d. [illegible]

KOPIE BStU

Häftlings-Nr.: 4952

IV

Zelle: 16 Name: Dellmuth

BStU 000090

Vorkommnis:

Am: 13.11.71 um: 10.20 Uhr

Beschuldigte wurde vom Rundgang in die Zelle zurückgeschickt, da er sich in der Rundgangzelle sehr laut verhalten hat.

[signature] Ultn

[signature]

Posten

Gel. Heil 3.2.72

ldung Nr. 37/72

Berlin, d. 3.02.72

ftlings-Nr.: 4952

lle: 51 Name: Dellmuth

orkommnis:

: 3.02.72 um: 16[20] Uhr

der Kontrolle der Zelle 51 stellte ich
t, das der Beschuldigte 4952 grade
m Begriff war seine Brille zu zer-
ören. Ich hinderte ihn am Zer-
chlagen eines Brillenglases und
nahmen alle Teile der Brille aus
der Zelle. Der OvD wurde sofort ver-
ständigt.

Heumann Htr. Harald Jaek

vD Posten

Meldung Nr. 82/72

Berlin, d. 27.2.72

Häftlings-Nr.: 4952

Zelle: 60R Name: Dellmuth IV

Vorkommnis:

am: 27.2.72 um: 20 50 Uhr

Der Beschuldigte rief Nachtgrüße von Zelle zu Zelle.

Böhmig, Ltn. Lorenz, Uffz.

UvD Posten

Meldung Nr. 177/72
Berlin, d. 15.4.72

Häftlings-Nr.: 4952

Zelle: 60R Name: Dellmuth

Vorkommnis:

am: 15.4.72 um: 11[45] Uhr

Besch. 4952 verständigte sich durch
Zeichen mit der Besch. 93/4937.
Das Gespräch wurde geklopft:
„Liebes, Küsschen, heute kein Leo."
„Warum nicht, bist Du erwischt worden?"
„Ja!"

....
OvD Posten

meine Frage, mit wem er geklopft hat,
ortete er: „Mit 93R/ [redacted]
fragte weiter, ob er wüßte, was nun
mmt. Er antwortete: „Ja, Montag

eine Decke, Waschzeug, Eßgeschirr u
ab in Arrest. Ich konnte ihm die
Möglichkeit nur bestätigen.

Heermann, Ltn. — Kranz, Ofw
(OvD) — Posten

Meldung Nr. 172/72

Berlin, d. 13.04.72

Häftlings-Nr.: 4952

Zelle: 60R Name: Sellmuth

Vorkommnis:

am: 13.04.72 um: 14 Uhr

Der Beschuldigte sprach mit dem Beschuldigten 4901 aus der Nachbarzelle durch die Toilette. Sie unterhielten sich über Bücher, die sie hier in der Anstalt gelesen haben.

Der Beschuldigte wurde ermahnt, die Anstaltsordnung einzuhalten!

OvD Posten

Wurde am 17.4.1972 verwarnt.

Meldung Nr. 210/72
Berlin, d. 06.05.72

Häftlings-Nr.: 4952
Zelle: 60R   Name: Dellmuth

Vorkommnis:

am: 06.05.72 um: 09.30 Uhr

Die Beschuldigte klopfte gegen die Wand zur Zelle 59.
Aus der Zelle 93 wurde geantwortet.
Die Beschuldigte wurde nochmals belehrt.

Böhme, Ltn.
CvD

Posten

M e l d u n g Nr. 219/72
Berlin, d. 16.5.72

Häftlings-Nr.: Dellmuth
Zelle: 60 R   Name: 4952

Vorkommnis:

am: 16.5.72 um: 18 40 Uhr

Der Beschuldigte 60 R wurde gegen
18⁴⁰ beim Sprechen durch die Toilette
mit 59 R angetroffen. Er unterhielt
sich welcher Beschuldigte welche Vernehmer
und in welchen Zimmer vernommen wird
So brachte er zum Ausdruck daß 409
zum Arrest gewesen wäre.

Böhme, Ltn.   Ofw. Tüg...
OvD   Posten

Verwaltung Groß-Berlin
Abteilung VII/2

Berlin, den 12.1o.71

A b s p r a c h e v e r m e r k

Am 11.1o.71 führte Unterzeichnenter ein Gespräch mit dem Gen. P l u g b e i l, KD Oranienburg, SGS, Anlaß dazu war unter anderen eine Absprache zum 24.1o.71 im Zusammenhang mit dem Op.-Vorlauf "Lehrling". Gen. Pflugbeil über gab an Unterzeichnenten eine Skizze des betreffenden Grenzabschnittes und verwies darauf, daß in diesem Gebiet schon mehrfach ungesetzliche Grenzübertritte unternommen wurden, die auch schon oft Erfolg hatten.
Gen. Pflugbeil wurde davon in Kenntnis gesetzt, daß die Person, die am 24.1o.71 die Absicht hat, die DDR ungesetzlich zu verlassen, von unserer Abt. VIII unter Beobachtung gestellt wird. Hierzu führte Gen. Pflugbeil aus, daß eine ev. Festnahme der Person durch die Abt. VIII dann jedoch bereits vor dem Waldgebiet erfolgen müsse, da eine Suche ansonsten wenig Erfolg verspreche.
Es wurde vereinbart, bei irgend welchen Veränderungen der weiteren Maßnahmen, untereinander davon Mitteilung zu machen.

K r e y ß
Oberfeldwebel

Verw. Groß-Berlin, Abt. IX Berlin, 29.10.1971

St. 6266

BV Potsdam 7 2252/71

KD Oranienburg

Geplanter Grenzdurchbruch des BESCH. DELLMUTH am Grenzabschnitt Stolpe/Süd

1 Vernehmungsprotokoll v. 21.10.71 des Besch. DELLMUTH, kainer

Rainer Dellmuth
geb 20.7.1948 in Berlin
117 Berlin-Köpenick
Kleinschewskystr. 50

Berlin, den 20.1.72

Betrifft: Antrag auf Übersiedlung in die Bundesrepublik Deutschland

Begründung:

1. Ich bin gegen das gesellschaftlich-diktatorische System in der DDR, sondern für eine Demokratie, wie sie in der BRD ist.
2. Desweiteren bin ich gegen die auferlegten Reisebeschränkungen, die in der BRD nicht vorhanden sind; das heißt ich kann nach meinen Wünschen Ausreisen in ein beliebiges Land.
3. Ich bin für eine politische Meinungsfreiheit, die mir in der DDR nicht gegeben ist.
4. Es gibt keine Oppositionspartei, die eine andere Meinung vertritt.
5. Ferner möchte ich frei mein Arbeitsplatz wählen können; das heißt ohne politische Vorurteile oder Hintergründe.
6. Aus finanziellen Gründen, da mir in meinem Beruf in der BRD besser

Entwicklungsmöglichkeiten gegeben sind.
7. Außerdem aus familiären Gründen, da mein Vater in Berlin-(West) wohnhaft ist.

Da mir die genannten Gründe in der BRD garantiert sind und dort eine [illegible] meinen Wünschen entsprechende Demokratie ist, beantrage ich eine Übersiedlung in die Bundesrepublik Deutschland

Rainer Dellmuth

Das Stadtbezirks- **gericht** Berlin-Mitte

Aktenzeichen: Hs B 122/71 Berlin, den 21. Oktober 1971

(Bei Eingaben stets anführen) Fernruf

Haftbefehl

Der Schriftsetzer D e l l m u t h , Rainer, geb. am 20. 7. 1948 in Berlin, wohnhaft: 117 Berlin, Kleinschewskystr. 50

ist in Untersuchungshaft zu nehmen.

Er wird beschuldigt, seit dem Jahre 1968 Vorbereitungshandlungen zum ungesetzlichen Grenzübertritt im schweren Fall unternommen zu haben. Der Beschuldigte befaßt sich bereits seit dem Jahre 1963 mit dem Gedanken zum ungesetzlichen Grenzübertritt. Nach seiner am 4. 12. 1967 wegen versuchten ungesetzlichen Grenzübertritts erfolgten gerichtlichen Verurteilung zu einem Jahr Freiheitsentzug, gab er sein Vorhaben nicht auf, sondern verfestigte seinen Entschluß zum ungesetzlichen Grenzübertritt. Seit dem Sommer 1969 erkundete er Möglichkeiten an der Staatsgrenze der DDR nach Westberlin bei Kleinmachnow zur Verwirklichung seines beabsichtigten ungesetzlichen Verlassens der DDR. Des weiteren nahm er zu ausländischen Staatsbürgern mit dem Ziel, Unterstützung für sein Vorhaben zu erhalten, Verbindung auf und beauftragte sie mit der Grenzerkundung auf Westberliner Seite. Im Sommer 1971 beantragte er mit dem Ziel der Nichtrückkehr in die DDR eine Genehmigung zur Ausreise in die Volksrepublik Bulgarien. Um sich seiner bevorstehenden Einberufung zur NVA zu entziehen, hatte er geplant, am 24. 10. 1971 bei Stolpe-Süd die Staatsgrenze der DDR nach Westberlin zu überwinden.

Vergehen/~~Verbrechen~~ gem. § 213 (1) (2) 4 (3) StGB

Er/~~Sie~~ ist dieser Straftat dringend verdächtig.

Die Anordnung der Untersuchungshaft ist gemäß § 122 (1) 1 u. (2) 1 StPO

gesetzlich begründet, weil sich Fluchtverdacht aus der Vorbereitungshandlung zum ungesetzlichen Grenzübertritt ergibt, zumal der Beschuldigte einschlägig vorbestraft ist. Die gesetzlichen Voraussetzungen für den Erlaß eines Haftbefehls liegen somit vor.

Gegen diesen Haftbefehl ist das Rechtsmittel der Beschwerde zulässig (§ 127 StPO).
Sie ist binnen einer Woche nach Verkündung des Haftbefehls bei dem unterzeichneten Gericht zu Protokoll der Rechtsantragstelle oder schriftlich durch den Betroffenen oder einen Rechtsanwalt einzulegen (§§ 305, 306 StPO).

Völlger
Richter

Deutsche Demokratische Republik · Stadtbezirksgericht Berlin-Mitte · 4

Best.-Nr. 22016 Haftbefehl – §§ 124, 127, StPO
VLV Osterwieck
III/18/58 Ag 305/69/DDR 4665/220 T.

Das Urteil ist rechtskräftig
seit dem 24.5.1972
Berlin-Pankow, den 1.06.72
Das Stadtbezirksgericht
Sekretär

28

Aktenzeichen: 611 S.138/72
211-21-72

Im Namen des Volkes!

BStU
000029

In der Strafsache

gegen den Schriftsetzer
D e l l m u t h, Rainer
geb.am 20.7.1948 in Berlin
wohnh. 117 Berlin, Kleinschewskystr. 50,
ledig - Bürger der DDR - nicht vorbestraft
in dieser Sache in U-Haft seit dem 21.10.1971

wegen ungesetzlichen Grenzübertritts

hat die Strafkammer des Stadtbezirksgerichts Berlin-Pankow

in der Hauptverhandlung vom 16.5. 1972 an der teilgenommen haben:

Stellv.Direktor Marienfeld,
als Vorsitzender
Herr Paech,
Frau Schnelle,
als Schöffen
Staatsanwältin Frau Jahnke
als Vertr.der Gen.StA
als Staatsanwalt
Rechtsanwalt Bötzel,
als Verteidiger
-/-
als gesellschaftlicher Ankläger/gesellschaftl. Verteidiger
Justizangestellte Pompoes/Hnika
als Protokollführer

für Recht erkannt:

Der Angeklagte wird wegen ungesetzlichen Grenzübertritts gem.§ 213 Abs.1 u.3 StGB zu einer

F r e i h e i t s s t r a f e
von 2 -zwei- Jahren

verurteilt.

Die Auslagen des Verfahrens hat der Angeklagte zu tragen.

/ 2:

G r ü n d e:

Der jetzt 23 Jahre alte Angeklagte besuchte die Schule bis zur 10.Klasse und erlernte den Beruf eines Flexodruckers. Bereits in frühester Jugend entwickelte sich,zum Teil durch die Erziehung im Elternhaus bedingt, eine ablehnende Haltung bei dem Angeklagten gegen die gesellschaftliche Entwicklung in der Deutschen Demokratischen Republik. Durch das ständige Abhören imperialistischer Rundfunk-und Fernsehstationen wurde er in seiner ablehnenden Haltung verfestigt, so daß er schon frühzeitig den Entschluß fasste, das Gebiet der DDR ohne staatliche Erlaubnis zu verlassen. Er wurde bereits am 17. Juli 1967 durch die Sicherheitsorgane der DDR festgenommen, da er einen Grenzdurchbruch versuchte und am 4.12.1967 vom Stadtbezirksgericht Berlin-Köpenick zu einer Freiheitsstrafe von einem Jahr verurteilt. Diese Strafe verbüßte er bis zum 16.7.1968. Er gilt in dieser Sache als nicht mehr bestraft. Nach seiner Entlassung gab der Angeklagte jedoch seinen Entschluß , die DDR ungesetzlich zu verlassen, nicht auf. Bis Ende 1969 führte der Angeklagte jedoch aus Sicherheitsgründen keine weitere Handlungen zur Durchführung seines Vorhabens durch. Er ging in der Folgezeit einer geordneten und geregelten Arbeit nach, arbeitete in einer kleinen privaten Druckerei und qualifiziert sich zum Schriftsetzer.

Anfang 1970 begann der Angeklagte mit neuen Vorbereitungen zum ungesetzlichen Grenzübertritt. So begab er sich im Januar und Februar 1970 in zwei Fällen in das Grenzgebiet in Klein-Machnow Bez.Potsdam und führte im Straßenzug Jägerstieg/Birkenschlag Grenzaufklärungen durch, wobei er die Postenbewegung und die Grenzsicherungsanlagen beobachtete. Er entschloß sich, in diesem Grenzabschnitt die Grenze zu durchbrechen. Nachdem der Angeklagte im Fernsehen der BRD eine Sendung sah, in welcher von einem Grenzdurchbruch in diesem Gebiet berichtet wurde, nahm er von seinem Vorhaben,an dieser Stelle einen Durchbruch zu versuchen, Abstand. In der Folgezeit erkundete der Angeklagte in der Hauptstadt der DDR verschiedene Grenzabschnitte und beobachtete in etwa 15 Fällen die Grenzsicherungsanlagen im Bereich der Gre nzübergangsstelle Bornholmerstraße. Friedrich Ludwig Jahn-Sportpark, Klara Zetkin-Straße, Schiffbauerdamm Marschall-Brücke und Dammweg.

20

Da er bei seinen Erkundungen zu dem Ergebnis kam, daß eine Überwindung der Staatsgrenze in diesen Bereichen nicht möglich ist, suchte er nach anderen Möglichkeiten. So lernte der Angeklagte im März 1970 im"Club der Eisenbahner"in Berlin Karlshorst einen Jugoslawischen Staatsbürger kennen und im Sommer des gleichen Jahres durch diesen einen weiteren Jugoslawischen Staatsbürger. Beide waren in Westberlin aufenthältlich. Der Angeklagte informierte beide Jugoslawischen Staatsbürger von seinem Vorhaben, da er Unterstützung erhoffte und forderte sie auch zur Unterstützung auf. In der Folgezeit kam es bis März 1971 zwischen dem Angeklagten und den beiden Jugoslawischen Staatsbürgern zu mindestens 15 Absprachen. Die beiden Jugoslawischen Staatsbürger erklärten sich bereit, von Westberliner Seite aus Grenzerkundungen durchzuführen. Bei einer Absprache wurde dem Angeklagten von den Jugoslawischen Staatsbürgern der Vorschlag unterbreitet, die Staatsgrenze im Bereich der Grenzübergangsstelle Heinrich-Heine Straße zu durchbrechen, was von dem Angeklagten jedoch abgelehnt wurde. Weiterhin wurde dem Angeklagten der Vorschlag unterbreitet, eine Reise in das sozialistische Ausland zu unternehmen, um von dort aus in die BRD zu gelangen. So erhielt der Angeklagte im März 1971 von einem Jugoslawischen Staatsbürger die Adresse einer Bulgarischen Staatsbürgerin, um so die Genehmigung zur Ausreise aus der DDR in die VR Bulgarien zu erhalten. Es wurde festgelegt, daß der Angeklagte diese Reise in die Zeit vom 5.6.bis 24.6.1971 beantragt. Im Mai 1971 beantragte der Angeklagte die Genehmigung zur Ausreise in die VR Bulgarien bei der VPI Berlin-Köpenick unter Vorlage der Adresse der Bulgarischen Staatsbürgerin Der Angeklagte erhielt keine Reisegenehmigung. Nach Ablehnung der Reisegenehmigung führte der Angeklagte in der Hauptstadt der DDR erneut Grenzerkundungen durch. So war der Angeklagte etwa fünf Mal im Stadtbezirk Berlin-Treptow und erkundete hier von dem Flurfenster eines Wohnhauses in der Oncken-Straße Harzer-Straße die Grenzsicherungsanlagen und fertigte zwei entsprechende Skizzen. Er erhielt jedoch auch hier einen Grenzdurchbruch für aussichtslos und suchte nach neuen Möglichkeiten. Den Vorschlag der Jugoslawischen Staatsbürger, eine Jugoslawische Staatsbürgerin zu heiraten, um dann über

Jugoslawien in die BRD zu gelangen, lehnte er ebenfalls ab.
Im August 1971 erhielt der Angeklagte vom zuständigen Wehrkreiskommando die Aufforderung, zur Einberufungsuntersuchung zur NVA. Da er sich unter allen Umständen der Wehrpflicht entziehen wollte, verstärkte er seine Anstrengungen. So hatte er Verbindung mit dem Bürger Klötzsch aufgenommen, von dem er wusste, daß dieser der gesellschaftlichen Entwicklung in der DDR ebenfalls ablehnend gegenüberstand. Dieser Bürger versprach dem Angeklagten eine Verbindung mit der Agenten-Organisation "Kuratorium unteilbares Deutschland" herzustellen, um über diese Agentenorganisation zu erreichen, daß der Angeklagte sein Vorhaben verwirklichen konnte. Des weiteren beschaffte sich der Angeklagte von einem Westberliner Bürger einen Stadtplan von Westberlin und der Hauptstadt der DDR mit den angrenzenden Bezirken, und er legte anhand dieses Stadtplanes fest, die Staatsgrenze der DDR zu Westberlin im Raum Stolpe:Süd Bez.Potsdam am 24.10.1971 zu durchbrechen. Mit dem Ziel, entsprechende Unterstützung zu erhalten, informierte er seinen Bekannten Bergfeld und die Geschwister Angelo und Manuel Kanseas in Westberlin. Des weiteren beauftragte er einen Jugoslawischen Staatsbürger,vom Westberliner Territorium aus im Bereich Stolpe/ Süd die Grenzsicherungsanlagen und die Postenbewegung zu erkunden. Eine letzte Zusammenkunft war für den 22.10.1971 geplant. Zwischenzeitlich hatte der Angeklagte erfahren, daß seine Einberufung zur NVA zurückgestellt wird, damit er seine Qualifizierung als Schriftsetzer beenden kann. Der Angeklagte wollte daher erst sein Vorhaben zurückstellen.
Am 21.10.1971 konnte der Angeklagte festgenommen werden.

Dieser Sachverhalt steht auf Grund der Einlassungen des Angeklagten und des zum Gegenstand der Hauptverhandlung gemachten Beweismaterials fest.
Somit ist erwiesen, daß der Angeklagte von Anfang 1970 bis zu seiner Festnahme innerhalb der Hauptstadt der DDR und im Raum Klein-Machnow Grenzerkundungen vorgenommen hat, um geeignete Stellen zu erkunden, wie er möglichst ohne große Gefahr das Gebiet der DDR verlassen kann. Des weiteren hat der Angeklagte in Vorbereitung seines Vorhabens mehrere Absprache:

/ 5:

mit 2 Jugoslawischen Staatsbürgern und mit dem Bürger Klötz durchgeführt, er hat Skizzen angefertigt, sich einen umfangreichen Stadtplan verschafft um sein Vorhaben zu realisieren. Es handelt sich hier um Vorbereitungshandlungen im Sinne des § 21 Abs.2 StGB. Des weiteren hat der Angeklagte versucht, eine Ausreisegenehmigung aus der DDR für die Rumänische VR zu erhalten und hat dabei angegeben, eine Besuchsreise durchzuführen, obwohl er nicht mehr die Absicht hatte, in die DDR zurückzukehren. Der Angeklagte ist daher des ungesetzlichen Grenzübertritts gem.§ 213 Abs. 1 u.3 StGB schuldig, da Vorbereitung und Versuch strafbar sind.

Der Angeklagte hat durch seine Handlungen die Sicherheit im Grenzgebiet, vor allem innerhalb der Hauptstadt der DDR, gefährdet. Dem Angeklagten war hinreichend bekannt, daß Grenzdurchbrüche innerhalb der Hauptstadt der DDR nach Westberlin oder vom Gebiet der DDR nach Westberlin im besonderen Maße von den imperialistischen Publikationsorganen zur Hetze gegen die DDR ausgenutzt werden, und daß solche Grenzdurchbrüche zu erheblichen Komplikationen an der Staatsgrenze führen können. Im besonderen Maße ist im vorliegenden Fall die Intensität des Angeklagten zu berücksichtigen. Er hat in einem Zeitraum von fast 1 1/2 Jahren ständig die entsprechenden Vorbereitungshandlungen getroffen und hat dazu auch ausländische Staatsbürger einbezogen. Schon die Intensität des Angeklagten rechtfertigt die vom Staatsanwalt beantragte Strafe. Hinzu kommt, daß die Handlungsweise des Angeklagten, wenn sie auch in der Vorbereitung stecken geblieben ist, objektiv einem Verrat an der Deutschen Demokratischen Republik gleichkommt. Der Angeklagte hatte als junger Staatsbürger in der DDR alle Möglichkeiten, sich fachlich seinen Interessen entsprechend weiter zu entwickeln und hat diese Möglichkeiten auch genutzt. Andererseits unternahm er alles, um sein Vorhaben, ~~mit~~ den ungesetzlichen Grenzübertritt durchzuführen, und so der DDR Schaden zuzufügen. Das Gericht hielt daher die vom Staatsanwalt beantragte Strafe von zwei Jahren für erforderlich und erkannte demgemäß.

Die Auslagenentscheidung beruht auf §§ 362,364 StPO.

gez. Marienfeld gez. Paech gez. Schnelle

XING-HU KUO

HYPOBANK: IHR(E) RUIN(E) VOLL FINANZIERT!

Bankiers-Bauträger-Betrüger:

SUPERMARKT MIT „SUPER-RENDITE“ ALS SUPER-FLOP

ANITA TYKVE VERLAG

NEUERSCHEINUNG:

Dies ist das erste Buch, das die kriminellen Machenschaften der Bayerischen Hypo-Bank dokumentiert:

1. mindestens 30.000(!) Anleger wurden gnadenlos abgezockt, in Ruin und sogar Selbstmord getrieben

2. mit dubiosen Maklern, Baupleitiers und anderen Betrügern wurden wertlose Immobilien voll- und überfinanziert, die Kunden betrogen und belogen

3. dem Autor wurde ein wertloser nicht vermietbarer "Supermarkt" mit "Superrendite" und "Supermieter" (einem betrügerischer Baupleitier!) angedreht. Bilanz dieser bayerischen Gaunerei: ein Verlust von 700.000 DM statt der zugesagten "Super"-Rendite von 10 Prozent.

Die Staatsanwaltschaften ermitteln.Ein Wirtschaftskrimi live, spannend und entlarvend zugleich.

ISBN: 3-925434-94-1 € 15,24

Erhard Göhl und Xing-Hu Kuo entdeckten den letzten Waggon des „Grotewohl-Express“ in Wittenberge